成渝地区双城经济圈建设研究

唐文金　主编

四川大学出版社

项目策划：唐　飞　段悟吾
责任编辑：蒋姗姗
责任校对：唐　飞
封面设计：墨创文化
责任印制：王　炜

图书在版编目（CIP）数据

成渝地区双城经济圈建设研究 / 唐文金主编． — 成都 : 四川大学出版社，2020.6
ISBN 978-7-5690-3771-5

Ⅰ．①成… Ⅱ．①唐… Ⅲ．①区域经济发展－研究－成都②区域经济发展－研究－重庆 Ⅳ．①F127.711 ②F127.719

中国版本图书馆 CIP 数据核字（2020）第 109364 号

书名　成渝地区双城经济圈建设研究

主　　编	唐文金
出　　版	四川大学出版社
地　　址	成都市一环路南一段 24 号（610065）
发　　行	四川大学出版社
书　　号	ISBN 978-7-5690-3771-5
印前制作	四川胜翔数码印务设计有限公司
印　　刷	郫县犀浦印刷厂
成品尺寸	170mm×240mm
印　　张	17
字　　数	235 千字
版　　次	2020 年 7 月第 1 版
印　　次	2021 年 4 月第 3 次印刷
定　　价	60.00 元

扫码加入读者圈

◆ 读者邮购本书，请与本社发行科联系。
电话：(028)85408408/(028)85401670/
(028)86408023　邮政编码：610065
◆ 本社图书如有印装质量问题，请寄回出版社调换。
◆ 网址：http://press.scu.edu.cn

四川大学出版社
微信公众号

目　录

上篇　成渝地区双城经济圈建设系列研究报告

下篇　成渝地区双城经济圈建设重要专题研究报告

上 篇

成渝地区双城经济圈建设系列研究报告

开启成渝世界级城市群建设新征程

——成渝地区双城经济圈建设系列研究之一

中共四川省委政策研究室课题组

2016年4月，经国务院批复同意的《成渝城市群发展规划》明确提出，到2030年，成渝城市群要实现由国家级城市群向世界级城市群的历史性跨越。但对于要建成什么样的成渝世界级城市群，规划文本并未明确。各方面文献资料对世界级城市群的标准也不统一，中央和国家层面也并无定论。本报告作为“成渝城市群特色定位研究”的课题成果之一，主要通过对比发达国家五大世界级城市群，从全球视野对成渝世界级城市群建设“当下在哪里、特色在哪里、未来到哪里”做出初步判断和回答，并提出相关建议。

一、对比发达经济体的世界级城市群，成渝城市群要在十年左右实现历史性跨越任重道远

随着经济全球化与区域一体化的发展，以城市群为组织形式的城镇密集区域，成为集聚国内乃至国际经济社会发展要素的重要载体。法国经济学家戈特曼最早提出大都市圈即城市群的理论概念，认为世界级城市群是在全球经济大格局中长期演变形成的具有极强综合实力和世界影响力的发展空间单元。综合各方面看法，成熟的世界级城市群应具备4个条件：①完备的城镇体系，拥有一个或几个国际性城市，形成若干个都市圈和城市群连绵，区域内城市密集并组成有机整体；②超大的发展规模，城镇人口至少达2500万，

经济规模达万亿美元级；③复合的交通枢纽，拥有一个或几个国际贸易海港、国际航空港及信息港，区域内拥有发达、便捷的现代交通网络；④重要的发展极核，是国家乃至国际经济的核心区域，汇聚有若干世界级产业和跨国大型企业。目前，全球公认的有六大世界级城市群，分别是美国东北部大西洋沿岸城市群、北美五大湖城市群、日本太平洋沿岸城市群、英伦城市群、欧洲西北部城市群和我国长三角城市群。我国作为全球第二大经济体，需要也必将在进一步崛起中形成多个世界级城市群。对比除长三角城市群外的五大世界级城市群，成渝城市群差距极大又极具潜力，需要深入把握并更好地担当起向世界级城市群跨越的国家使命、历史使命。

（一）从核心城市及都市圈发展看，世界级城市群均拥有全球领先城市并偕同其都市圈以特殊地位和超强实力深刻影响全球；成渝尚需向更高水平的国际门户枢纽城市乃至全球城市迈进，双城都市圈建设也才刚刚起步

世界级城市群是各种国际“流”的汇集地和世界资源、经济的控制中心。纽约、伦敦、巴黎、东京等核心城市作为国家和全球的经济、科技、文化、政治中心和交通枢纽，以大型跨国公司全球性和区域性总部为平台，汇聚全球智力资源，服务于全球社会经济发展，具备全球资源配置能力，并有较强的国际竞争力和影响力，其人口规模和经济总量均占据所在区域的重要位置。北美五大湖城市群的核心城市芝加哥尽管只有300万人口，但其经济规模已超过5千亿美元，也是国际期货交易中心。表1为城市群核心城市经济规模和密度比较。

表1 城市群核心城市经济规模和密度比较

	纽约	东京	巴黎	伦敦	成都	成都（主城区）
2018年经济规模（亿美元）	8423	8690	8080	6490	2192	933.6

续表1

	纽约	东京	巴黎	伦敦	成都	成都（主城区）
面积（平方公里）	783.84	2193	2300	1572	14605	1080
经济密度（亿美元/平方公里）	10.7	3.96	3.51	4.13	0.15	0.864

中国社科院和联合国人居署联合课题组2019年11月共同发布的《全球城市竞争力报告2019—2020》，将全球1006个城市分为5等、10级。5等由高到低分别为全球城市（A）、国际枢纽城市（B）、国际门户城市（C）、区域枢纽城市（D）与区域门户城市（E），10级分别为A+、A、B+、B、C+、C、D+、D、E+、E。其中A+和A等级城市仅有纽约、伦敦、东京、北京和巴黎；B+等级城市包括首尔、上海、芝加哥；B等级城市包括悉尼、都柏林、香港等26个城市；C+和C等级城市数量为125个，其中成都和重庆分别位列C+和C等级。报告发布的全球城市经济竞争力排行中，成都和重庆分别排名54位、81位，居成都前面或排名相近的国内城市除了北上广深和香港，还有苏州（25位）、南京（42位）、武汉（43位）、台北（44位）、杭州（64位）、无锡（65位）、长沙（68位）、青岛（76位）。这表明，尽管成都被热捧为国内新一线城市榜首，但距成为国际性城市还有很长的路要走；由于成渝地区城镇化、工业化进程滞后于全国，成渝城市群的大中城市数量与能级，明显偏少偏低，建设双城都市圈还需要深入谋划、坚韧推进。

（二）从经济实力与增长质量看，世界级城市群经济规模庞大且在经济密度、人均产值上显著领先；成渝城市群需要在高质量发展的轨道上长期追赶

目前，五大世界级城市群经济总量约占全球经济的20%，是

世界经济的重要引擎，充分表明经济高度集聚将带来高质量发展水平。美国东北部大西洋沿岸城市群经济规模超过 4 万亿美元。日本太平洋沿海城市群总面积占日本总面积的 26.5%，集中了日本 63.3% 的人口和 67% 的经济总量。五大世界级城市群人均 GDP 普遍超过 5 万美元，每平方公里产值超过 1000 万美元，高的近亿美元。

我们初步估算，成渝城市群特别是两大极核如按照当前较快增速，保持高出 6 个百分点左右的增速，有望在 12 年左右接近或赶上英伦城市群、欧洲西北部城市群的经济规模；如果高出 4 个百分点，则需要 18 年的时间；要全面达到其发展水平则需要更长的时间。

（三）从产业水平和企业实力看，世界级城市群是全球产业变革的动力源和领跑者，集聚着众多高端产业和世界领先企业；而成渝城市群还急需加快产业基础再造和产业链升级，培育本地化的世界级企业

世界级城市群崛起与历次产业革命和大国崛起紧密相连，具有深厚的现代产业底蕴又深刻影响着世界产业版图演进。五大世界级城市群以及在 20 世纪后半期快速崛起的美国西海岸城市群现在仍然占据着全球制造业“微笑曲线”的设计研发和品牌营销两端，在知识密集、技术密集的微电子信息、航空航天、核能、现代制药、生物工程、新能源、新材料等产业保持着领先优势，聚集着世界级的产业龙头企业和大量一流创新企业；在消费品生产和高端生活服务领域也有不少世界品牌和优势企业。在美欧大力推动“再工业化”“再制造化”战略背景下，这些世界级城市群还在更多地着力于先进制造业发展。

成渝城市群工业化、城市化起步较晚，真正具有较强国际竞争力的产业和企业并不多，大部分产业处于产业链、价值链的中低端。纽约、东京、伦敦、巴黎分别拥有世界 500 强企业总部 15、

38、10、18 家，而成都迄今没有一家本土的世界 500 强企业。芯片等产业处于高端产业的中低端环节，虽然有世界级装备制造产业基地，但却在一些关键技术和零部件上受制于人。拥有世界级的企业才能做成世界级的产业，才能够向世界输出有影响力的产品及产业模式，这无疑是衡量世界级城市群的重要标尺。图 1 为 2018 年主要城市群经济规模和人均产值比较。

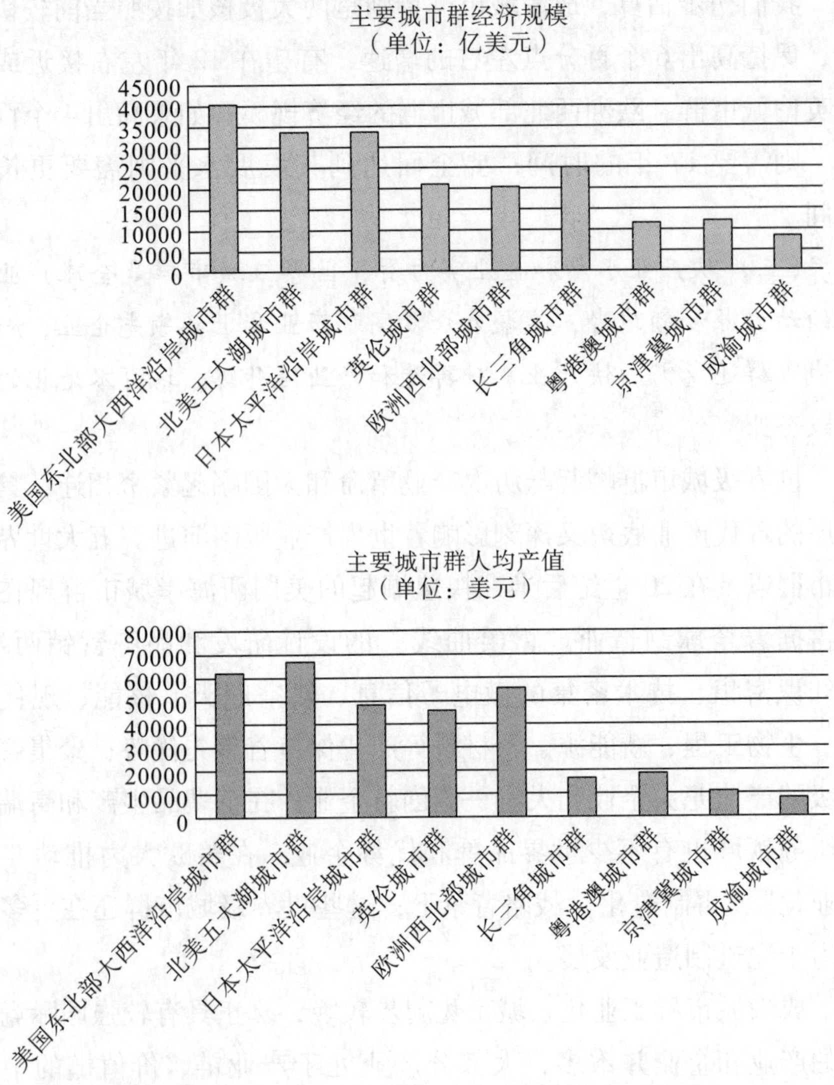

图 1　主要城市群经济规模和人均产值比较（2018 年）

（四）从科技实力和要素集聚看，世界级城市群是重要科学发现和重大技术变革的策源地，也是各类高端发展要素的汇集地；成渝城市群的创新能力提升和要素升级任务还非常紧迫

世界级城市群以其先发优势和包容环境，聚集了不少全球顶级高校和科研机构，造就和吸引了大量顶级创新人才，长期以来以丰硕创新成果支撑了所在国家和区域的发展，也为人类科技进步做出了巨大贡献。美国东北部大西洋沿岸城市群拥有哈佛、耶鲁等多所常春藤大学，有与硅谷齐名的128号公路创新廊道，公路两旁林立着电子、宇航、国防、生物工程等创新企业，其被誉为“美国的技术公路”。英伦城市群拥有牛津、剑桥等顶尖大学，伦敦也是拥有博物馆和图书馆数量最多的城市，吸引约40万留学生，对英国经济贡献超过200亿英镑。日本太平洋沿岸城市群的筑波科学城集中了数十个高级研究机构和两所大学，被誉为日本“硅谷”，特别是日本在21世纪初提出“50年拿30个诺贝尔奖”的目标后，已有16人获得此奖项，井喷式现象反映出日本的创新活力和实力。

与之相比，成渝城市群作为我国西部的科技教育中心、金融中心，虽然布局有国内一批重点高校和科研院所，科学技术水平也在不断攀升，但影响力主要限于国内甚至主要是西部地区。四川大学在全球排名282名，与世界一流大学差距甚大。2018年川渝R&D经费分别支出737亿元和410亿元，研发投入强度为1.81%和2.01%，低于全国平均水平（2.19%）；川渝两地年均引进和实际利用外资规模分别为百亿美元左右。以全球视野吸引高端人才、资本和知识、思想、信息、技术等新发展要素来助力创新发展，成渝地区才能真正抢占未来产业发展的科技和金融制高点。

（五）从文化实力和传播能力看，世界级城市群在文化、时尚、创意领域极具优势并具有全球吸引力；而成渝城市群在文化竞争力方面的差距还非常明显

当今世界，以主要国际大都会为核心的城市群都是魅力城市、

时尚之都的标杆，代表了发达国家几百年文化发展的最高水平，不仅形成了极具优势的产业，也对全球精英人才产生巨大的文化吸引力，并由此扩大了国家和文化的影响力。如美国东北部大西洋沿岸城市群是世界文化重地，纽约是世界时尚之都，时代广场被称作“世界的十字路口”，是世界娱乐产业的中心之一。英伦城市群的伦敦曾3次举办奥运会，可谓全球时尚之都和购物首选地，近年来伦敦着力发展“创意”经济，跻身为全球三大广告产业中心、全球三大最繁忙电影制作中心和国际设计之都，创意产业每年产出已达210亿英镑，成为伦敦仅次于金融服务业的第二大支柱产业。巴黎有着深厚的历史底蕴，埃菲尔铁塔、卢浮宫、巴黎圣母院等名胜汇集，是名副其实的魅力城市，每年吸引全世界游客接近4000万人。日本太平洋沿岸城市群将东西方文化融合交汇，既有京都这样的历史文化名城，也有东京这样的流行文化与时尚重镇，形成了历史文化和当代文明的交相辉映。比较起来，成渝城市群还需要在历史传承和时代脉动中找出契合点和引爆点，形成更具特色和魅力的地域文化和吸引力。

（六）从治理机制和协同程度看，世界级城市群经过长期演进已形成了城际协调、产业协同、城乡融合的有机发展格局；而成渝城市群尚需创新一体化发展机制来破解高质量协同发展难题

全球顶尖咨询机构麦肯锡公司研究认为，世界级城市群的成功在于具备“核心、通达、产业、治理”四个要素；而要培育一个或几个世界级核心城市，形成完善通达的基础设施网络，构建形成合理的产业布局，都离不开城市群有效的协调治理机制。

世界级城市群在长期发展中特别是20世纪后期以来，普遍在新区域主义影响下建立起超越行政边界的合作和协调机制，地方政府、非营利组织和市场主体共同参与区域治理，共同应对区域发展挑战，促进了区域协同发展。比如，欧洲西北部城市群跨越德法以及低地国家，由大巴黎城市群、莱茵—鲁尔城市群、荷兰—比利时

城市群组成，形成了多中心的城镇集聚结构，中心城市间的功能分工明确，城镇等级结构愈加合理，在人口分布和城市空间上比较有序。日本太平洋沿岸城市群涵盖东京、大阪、名古屋三大都市区，还包括 10 个规模不等的城市集群，东京都市区拥有日本最大的港口群、两大国际机场以及纵贯全域的高铁网络。北美五大湖城市群跨越美加两国，包括芝加哥、匹兹堡、底特律、克利夫兰、多伦多等大城市。进入 21 世纪，为了稳固全球经济发展格局中的竞争力和重要地位，各世界级城市群相继提出“规划更美好的伦敦”“更加强壮更具弹性的纽约”“分散的网络结构”等方针，进一步加强规划引领和城际协作、产业协同，提升区域整体竞争力和影响力。

比较起来，1997 年川渝分治之后，两地深度合作不够甚至竞争大于合作的现象是客观存在的。川渝共同面临着城市化率不高且城乡发展失衡、长江上游开发与保护的矛盾突出、机场群港口群建设及陆海空联运发展不足等问题。在成渝一体化发展上升为国家重大战略的背景下，成渝地区发展更需要借鉴世界级城市群协同发展机制，促进区域协调一体发展。

二、世界级城市群既有共性特征又有特色差异，未来跻身其中的成渝城市群可以确立五大特色定位

根据前述对比分析，打造世界级成渝城市群应从实际出发，区别于成熟发达、近海沿海、偏重效率且主要代表资本主义文化的五大世界级城市群。专家们普遍认为，基于大农村和长江上游生态条件，成渝城市群具有三次产业融合发展、城乡融合发展、农业空间、城镇空间和生态空间高质量协同发展的潜质，经过较长时间的努力完全可以形成具有世界水平、中国特色、成渝特点的新范式和新格局。

其一，成渝城市群“特”在阶段，应努力建设后发赶超型世界级城市群。城市群作为在现代工业化基础上城市化发展的高级空

间形式，从第一次工业革命发生在英国催生英伦城市群算起，经过了最短的也有一百多年的演进。从发展历程看，成熟的世界级城市群历经很长时间的雏形分散、极化集聚、转型协同阶段，最终才进入成熟融合阶段。成渝城市群目前总体上还处在极化集聚同时开始着力转型协同的阶段。现在全球正处于新一轮科技革命和产业变革的孕育期，处在从工业文明形态转向信息文明形态的演进期。从多方面看，成渝城市群也完全有望成为新的工业革命和信息文明时代崛起的一个极具标志意义和战略价值的世界级城市群。正因为成渝城市群在发展能级、水平和阶段上相对滞后，又具有地理多样性、区域结构完备性等特点，一旦跻身全球公认的世界级城市群，标志着我国成功解决超大经济体的区域协调发展问题，将极大带动广阔西部地区的发展，同时对世界其他发展中国家和地区具有示范意义。

其二，成渝城市群“特”在区位，应努力建成内陆腹地型世界级城市群。据有关研究，全世界一半以上的人口生活在沿海约60 公里的范围内，人口在 250 万以上的城市有 2/3 位于潮汐河口附近；全球 60% 的经济总量来自港口海湾地带及其直接腹地；发展条件最好的、竞争力最强的现有世界级城市群几乎都集中在沿海地区。成渝城市群地处距海洋 1000 公里以上的内陆，是亚洲大陆人口集聚区的中心点、“一带一路”“西部陆海新通道”重要交汇点。现已开通的“蓉欧”“渝新欧”等国际物流大通道串联欧亚大陆，成渝城市群机场群的国际航空枢纽功能正在强化。已站在新一轮开放前沿的成渝地区最大的优势来自市场，本身既有着一亿人规模又直接辐射西部三四亿人的大市场，还在我国所有国家级城市群中靠近未来增长潜力巨大的东南亚和南亚市场。随着中国经济规模不断增长，全国经济重心由东向西迁移，成渝城市群有条件、有能力变区位优势为发展优势，带动西南乃至整个西部的对外开放，开拓我国未来发展外部空间。充分用好这些条件和优势，成渝地区将迸发出中国经济广阔腹地和回旋余地的巨大潜力，建成全球唯一的内陆腹地型世界级城市群。

其三，成渝城市群“特”在人口，应努力建成深老共富型世界级城市群。成渝城市群人口规模超出五大城市群，也具有创新创业的人力资源本底，但人口素质总体低于其他城市群，也是农村人口最多的城市群之一，同时又突出面临着其他城市群未有的未富先老、未富深老难题。从世界级城市群发展进程看，人口结构特别是老龄化问题对经济社会影响极大，既考验社会保障养老基金的支付能力、相关公共服务供给能力，更会带来发展动力活力降低、社会消费投资下降、家庭代际扶助负担加重、老年人贫困等问题。无论对于我国整体还是成渝地区来讲，都必须把中国特色社会主义制度优势体现到更好应对人口老龄化挑战的实际成效上来，必须随着经济社会不断发展破解实现老而弥富、深老共富这一时代新课题、历史大难题，成渝世界级城市群建设应当在这方面做出开创性、突破性贡献。解决不好这个问题，也就难以跨入世界级城市群的行列。表 2 为 2018 年世界城市群人口情况比较。

表 2　世界城市群人口情况比较（2018 年）

<table>
<tr><th></th><th>美国东北部大西洋沿岸城市群</th><th>北美五大湖城市群</th><th>日本太平洋沿岸城市群</th><th>英伦城市群</th><th>欧洲西北部城市群</th><th>成渝城市群</th></tr>
<tr><td>人口总量（万）</td><td>6540</td><td>5000</td><td>7000</td><td>3650</td><td>4600</td><td>9500</td></tr>
<tr><td>老龄化（65 岁及以上人口占比）</td><td colspan="2">美国
15.8%</td><td>日本
27.6%</td><td>英国
18.4%</td><td>法国
20%</td><td>四川 14.17%
重庆 15.17%</td></tr>
</table>

其四，成渝城市群“特”在底蕴，应努力建成文化典范型世界级城市群。成渝地区是中华古老文明起源地之一的巴蜀故地，在数千年的发展中形成了玄妙神奇、博大精深、瑰丽多姿的巴蜀文化，是中国乃至世界的珍贵文化宝库。三星堆、金沙、都江堰等古蜀文化惊艳世界，三国文化、道教文化在亚洲影响深远，民族民俗

文化多姿多彩，重庆合川的钓鱼城之战改变世界历史走向。从“一带一路”倡议看，成渝地区既是北丝绸之路的货源供给地，也是南丝绸之路的出发和主经之地。在这块土地上，走出或迎过众多世界级的文化名人。因如此厚重的历史文化与梦幻自然之美的叠加组合，成渝城市群建设尤其应突出文化定位，将打造世界古老文化传承复兴、多元文化交流互鉴、文化旅游深度融合的文化典范区域鲜明标识在自己的旗帜上。未来的成渝地区应是最能向世界展示中华民族文化复兴的典范窗口。

其五，成渝城市群“特”在功能，应努力建成安全依托型世界级城市群。中央和国家在提出“振兴东北”战略时，赋予东北地区维护国家国防安全、粮食安全、生态安全、能源安全、产业安全的战略定位。成渝地区在这“五大安全”方面具有相似的战略地位，甚至有世界性影响。从国防安全角度看，川渝地区从秦统一六国起就多次充当战略大后方，特别是抗战时期重庆作为陪都，为抗战及世界反法西斯胜利做出历史性、世界性贡献。在这次课题研究中，川渝两地专家普遍认为，面临百年未有之大变局，国家很有必要开展新一轮“三线建设”，特别是在成渝城市群布局打造我国最为重要的国防科研和防务产业基地，支持发展军民两用的航空航天等优势高端产业发展。从生态安全看，成渝地区的生态屏障功能发挥直接关系到长江流域中长期生态安全乃至全国中长期生态环境演变趋势与格局，这无疑也具有世界性意义。此外，西南地区民族众多、文化多元，四川历来又是“治藏锁钥”，建设更加包容和谐的成渝城市群，对于维护民族团结、反对民族分裂具有重要意义，也将产生积极的世界性影响。

三、几点工作建议

一是争取规划定位具体化。建议按照中央相关精神，积极协调中央财经领导小组、国家有关部委并争取中央支持，在中央和国家关于成渝地区一体化的有关规划和政策文件中，将打造成渝内陆型世界级城市群的目标定位具体化，以形成更加高远精准的战略预期、战略引领。

二是适度延长跨越时点。已出台的京津冀、长三角和大湾区建设有关指导意见和规划文本，明确了京津冀建设以首都为核心的世界级城市群，粤港澳打造充满活力的世界级城市群，长三角建成全球一流品质的世界级城市群。在时间节点上，长三角城市群到2020年基本形成世界级城市群框架，到2030年全面建成全球一流品质的世界级城市群；粤港澳大湾区明确到2022年形成世界一流湾区和世界级城市群的主体框架，2035年全面建成世界一流湾区。因此，建议成渝城市群实现国家级向世界级跨越的时点至少延展到2035年为宜。

三是将攀西地区纳入规划范围。攀西地区作为重要的战略资源基地，也是成渝城市群向南联通东南亚和中孟印缅经济走廊的重要通道，可望打造四川南向开放门户和国际文化旅游康养目的地。随着沿江铁路和高速公路的畅通，沿江城市带也将向攀西腹地延伸，安宁河流域整体开放可望提速。建议在谋划成渝城市群未来发展时，考虑这些地区的生态资源优势，将其纳入成渝城市群规划范围，这也将有利于凉山彝区后脱贫困攻坚时代的发展振兴。

四是系统谋划协同推进。建议成渝地区一体化建设上升为国家重大战略后，我省在具体贯彻实施中，既要注意与国家战略相衔接、相呼应，也应始终注意以全球视野、世界眼光考虑有关战略目标、战略思路、战略举措，紧紧抓住支持成都和成都都市圈建设这个核心，确保朝着世界级城市群的目标系统化、有步骤地迈进。

（丁任重、杨继瑞、盛毅、汤继强等10多位专家学者参与研讨，敬茂明、谢圣赞、李文宇执笔）

对成渝地区战略新定位的认识与建议

——成渝地区双城经济圈建设系列研究之二

中共四川省委政策研究室课题组

中央财经委第六次会议明确指出，推动成渝地区双城经济圈建设，在西部形成高质量发展的重要增长极，赋予成渝地区具有全国影响力的重要经济中心、科技创新中心和改革开放新高地、高品质生活宜居地（以下简称“两中心两地”）的新定位。如何着眼全国区域协同发展大局，深刻领会、切实践行好战略新定位，实现差异化发展并稳步向世界级城市群迈进？我们在开展“成渝城市群特色定位”前期研究的基础上，抓紧学习领会中央精神，进一步阅研京津冀、长三角、粤港澳城市群和成渝经济区、成渝城市群有关指导意见和规划文本，在对比分析的基础上提出观点和建议。

一、成渝地区双城经济圈建设是中央着眼全局、科学精准的战略设计，也充分反映成渝城市群的客观实际与现实差异

中央对四大城市群建设的战略谋划，都着眼于构建高质量发展的区域空间布局、推动国家区域协调发展大局，又从各城市群实际出发，有不同的战略关切、战略定位和战略考量。与其他三大城市群相比，成渝城市群在诸多方面存在明显差异，这是最终确定“成渝地区双城经济圈建设”的重要决策依据。

地理区位差异凸显战略价值。成渝地区历来是国家战略大后方，在全国有着重要的经济影响。成渝城市群是西部大开发的重要平台，也是长江经济带和“一带一路”建设的战略支点。尽管成

渝城市群当前经济实力不仅与京津冀、长三角、粤港澳差距明显，经济总量还不及长江中游城市群、山东半岛城市群；但近些年后发优势更加显现，依托其综合匹配优势，完全可望释放出我国最重要内陆腹地的巨大潜能。西部“大成渝”与北方京津冀、东部长三角、南方粤港澳共同形成巨大的菱形地理空间，有力推动形成优势互补、高质量发展的国家区域空间布局。中央推出此项重大决策，将与其他国家战略在成渝地区进一步叠加共振，对西部乃至全国产生“一子落全盘活”的巨大效应。

演进阶段差异锚定战略重心。按照比较公认的城市群建设雏形分散、极化集聚、转型协同、成熟融合四个阶段划分，京津冀城市群总体处于转型协同阶段，长三角城市群、粤港澳大湾区已进入成熟融合阶段（城镇化水平分别达 67.38% 和 85%），而成渝城市群城镇化率只有 53.8%，低于 2018 年 59.58% 的全国平均水平。成渝两大中心城市的集聚与扩散作用逐步明显，城镇体系发育加快但还不完善，分工体系开始形成，区域基础设施处于快速建设期，尚处于极化集聚并开始着力转型协同的阶段。世界级城市群的演进规律还表明，都市圈是城市群的硬核，打造都市圈是构建城市群的必经环节和路径。按照既定规划，成渝城市群要在 2030 年实现向世界级城市群的跨越，最关键在于加快建成成渝两大有国际竞争力的现代化都市圈。中央财经委决定使用成渝地区双城经济圈概念，既在建设半径范围上与成渝城市群规划范围大致吻合，经济圈又有比都市圈更广泛且精准的含义，契合重庆仍然是大城市带大农村格局、四川部分城市化率不高的阶段性特征。

内在矛盾差异决定战略基调。成渝城市群发展不充分、不平衡问题更为突出且多重特殊矛盾交织，更加需要顺应高质量发展的宏观趋势，协同实现发展质量与民生品质提升。在发展不充分上，极核尚不够强、次级城市发育严重不足、经济密度偏低、人均收入水平不高等特征都比较明显。除成都和重庆达到万亿级外，仅 4 个城市地区生产总值突破2000亿元。而其他三大城市群中不仅极核城市实力超强，苏州、杭州、南京等副中心城市生产总值也将近1.5万亿元，还有一批万亿级或5000亿级以上的重点城市。成渝城市群的经济密度只及粤港澳大湾区、长三角城市群的4/25、3/8；城乡人均收入也只有全国平均水平的80%左右。在发展不平衡上，尽管这些年来在诸多方面取得重要进步，成渝城市群城际发展差距大、城乡发展不协调、经济与社会领域发展失衡等表现仍然突出。由于成渝地区在维护国家战略安全方面承担着重要的责任，在开发与保护、保粮食与促增收、人才需求大与人口老龄化、基本建设和公共服务欠账大与地方债务负担重等矛盾都特别突出。中央的战略决策，正是基于对成渝地区上述内在矛盾的深刻把握，特别强调高质量发展要求，建设高品质生活宜居地。

二、中央赋予的战略新定位极富深意和新意，是科学谋划成渝地区未来发展的重要方向指引

（一）在西部形成高质量发展的重要增长极的核心定位与长三角城市群建成“全国发展强劲活跃增长极”形成重要呼应，是国家战略决策意图与成渝地区战略使命的凝练表达

这既表明中央希望成渝地区形成以城市群为主要形态的增长动力源，带动西部乃至全国高质量发展的决策初衷，也体现了与现有国家重大区域、流域发展战略的有机衔接。成渝城市群、长三角城市群、长江中游城市群作为长江经济带规划的三大增长极，共同负有带动长江全流域、联动东中西协调发展的战略使命。成渝地区形成“高质量发展”而非“强劲活跃”增长极，还内在重申了中央对长江上游地区生态保护的重视与关切。

（二）具有全国影响力的“两中心两地”的基本定位，表明中央支持推动成渝地区更高水平发展的战略决心，也提出了充分发挥比较优势、全面挖掘高质量发展动力源的更高要求

长期以来，成渝地区一直是西部发展的龙头。《成渝经济区区

域规划》《成渝城市群发展规划》等均提的是“西部地区重要的经济中心”，科技中心方面也定位为“西部创新驱动先导区”。中央财经委会议此次提出“两中心两地”并将之全部提升到具有全国影响力的新层次，具有重要意义。成渝地区成为具有全国影响力的重要经济中心，就是要求在发挥西部经济龙头带动作用的同时助力国家经济发展；成为具有全国影响力的科技创新中心、改革开放新高地，就是要求站在科技创新、制度创新和新时代对外开放最前沿，更好地代表西部及更广阔区域参与国际经济科技竞争与合作；成为具有全国影响力的高品质生活宜居地，就是要求在即将全面建成小康社会的基础上，通过社会经济的进一步发展，让人民群众过上更加美好的生活。上述这些内容都是成渝地区未来必须担当的历史使命、必须完成的历史答卷。在很大意义上，在“两中心两地”打造中不断增强的经济支撑力、创新驱动力、开放竞争力、区域带动力以及人民群众为过上高品质生活而激发出来的巨大创造力，必然汇聚成为新时代成渝地区高质量发展的不竭动力源泉。

（三）鲜明赋予“改革开放新高地”地位，使成渝地区在我国改革再出发、开放再扩大背景下占据有利位势，拥有内陆改革开放先行先试的广阔作为空间

改革开放以来，成渝地区曾以农村改革重要策源地、国有企业改革重庆模式等闻名全国。从 2007 年设立成渝统筹城乡配套改革试验区算起，近些年中央又先后赋予成渝地区一系列重大改革任务，但从没有定位为改革新高地；尽管也确立有深化内陆开放试验区、内陆开放型经济高地等开放高地定位，但将改革与开放并列提出新高地是第一次，标志着成渝地区历史性地站在新时代改革开放策源地、最前沿的位置，将承担起为治理体系和治理能力现代化打头阵、为全方位开放当门户的光荣战略使命。这其实也是为成渝地区系统集成协同高效推进改革、立体全面扩大开放提供了宝贵机遇和平台，比单纯给予成渝地区政策优惠、“政策洼地”更有意义。

（四）打造“高品质生活宜居地”与赋予粤港澳“宜居宜业宜游的优质生活圈”的定位相似，体现了以人民为中心的发展思想，也蕴含着增强西部优势地区人口和经济承载力的战略考量

成渝地区拥有秀丽山川之美又有多彩人文之韵，从古至今就是令国人向往的生活宜居之地。在成渝地区战略定位中就此突出强调打造“高品质生活宜居地”，是对《成渝城市群发展规划》要求“高品质建设人居环境”的延伸和深化，也是高质量发展在民生和环境领域的重要体现，有着极强的现实针对性。确保成渝地区人民过上比肩其他任何地区人民的高品质生活，无疑需要经济发展、城乡建设、社会管理、公共服务和环境治理等都达到高水准，付出持续艰苦的努力。成渝地区本身对科技、人才等要素有吸引力，建设高品质生活宜居地，更利于促进人口和经济活动向西部优势区域集中集聚，吸收周边人口特别是生态功能区人口向成渝城市群有序转移，这也有利于促进我国人口的合理布局。

三、建议与重庆共同争取深化完善战略定位体系，争取更多有高含金量的细分战略定位进入规划纲要和国家发展大盘

根据中央财经委员会第六次会议精神，参照在京津冀、长三角、粤港澳的规划纲要或指导意见中列举的二、三级层次的专项特色定位（主要是列举的重大产业基地、特别功能区域、改革开放平台等），从成渝地区发挥比较优势和未来发展需要出发，具体建议争取或者突出以下重要定位。

（一）国家产业基础再造先行示范区

中央财经委第五次会议明确指出，要实施产业基础再造工程，打好产业基础高级化、产业链现代化的攻坚战。成渝地区作为我国重要的产业基地，是全国建设现代化产业体系的重要组成部分，在很多具有国家战略性和全局性的产业链中具有不可替代的作用。成渝地区布局有一批国家科研“大院大所”，有能力也有责任在基础

研发、基础材料、高端通用芯片、基础软件产品以及高端制造装备等关键领域的核心技术上取得突破。向国家争取在成渝地区优先实施产业基础再造工程，进行高端产业和重大科研的大谋划和大布局，将进一步提升成渝地区的产业和科技实力，占据未来科技和产业制高点，更好落实中央赋予建设重要经济中心和科技创新中心的历史性使命。

（二）世界级安全防务产业基地

世界面临百年未有之大变局，安全的概念正不断拓展，不仅包括国防安全，也涵盖公共安全、生态安全、防灾减灾、网络安全等广阔领域，安全防务产品和服务有着极大的市场需求和成长空间。成渝地区是重要的国防科工基地，拥有唯一的国家科技城；成都还是国家重点布局的网络安全产业化三大基地之一，信息安全产业规模占全国的1/5、位居全国第二；在自然灾害和突发事件应急救援需要的监测预警、预防防护、处置救援、应急服务等领域，有着一批重点企业和优势产品。但四川安全防务产业军工意味过于浓厚，并没有把开拓公安、国安和消防救援装备研发制造领域、发展需求增长迅猛的社会安防产品和服务放在突出位置。安全防务产业发展具有高科技含量、国家支持投入大等特点，对提升区域科研创新能力有着明显的溢出作用。美国在航空航天、军事科技上的大力投入，极大带动民用技术和产业体系长期保持全球领先，这也是硅谷以及整个美国西海岸城市群崛起的重要原因。如果能争取国家在成渝地区布局世界级安全防务产业基地，有利于争取国家投入支持，也有利于国家大型军工集团在成渝地区更多战略布局，吸引更多高端人才和产业，从而进一步强化成渝地区的综合产业优势。

（三）我国绿色能源开发利用先行区

成渝地区具有丰富的水能资源，四川水电装机容量接近8000万千瓦，仅开发了全省理论蕴藏量的一半；天然气总资源量位居全国之首；重大能源装备研发生产也很有实力，这些对国家能源供给、能源安全十分重要。成渝地区在绿色能源开发和综合利用上做好文章，具有重要的示范意义。由于水电、油气等资源开发主体多为央企，争取在成渝地区布局绿色能源开发利用先行区，有利于加强与大型央企对接，加大国家对水能、油气的开发投入，探索电力体制、利益分享等改革机制，获取产业和企业发展的成本优势，为全国发展提供更加可靠和稳定的能源保障。加之在全球汽车产业正经历换代革命的背景下，成渝地区还可依托市场规模和水电供给优势，加快发展新能源汽车产业，努力打造本地化的新能源汽车全产业链和优势品牌，这对壮大汽车工业、促进消纳富余电量也有重要意义。

（四）面向全球开放创新与科技合作新基地

中央财经委会议对打造具有全国重要影响力的科技创新中心，提出了一系列重要要求。特别是支持两地共建“一带一路”科技创新合作区和国际科技转移中心，共同举办“一带一路”科技交流大会等，这为成渝地区面向全球开放创新与科技合作提供了重大战略机遇和历史机遇。成渝地区要在现有科技力量基础上实现跨越赶超，就务必在基础科学和关键科技领域有创新、有突破，力争成为科技创新策源地、新兴产业聚集地。根据科技创新中心的定位，在成渝地区高标准建设西部科技城，推动健全完善科技合作机制，建立国际性合作论坛，开展知识产权运用保护综合改革试点，共建立足西南、面向东南亚和南亚的技术交易市场中心，为两地走在全国科技创新前列提供核心支撑。

（五）国家向西向南开放战略高地

《成渝城市群发展规划》提出，成渝地区是“国家向西开放的战略支点”，没有鲜明赋予南向开放门户地位。从现在看来，“一带一路”建设、西部陆海新通道等国家战略的实施，使成渝地区作为我国南向、西向开放的门户地位作用凸显，向西向南开放是成渝地区最大的优势和潜力。未来，随着整个西南地区铁路和航空枢纽的建设、泛亚铁路的打通，今后优先开放的方向是东南亚和参与中印缅孟经济走廊建设，成渝地区应争取国家重视这方面开放平台的建立和布局。大量情况表明，只有安全腹地才能成为开放高地。西南沿边省份虽有地理之便却有安全之忧，缺乏足够的大市场配套发展条件。成渝地区虽为内陆城市，却因具备安全腹地和综合配套等优势，更有利于对外经济合作和市场形成。因此，建议国家在南向开放上更加突出成渝地区的高地地位，支持加快成渝地区铁路与国际铁路贯通，使成渝地区成为国家向西向南开放战略高地，真正把“安全势能”转化为“开放动能”。

（六）新时代教育体系改革发展试验区

从人口发展情况看，成渝地区面临着“未富先老”“未富深老”的现实问题，这一定程度上影响了区域创新活力的持续性。未来成渝地区要建设国际性城市或世界级城市群，就需要不断有一流的创新资源特别是一流国际人才的聚集，而依靠教育发展是破题的有效路径。与世界级城市群相比，成渝地区目前顶级高校数量较少，教育体系还大体按照工业革命体系设计，要适应工业社会加速向信息社会转型趋势，就需要来一次教育体系的革命性再造和重塑。从国际和国内经验看，通过教育国际化和现代化，扩充人才总量、强化创新基础，是吸引人才、增强城市创新活力的有效方式。在这种背景下，建议国家支持成渝地区设立教育体系改革发展试验区，批准扩大现有高校国际化办学或吸收留学生规模，吸引国际和国内一流大学到四川设立分校和研究院，优化高等职业技术学院布局，并加快便利国际化学校的建设，满足外籍人士到川创业生活和发展需要，使成渝地区成为国际人才生态最优、最具吸引力的城市。

（本专题主研人员：敬茂明、李文宇、唐硕、雷红梅，吸收部分新型智库专家观点）

加强五大协同　共建成渝经济圈

——成渝地区双城经济圈建设系列研究之三

中共四川省委政策研究室课题组

中央财经委员会第六次会议召开后，四川省委政研室与部分新型智库专家在开展“成渝城市群建设主攻方向”前期研究的基础上进一步学习研讨。课题组认为，深入谋划和实施好成渝地区双城经济圈建设（以下简称“成渝经济圈”建设）重大战略，关键是要与重庆方面共同牢固树立一体发展的理念，将强极与硬核、密网与优轴、赋能与兴业、绿底与宜居、重教与聚才等方面紧密衔接起来，通过“五大协同”克服单纯分线谋划、分块设计的局限，最大限度提高国家重大战略的整体实施效能。

协同“强极硬核”，就是将做强成都、重庆主城区核心增长极与打造成渝两大都市圈硬核紧密衔接，以两大极核耦合发展推动构建成渝地区发展共同体。“形成以城市群为主要形态的增长动力源”是决策“成渝经济圈”建设的战略考虑。从世界级城市群发展演进规律看，中心城市及其都市圈又是整个城市群的核心动力源。成渝双城及两大都市圈建设需要在“成渝经济圈”建设的全局下统筹谋划设计，加强功能定位、产业发展、创新平台等方面的互补共享、互利合作，避免形成不良竞争与冲突，促进多层次宽领域耦合发展，创造跨省级行政区经济圈核心板块深度协同发展的范例。

促进成都与重庆主城区耦合发展。“双城”不仅要在城市空间拓展上以成都东进、重庆西扩形成战略呼应，更要在打造具有全国影响力的“两中心两地”核心区上全面共建共享。“成渝经济圈”战略的推出，使两大中心城市长期存在的中心定位之争得以解决，下一步还可共同争取相关涉及重要经济中心、科技创新中心、改革开放新高地的关键性定位落定成渝；谋划推动成渝国际机场、铁路枢纽、开放口岸、国际合作园区等整合运作。围绕重庆建设内陆国际金融中心、双城共建西部金融中心，在共同做大现代金融产业、强化金融中心功能上注意有所迎让、错位发展。加强成渝两市在科技创新领域的深度合作，共同放大区域创新体系优势，建设面向全球开放创新和科技合作新基地。加强成渝其他重大事项协同，探索建设对外招商、重大展会的统一形象，联动采取引资的行动举措。在建设世界级文化名城上协调行动，协同提升成渝双城城市规划品质和文化品位，积极发展文化创意产业和都市型产业，建设历久弥香的文化名城。

促进成渝两大都市圈耦合发展。目前成渝城市群处于极化集聚又着力转型协同的阶段，是高质量打造两大现代化都市圈并迈向城市群一体化发展的关键期，如何在都市圈的更大空间范围上实现协调发展至关重要。建议：一是围绕密切都市圈之间的交通经济联系，谋划连接两大都市圈的综合交通体系、物流配送体系进行优化完善和跨圈整合。二是加强都市圈之间的产业相融互动。以跨都市圈产业共同体的思维共谋共建若干有国际竞争力的先进制造业基地，促进现代服务业特别是生产性服务业充分发展并双向渗透。可借鉴有关地方经验，通过川渝省市层面及两大都市圈内城市共建推进机制、共设产业基金和产业联盟、同等情况下优先分享关键技术和高端生产服务资源等方式，深化开发区改革和产业园区体系整合，共同做大电子信息、汽车制造、航空航天等优势产业。三是协调都市圈之间的投资促进与承接产业转移的地方政策，共同成链化、集群化引进发展重大产业，避免恶性竞争。四是推动城市之间、企业之间、科研机构之间开展各种形式的结对合作、抱团发展。围绕共同利益关切，打破城市行政等级、企业所有制属性等各种壁垒，紧密携手夯实都市圈耦合发展基础。

促进都市圈内部耦合发展。成都都市圈已具备演进成为有影响力的国际化都市圈的条件，但也面临经济总量偏小、人均水平偏低、创新投入不足、辐射带动能力比较弱等突出问题。成都市制造业辐射能力在国内特大城市中排名仅15位，显著低于经济总量排名。为此，应在“成渝经济圈”和“一干多支、五区协同”发展大局下，坚定支持提升成都综合发展实力，深入推进成德眉资同城化改革发展。无论省级层面还是德眉资三市，都应积极支持成都建设全面体现新发展理念的公园城市示范区，打造国家服务业核心城市，在天府新区和东部新区集聚高端服务业和先进制造业，强化成都先进制造业和高端服务业的双支撑双带动地位。成都也应积极当好都市圈发展龙头，带动建设都市圈轨道交通网，加强中高端创新资源引进，与各圈层共同发展中高端产业集群。加大城市空间供给，统筹整合都市圈各城市新区、园区等建设，建设一体发展和承接产业转移示范区。

协同“密网优轴”，就是将织密织优现代交通网、公共服务网与共建主要经济轴带紧密衔接，促进成渝地区交通、产业、人口的协调布局，破解“中部塌陷”现实困局。人口是城市群发展的重要要素，城镇是吸纳人口的载体，交通设施又是城市群的“血脉经络”。从一些先发地区和城市群的经验来看，充分把握好交通建设、社会事业发展与促进产业分工布局、人口迁徙流动的内在联系，既可以提高交通建设和公共服务体系投资效率，又可以沿主干交通线形成重要发展轴，促进区域、城乡协调发展。成渝地区面临着“月明星稀”、副中心城市发展不足等问题，更应加强这方面的谋划和推进。

全域提升内联外通水平，支撑发展要素高效集聚流动。中心城市和城市群成为承载发展要素的主要空间形式，现代综合交通体系是重要基础支撑。成渝地区应在继续推进枢纽机场和高铁、高速等主干网建设的基础上，综合运用多种交通方式，提升通达和集散能力。一是整合共建川渝机场群并加强通用航空率先发展。把握机场群辐射范围大于行政区划的特征，借鉴京津冀机场群整合等经验，在充分尊重资产价值的基础上，采取整合托管、相互入股等方式，推动成渝机场联动发展，构建“$3+N$”欧亚大陆重要机场群枢纽。充分利用四川全域开放低空空域的有利条件，加强通用航空机场建设并迅速提高通航能力。二是注重建好综合交通枢纽站。在成渝超大城市和大城市，采取开放式、立体化的方式建设综合交通枢纽，尽可能实现机场与地铁同站换乘，优化换乘流程，缩短换乘距离，既提高整体交通效率，也为城市开发扩大空间。三是建设多式联运集疏系统。在青白江、泸州等铁水港推进设施建设，创新使用“多式联运智能空轨集疏运系统”等智能化、机械化手段，在主要城市建设集散中心站，完善多式联运服务机制，开通一批国际多式联运线路，加强与全球主要地区的链动互通。

在统筹构建城市群通勤圈与公共服务网中优化人口空间布局。协同一小时通勤圈的构建，完善公共服务的全域布局，以常住人口为标准分配公共资源，用大院、名校带动相对落后地区的资源配置，逐步推进教育、医疗等公共服务一体化。打通跨行政区公共服务共建共享的关卡，按照推动公共资源合理配置和基本公共服务普惠共享的要求，破除身份、地域等因素限制，缩小成渝地区诸城市之间、城乡之间的公共服务差异，推进公共服务标准统一。积极发展养老服务业，主动应对未富先老、未富深老的人口结构，科学布局养老服务机构和设施，创新推进居家养老、医养结合等模式，大力发展养老相关职业教育，持续稳定提供养老服务。借鉴上海等地经验，多方面支持在成都周边和德眉资三市更多建设高等级医疗和养老设施、高水平学前教育设施和中小学校，发展养老兼育幼型房地产等，增强对老年人群的吸引力、受教育人口的承载力，缓解成都主城区老年人口无序过度集聚、医疗教育资源压力过大等问题。

顺应交通格局变化重塑做强主要发展轴带，促进成渝中部地区崛起。一是以主轴为重点打造成渝地区“脊梁”。在成渝中部地区建设“双飞地”园区，重点布局配套生产基地，积极发展大型仓储物流、零配件等产业，为成渝两城做好产业服务保障；在川中丘区建设现代高效特色农业带，推动农业科技创新转化，提升农产品精深加工能力，大力发展特色种养殖业，建设一批特色农业园区；争取成渝主轴的安岳、乐至、资中等县由农产品主产区调整为重点开发区域，打破县域经济开发制约，提升川中人口密集区的经济发展水平。二是着力建设毗邻地区合作示范区。以万达开[①]等重点区域合作为突破口，在基础好、人口多、联系比较紧密的地区推动试点，如泸州和江津、隆昌和荣昌、安岳和潼南铜梁，着力打通“断头路”构建跨界快速通道，推动经济区与行政区适度分离，统筹两省市土地等要素予以倾斜，以税收分享机制共建产业合作园区，承载产业转移并支撑中部崛起。三是拓展延伸沿长江发展轴带。促进攀西地区更好地融入“成渝经济圈”战略，推动安宁河谷开发提速，打造重要生产基地，联动攀西生产的重要材料、优质农产品，支撑成渝汽车、电子信息、智能制造等产业发展；打造康养宜居示范地，提升医疗等公共服务基础，更多吸纳老龄人口，引导贫困人口就近集聚；打造南向开放门户和枢纽，在中老、中缅等泛亚铁路加快建设背景下，向南联通东南亚和中孟印缅经济走廊。

协同“赋能兴业”，就是将全面挖掘增长动力源与做强特色优势产业紧密衔接，有效提升成渝地区经济科技实力和区域综合竞争力。在很大意义上，国家推进区域发展、流域发展重大战略，旨在冲破行政区划的掣肘和壁垒，以塑造跨行政区的地理空间平台和新型发展空间组合，赋能新常态下的中国经济发展。践行“两中心

① 万达开指万州、达州、开州三地。

两地”的战略新定位，务必将科技创新力、文化熔铸力、数字融合力、制度创新力、开放牵引力、全民创造力全面系统、协同集成作用于现代化产业体系建设。

科技创新赋能产业发展。重点在解决跨行业、跨领域的关键共性技术上取得突破，打好产业基础高级化、产业链现代化的攻坚战。得益于国家布局，成渝两省市具有较为系统相对完整的科研体系，整合好运用好这一基础十分重要，特别是在产业基础再造背景下，为攻坚突破新能源汽车、电子信息、水电装备制造等领域核心技术瓶颈提供了条件。聚焦提升协同创新能力，共同争取一批重大科学装置和重点实验室，协同突破一批重大关键核心技术并推动两地共享，争取国家科技研发平台、产业转化项目布局，在共建西部科学城的基础上打造成渝创新走廊，着力推动创新驱动、体制改革、平台建设取得实质性突破，发挥成渝在安全防务、航天航空等高端产业上的优势，争取国家投入和央企布局，进一步深化我省“5+1”现代产业体系建设，为产业腾飞蓄势聚能。

文化赋能产业发展。重点是着力提升“川渝号”特色产业，打造巴蜀文化旅游走廊。特色产业需要长期积淀形成，也是一个地方的标志性符号，巴黎的香水、米兰的时装就是典型的例子，成渝地区还有“火锅”这一特殊名片，仅海底捞就造就出一个新加坡首富。这些产品虽小，产业却不小。成渝地区要建设现代产业体系，应深耕培育一批传统特色产业，比如以火锅为元素的特色餐饮业、以熊猫为题材的文化创意业，打造深植巴蜀文化沃土、具有全球影响力的特色产品和产业。

数字赋能产业发展。坚持抓龙头、铸链条、建集群、强配套，推动成渝共建国家数字经济创新发展示范区，支持成都大力发展新经济培育新动能，打造世界软件名城，加快发展IPv6、5G、数字终端等下一代信息网络产业，加快培育工业互联网平台，大力实施“企业上云”行动，推动数字产业链式聚集和联动发展，牵引带动产业的数字化、网络化、智能化转型。

改革赋能产业发展。根据国家赋予的重大改革任务，探索打造集成改革试验区，开展职务科技成果所有权或长期使用权等改革试点，在试点基础上推动法律法规修订，逐步扩大土地、城乡等重要改革试验范围，借鉴欧盟结构基金等模式探索建立成渝地区双城经济圈发展基金，更好地推进区域内重大基础设施、重要产业项目建设，营造更加友好的发展环境。形成更务实高效的产业推进机制，顺应产业竞争正向“生态”竞争转变趋势，即一个企业往往处于多个产业链或价值链上，产业政策需要更注重“生态圈”，建议以省领导牵头推进产业机制为基础，协同部门组建产业推进专班，制定相应的规划引领，同时引入行业联盟（协会）、高端智库、产业基金等作为保障，推动人流、物流、资金流、信息流向产业集聚，实现产业推进再深入、再提升。

开放赋能产业发展。把握在成渝布局“一带一路”科技创新合作区和国际科技转移中心，以及举办“一带一路”科技交流大会等重大机遇，高标准搭建“一带一路”科创平台，以大会召开为舞台，建设一批联合研究室（中心）、技术转移中心、技术示范推广基地和科技园区等国际科创合作平台，承接引入国际科技在四川转化产业化，加快形成辐射周边的区域创新协同体系。

协同“绿底宜居”，就是将构筑长江上游生态屏障与城乡人居环境建设紧密衔接，加快建设卓越空间品质的美丽中国先行区。当前正是工业文明向生态文明转换的关键时期，国内外在探索城市群发展、规划、建设和管理进程中，推进生态共保环境共治始终是不变的主题。成渝地区自古以来就有“天府之国”的美誉、“巴山蜀水”的特质，在生态文明走向新时代的大背景下推进成渝地区双城经济圈建设，就是要构建生态安全屏障新格局、建设高品质宜居生活环境，用绿色绘就人与生态、人与城乡和谐共生的新底色。

共保长江流域生态空间。成渝地区地处长江上游，对保护国家生态安全至关重要。加强生态环境保护，筑牢长江上游生态屏障是中央赋予成渝地区的重大使命任务，务必着眼“山、水、城”三大空间担当起“上游责任”。一是构建“绿水”廊道。推进区域内长江、嘉陵江、乌江、岷江、涪江、沱江等生态廊道建设，强化沿江生态保护和修复，在沿江地区设立保护区和限制开发区，建设沿江绿色生态廊道，强化固化其生态功能，构筑千里川江沿岸生态屏障。二是构建“青山”隔离带。依托龙泉山、华蓥山、秦巴山区、川中丘陵等山系山体构建环绕城市的生态隔离带，沿成渝中线和成德绵乐城市带延伸串联森林、湖泊、湿地等城乡生态空间，保障生态安全形成青山屏障。三是构建“翠城”共治体。加强城市生态空间管控，严格实行空间开发“准入清单”，统一两地“负面清单”，完善跨界污染协同治理和联防联控机制，建立常态化跨区域生态补偿机制，提升城市的绿色低碳发展水平，让城市成为生态文明建设的先行区。

共建宜居宜业居所典范。深化全国统筹城乡综合配套改革试验区建设，突出城乡差异化建设，让城有城的特征、乡有乡的风貌，倾力打造“等质不同态”的高品质生活宜居地。一是科学规划让新旧共存。在新一轮的城市建设和老城改造中，打破拆和建、保留与发展的二元对立局面，在保持古城、古街、古迹风貌的基础上，科学合理规划拥抱工业时代的崭新现代化城区，建设有历史记忆、文化脉络、地域风貌的美丽城市。二是错位发展让功能明确。大力支持成都建设践行新发展理念的公园城市示范区，塑造人城景业高度和谐统一的美丽宜居城市形态，进一步提高人口、经济承载力，让城中居民充分感受到锦城蓝天、蓉城碧水、天府净土；推动新区建设以“反磁力中心”建设为目标，主动对接承担城市中心的部分产业、人居功能，形成功能错位发展。三是有效治理让乡村振兴。乡镇行政区划调整和村级建制调整，为集中优势资源助推乡村振兴提供了条件，要更大力度推进美丽乡村的规划设计，以建设现代高效特色农业带为牵引，推进农村人居环境整治，推广垃圾、污水的集中化处理，建设一批特色产业强镇、美丽休闲乡村，在整合优化的同时提升生态功能和农产品功能，真正使乡村成为记得住乡愁的心安之所。

协同“重教聚才”，就是将成渝地区教育改革发展与全面实施人才开发战略紧密衔接，大力构筑托举“双城经济圈”的教育高地和人才高地。人才是城市发展的第一资源和要素，凡是世界一流的城市群，都有一流教育与一流人才的集聚。随着“成渝经济圈”的提出，成渝地区要在未来占据西部乃至全国发展制高点，务必要在教育和人才的改革、开放、合作上超前谋划、先行先试，充分利用区位优势、资源优势，进一步深化教育合作，营造良好的人才环境，打造教育和人才高地，为成渝地区高质量发展积蓄智力源泉和创新动能。

深化全方位高等教育战略合作。重视高等教育已成为很多地区抓发展的突破口。杭州提出“学在杭州”，坚持 10 年持续发展理工类学科，现理工类学生超过上海，深厚的人力资源储备吸引华为将除总部以外的最大的研发中心落户杭州。深圳从 2018 年起投入 1500 亿元办更多高水平大学，力争到 2025 年高校达到 20 所左右、在校生超过 25 万人。重庆市提出，到 2022 年累计引进 100 所高校、科研院所和企业在渝布局研发机构。四川也应着眼教育育才、聚才、引才功能，紧扣产业需要、优化布局资源，对教育体系进行革命性再造和重塑。

具体建议：一是支持成渝地区建设国际教育示范区，争取引进世界知名大学和科研院所，推进世界一流大学和一流学科建设，大力挖掘电子科技大学等高校的理工类人才优势，积淀高端制造业人力资源储备。鼓励在省域副中心城市配置一定数量的大学，支持相关市培育适应地方需求的院所，创新机制建设一批产业研究院和科研中心，加快副中心城市的发展。二是支持川渝高校合作办学，鼓励联合共建优势学科、实验室和研究中心，建设网络化、平台式的大学组织管理体系，培养更多复合型、跨学科的人才，形成开放式大学与网络化社会互动的机制以及共生共享的生态体系。三是推进成渝职业教育在招生就业、培养培训、师生交流、技能竞赛等方面的合作，创新与国内先进地方合作办学方式，支持各类职业教育实训基地交流合作，共建一批特色职业教育园区。

构建吸纳创新精神与国际视野人才机制。根据领英 2019 年报告，成都人才净流入率为 2.8%，在非一线城市中位居第二，在领英平台的每百名人才中就有接近 3 个人成为“新成都人”。成都已跻身全国人口迁移一线“朋友圈”，未来要推动“成渝经济圈”成为西部高质量发展的动力源，需要更加广泛地吸聚人才，最大限度挖掘“深老共富”下的“人口新红利”。

具体建议：一是优化政策吸引人才。根据产业发展定向出台人才政策，在给予高层次人才创新创业扶持、鼓励青年人才落户、保障人才住房医疗待遇、支持校地校企合作培养人才等方面出台更具吸引力的举措，以推动创新产业的发展和传统产业的转型升级。二是创新体制聚集人才。争取在外籍人才可担任重大项目主持人，开辟海外引进人才职称评审绿色通道，实现工作许可、签证与居留有机衔接等方面有更大突破，同时加大提升国际移民的承载能力，在健全体制机制、移民人才培养、国际社区管理、国际人士子女教育等方面开展有预见性和提前量的工作。三是柔性引进运用人才。坚持“不为所有、但求所用”原则，支持省内各地、各部门和企事业单位采取挂职兼职、项目合作、技术联姻等方式，柔性引进国内外院士，创新建设“院士港”“院士所”，以一个带动一批，更好地发挥高端人才的智力服务作用。

（本专题主要研究人员：敬茂明、李文宇、唐硕、雷红梅，并吸收相关智库研究成果）

共建亚欧大陆重要航空枢纽

——成渝地区双城经济圈建设系列研究之四

经济区发展与重大生产力布局研究智库

航空枢纽是重构经济地理、推动区域发展和优化产业结构的重要引擎，成渝建成亚欧大陆重要航空枢纽对推进成渝地区双城经济圈建设，打造具有全国影响力的改革开放新高地意义重大。建议紧扣“两中心两地”定位，以打造“空中丝绸之路”为目标，以全球视野、国际标准推动成渝机场群“运营一体、互联互通、差异定位、管理协同”，推动全球高端要素向成渝快速集聚，更好支持高端产业快速崛起，提升区域经济和城市竞争力。

一、成渝机场群发展现状及比较

（一）成渝航空枢纽在国内地位及排名

按照民航“十三五”规划，我国综合机场体系由三大世界级机场群、十大国际航空枢纽以及29个区域枢纽构成。成都、重庆属于十大国际航空枢纽城市范围，2018年双流机场吞吐量位列全球机场第26位，双流、江北机场分别进入中国旅客吞吐量前10名。2018年，双流机场货邮吞吐量为66.5万吨，江北机场为38.2万吨，是国内货邮吞吐量第4名（深圳宝安机场）的1/2和1/3左右。

国内有北方、华东、中南、西南、西北和东北六大枢纽机场群，前三大机场群均有国际枢纽机场坐镇，定位为世界级机场群。比较客运和货运吞吐量，2018年长三角机场群为2.28亿人次、

558 万吨，京津冀机场群为 1.45 亿人次、240.7 万吨，粤港澳机场群为 2.15 亿人次、830.25 万吨，成渝机场群为 1.02 亿人次、106.6 万吨，成渝机场群与其他机场群相比还有较大差距。

（二）国外机场群案例分析

在世界范围内，目前已发展成熟的机场群主要包括以下 5 个：美国东北部大西洋沿岸以纽约为中心的机场群，北美五大湖以芝加哥为中心的机场群，日本太平洋沿岸以东京为中心的机场群，英国以伦敦为核心的机场群，欧洲西北部以巴黎为中心的机场群。

以美国纽约机场群为例，纽约州和新泽西州共同设立纽约新泽西港务局，委托管理 6 家机场，赋予其在“纽约港区”购买、建造、出租或经营任何站点和交通设施的权力。主要做法包括：在定位上突出差异化，制订各机场收费标准、限制拉瓜迪亚机场最大航程、限制泰特波罗机场最大起飞全重等；在管理上注重整体效能，对机场收支投入计划进行批准、监督和考核，统一监管机场管理、运营管理、轻轨列车等业务；在政策上注重分流，通过管制、投资和价格等多种手段，在各机场之间动态调整运量；在资金来源上推动多元化，建立各机场收入、民间资本、旅客设施使用费、机场发展计划资金项目（来源于联邦政府）4 个“资金池”，还借助管理其他公共基础设施实现资金的统筹利用。通过这些措施，港务局已发展成兼海陆空交通为一体，集设计规划、发展建设、运营管理于一身的公共机构。

二、共建亚欧大陆重要航空枢纽的主要挑战

一是航空口岸偏少，还未实现区域联动。成渝目前拥有 3 个航空口岸机场，但区域内及区域间联动尚未完全实现，而京津冀、苏浙沪、辽宁沈阳和大连口岸以及广东全域均实现 144 小时过境免签联动。

二是成渝未获得第五航权，有待积极争取。第五航权被誉为

"最具有经济实质意义"的航权，目前国内开通第五航权的机场一共有11个，分别是北京、上海、广州、海口、天津、南京、银川、郑州、鄂尔多斯、满洲里、西安，而成都、重庆暂未获得该项航权。

三是货邮运输成为短板，需进一步优化提升。与长三角、京津冀、粤港澳、华中机场群相比，成渝在国际货运、仓储物流、航空保税区建设等具体指标上也存在一定差距，参考制定大力度政策十分必要，比如郑州与部分航空公司协商，以年度总货量作为考核依据，按照实际运行的航班数量进行补贴等。

四是协同机制尚未建立，需相向而行加倍努力。京津冀和长三角机场整合行动较早，2015年首都机场集团就已托管河北机场集团，2018年江苏的东部机场集团正式挂牌，受让徐州、淮安、扬泰、常州、盐城5家机场51%的股权，以及连云港新机场60%的股权，并定位扩展到东部其他省份。成渝航空领域合作进展较慢，存在同质化、定位重叠、空域虚耗等问题。

五是两地共建协同机制需突破。目前，成渝航空枢纽之间缺乏有效协调机制，市场上缺少联合主体，相关产业甚至有加大竞争趋势。成渝需做好规划、空域资源及产业政策等协同，对外处理好机场群与城市群的关系，对内处理好枢纽机场与机场群的关系，打破行政区划限制，促进航空枢纽共建共享。

三、共建亚欧大陆重要航空枢纽的对策建议

一是紧依"一带一路"，打造空中丝路。准确把握成渝机场群在"一带一路"空中丝路的作用，根据国际机场协会的预测，亚太区域在2040年全球航空市场中的占比将高达42.8%，印度航空市场将成为新增长极，分列第二、第三位的欧洲（26%）、中东（12.7%）两大国际航空市场均处我国西向位置，成渝机场群要努力建成"一带一路"的国际航空枢纽。提升天府机场的服务能力，

扭转我国西向国际航线因航空市场“东强西弱”而反向绕航飞行的现状，推进形成天府机场为主、双流机场协同运行格局，提升成都国际航空枢纽的客货运输能级、服务保障能力和运营管理水平。优化国际航空战略通道布局，每年新开通5条以上国际客货直飞航线，新开通成都至罗马、伊斯坦布尔等城市的商务航线，至阿姆斯特丹、新加坡等城市的全货机航线，至胡志明、仰光等城市的文旅航线，以通程值机方式开行至南美的联程航线。

二是加密航线，开拓西部南向入海新通道。要全方位、多层次打造航空网络体系，建立健全川渝政府与西部战区空军、民航西南管理局的双向多层次空域管理改革协调机制，按照建设国家门户型枢纽机场的要求，积极优化双流机场和江北机场的现有航线网络，提前科学布局天府机场的航线网络，进一步强化高效的枢纽中转功能。开拓西部入海南向新通道，围绕“南向开放”和“西部陆海新通道”建设加密航线，按照“航班波”模式，加强与民航主管部门、空管系统的密切协作，积极采用多重组合扶持新政策，加大南亚和东南亚国际航线的培育和扶持，强化与基地航空公司或国外航空公司的航线开发南向项目，增加国际航线覆盖面和国际中转比例，构建中枢辐射式航线网络体系。

三是差异化定位，构建“3 + N”立体机场群。通过两种模式实现差异化定位。一种是3个国际机场大分工模式，以重庆机场集团为主体，在经营重庆江北机场的基础上，托管万州、黔江和武隆（在建）等机场；以四川机场集团为主体，在经营双流机场和天府国际机场（在建）的基础上，托管绵阳、宜宾、广元、泸州、南充等机场，形成两大机场集团。在此基础上，通过双向持股或共同出资组建新的成渝机场集团，形成经营和管理成渝机场群的单一平台，实现航空资源的大整合大优化。另一种是3个国际机场小分工模式，把协调四川机场集团和重庆机场集团的各项事务纳入成渝经济圈协作内容，一些重大问题在常务副省（市）长联席会议议定，实现成渝三大枢纽机场在航线网络等资源上的互补发展。

四是基地互驻，做大做强航空基地公司。航空公司是建设中枢辐射航线的主体，国际航空枢纽建设必须依托具有国际竞争力的网络型航空公司。加快发展双流机场和江北机场基地航空公司，扩大双流机场国航西南分公司、四川航空、西藏航空、成都航空、东航四川分公司、南航四川分公司等公司机队规模；加强江北机场重庆航空、西部航空、华夏航空等主基地航司建设，提升国航重庆分公司、川航重庆分公司等基地航司水平。实现四川航空和重庆航空基地互驻，利用临空政策优势与自由贸易试验区的制度创新，加快江北机场、双流机场和天府机场的基础设施和配套服务设施建设，集聚航空运输业的设计研发、制造维修、运营服务等行业保障资源，支持飞机制造、空管、维修、航油航材等航空企业在空港区域扩大产能、新建公司或运营基地，探索低成本航空、公务机独立候机楼运行模式，打造有国际功能的远程值机体系。

五是联合争取"第五航权"，扩大口岸协同开放。积极争取"第五航权"，向国务院和国家空管局层面积极争取"第五航权"支持和"第五航权"申请评比的特别加分项（参照北京大兴国际机场）。扩大口岸开放，加强对两地口岸工作的协同组织领导，提升口岸工作效率，持续优化口岸营商环境，实现成渝全域144小时过境免签口岸联动。建设更加完善的保税物流园区，以成都国际集装箱物流园区、双流航空物流园区、龙泉物流园区、乐山港、宜宾物流港、自贡无水港、泸州港等为重点，加快各类口岸、无水港、综合保税区、保税物流中心（B型）等载体建设，构建高效快捷的国际物流服务体系。

六是试点川渝临空共建经济带，打造"两昌"（荣昌—隆昌）飞地园区。深化临空经济供给侧结构性改革，规划成渝产业布局和基础设施互联，积极发展国际竞争力强、附加值高的航空产业以及知识密集型、技术密集型、资本密集型的临空指向性产业，形成以机场为中心、辐射周边区域的临空商贸、航空旅游、航空文化等高端关联产业，全面构建中国西部特色的航空港经济圈。推动产业合作园区建设，支持川渝两地物流企业参与内江物流园区建设，打造配套重庆荣昌的集货中心，协调推动重庆智慧物流云平台在内江拓展服务功能，通过干部互派、全域融合等方式打造成渝“两昌（荣昌—隆昌）飞地园区”。支持有条件的地方设立南向对外合作园区，积极承接国际产业转移，提升产业外向度。推动成渝自贸试验区、国别合作园区与广西钦州保税港区等开放平台合作，吸引粤港澳企业共建临港产业园区，发展适铁、适海产业和现代物流业。

七是推进区域交通协同，实现空铁公水全方位集成。构建以三大枢纽机场为主体，国际航线、国际班列、长江水运、陆海联运等多通道一体化的多式联运综合交通枢纽。对外推进以机场为核心的综合交通枢纽互联互通，积极发展国际多式联运，建立海关监管、商品检验检疫等一体化的航空货物快速通关机制和空港联动体，构建“内畅外通、辐射区域、联通世界”的现代立体化综合交通体系；对内实现机场空港与铁路港、水港、综保区、高新区、产业园的互联互通，在天府机场、双流机场、重庆江北机场内，推进航空、铁路、公路、地铁等“零换乘”无缝对接。建设国际航空枢纽，构筑连接“一带一路”和长江经济带的空中桥梁，对接西部陆海新通道。支持成渝合作示范区、成渝中部产业示范区建设，深化科技、产业、环保、港口等领域合作，联合扩大中欧班列品牌影响力，推动两地自贸试验区联动发展；优化南向开放布局，加强川渝铁路港及有关物流基地与北部湾、滇黔地区的互联互通，促进文化旅游、资源开发、交通物流等重点领域联动发展，鼓励毗邻地区深化投资合作；争取设立自贸港，分步骤、分阶段落地自贸港政策和制度体系，探索深化合资合作、允许外资控股或独资试点等改革举措。

八是大力发展通用航空，互动建设产业创新转化平台。大力发展"航空+N"产业，构建"大航空"产业体系，做大做强航空物流、航空仓储、大飞机航空维保、航空通信系统等航空上下游产业链，引进一批大飞机维保基地。依托枢纽机场规划建设世界科技创新示范区，推动民航局、省、市集中力量打造基础技术研究基地、应用技术开发基地、核心技术产业化基地、成果转化效益基地和创新人才发展基地，努力建设国际一流的科技创新和产业化平台；加快推进智慧交通、智慧物流、智慧安保、智慧通关等智慧产业的研究与产业化，力争率先实现在成都、重庆先行先试，引领产业发展。依托枢纽机场繁荣高端金融业、服务业和旅游业，加快发展跨境免税贸易，面向全球市场的设计、研发、信息、金融和后台服务等现代服务业，积极培育航空总部、国际金融、跨境电商、咨询设计等高端业态；构建跨境结算、安全保障的金融服务体系，建立健全多式联运单证标准，实现多式联运运票账单等单据统一，探索"一单制"金融创新，实现国际货物运输"一次委托、一口报价、一单到底、一票结算"，推进跨境运输标准规范与国际运输规则对接；发展国际旅游，以枢纽机场为中心，建设航空主题乐园，换装中英文标识牌，构建国际化的旅游体验环境。

（本专题由经济区发展与重大生产力布局研究智库承担，主要成员包括丁任重、王冲、彭亮、司嵬、余丽霞，中共四川省委政研室任晓波参与）

成渝地区打造内陆开放战略高地研究

——成渝地区双城经济圈建设系列研究之五

对外开放与合作研究智库

中央财经委员会第六次会议指出，推动成渝地区双城经济圈建设，有利于在西部形成高质量发展的重要增长极，打造内陆开放战略高地，对于推动高质量发展具有重要意义。建议成渝地区定位国家向西向南开放战略高地，突出“一带一路”南向拓展的经略中心地位，依托自身“安全腹地”优势和南向国际新通道，以轻资产、高科技产业为先导，代表国家参与南亚、东南亚区域国际竞争，用好“巴蜀文化”名片和成渝双城“网红效应”打造内陆开放的文化高地。

一、成渝地区突出“一带一路”南向拓展的经略中心地位，代表国家参与南亚、东南亚区域国际竞争

目前，多个省份在“一带一路”倡议“东南西北”方位中不断聚焦某一特定区域，提升自身战略定位。例如，甘肃向西“深化与中亚、西亚、欧洲的交流合作”，云南向南建设“面向南亚东南亚辐射中心”，内蒙古向北加快“中蒙俄经济走廊建设”，东北向东推进与东北亚合作开放。在各省份陆续关联“一带一路”特定区域的背景下，成渝地区宜进一步聚焦南向，加快建设“一带一路”南亚、东南亚的经略中心。

成渝地区不仅要加强与南亚、东南亚国家的经贸合作，更重要的是以高质量发展为依托，代表国家参与南亚、东南亚区域的国际

竞争，并在竞争中建立并保持“既合作又对标且领先”的态势。根据世界经济论坛《2019 年全球竞争力报告》，在全球参与排名的 141 个经济体中，东盟国家中有 7 个、南亚国家中有 2 个排名在 100 位之内，除新加坡、马来西亚分别排名第 1、第 27 位外，其余均在第 40 至 80 位区间，产业多为劳动密集型，且产业结构较为单一。中国大陆排名第 28 位，不仅综合竞争力显著强于南亚和东南亚国家，而且在劳动力技能、产品市场效率等方面的优势恰是南亚和东南亚国家所不具备的，这使得成渝地区具备了参与竞争并保持“既合作又对标且领先”态势的条件。

二、在国家安全大格局视域下构建成渝开放高地，推动西南传统“安全腹地”的现代化转型升级

（一）国际安全与周边安全形势日益严峻，对我国开放高地的地缘区位提出更高要求

从我国外部安全环境来看，无论是美国推行“印太战略”对中国进行围堵和遏制，还是印度在边境制造领土争端以及推行“东向政策”，都给中国周边地区的安全形势带来严峻挑战。课题组研究认为，我国沿边省份虽然有陆路通道带来的运输成本优势，但是由于地处国际国内两种风险叠加地带存有诸多安全隐患，不宜建设为对外开放的“高地”。

（二）成渝地区所处战略大后方“安全腹地”的区位优势是内陆开放和国防安全的重要依托

在当今世界正面临百年未有之大变局背景下，我们更应该立足国家安全大格局，重新审视西南传统安全大后方现代化转型升级的战略意义。课题组认为，从国家安全空间结构视角来看，沿边省份承担的是为核心区提供“安全拱卫”和风险缓冲区功能，而成渝城市虽然是内陆城市，但是其“安全势能”才是对外开放最重要的硬实力。

三、依托成渝双城差异化特点建设成渝陆海联动网络和南向国际新通道，构建内陆对外开放新格局

成渝地处内陆，相较云南、新疆、广西等沿边省份在对外交通方面的地缘优势，成渝双城宜根据各自特点采取差异化政策，构建“空陆并行、轻装上阵、要素聚集、重点突出”的内陆对外开放新格局。

（一）依托成渝交通枢纽，构建陆海联动网络

国务院批准的西部陆海新通道建设，将加强中国—中南半岛、孟中印缅、新亚欧大陆桥、中国—中亚—西亚等国际经济走廊的联系互动。成渝地区需要持续经营与优化“蓉欧+”“渝新欧”等国际物流大通道，重点打造“蓉深”“蓉穗”与“蓉欧”班列的无缝衔接。构建多式联运通道，衔接深圳港、广州港，形成欧洲、中亚和亚太地区的全物流体系。

（二）依托成都双机场，建设南向国际新通道

成渝在陆路运输方面并不具备地缘、通道和成本优势，因此要加快推进成都天府国际机场建设和双流国际机场扩能升级，打造以成都为枢纽连接泛欧泛亚的航空货物转运中心，积极建设海外分拨中心。加快开通成都至东南亚、南亚等地区的直飞航线，支持货运航空公司开通成都至东南亚、南亚国家的全货机定期航线，鼓励组建全货运基地航空公司。将成都建设成为服务“一带一路”、辐射泛欧泛亚的国际空港枢纽，以及南亚、东南亚国家进入中国的窗口城市。

（三）成都应跳出大宗商品外贸思维，优先发展轻资产、高科技产业

一是打造金融科技之都。2019 年，成都市在“中国金融中心指数”和“全球金融中心指数”中分别位列第 5 位和第 73 位，排名分别较上期提升 1 位和 14 位，继续领跑中国西部地区。未来成

都宜以金融科技领域为重点方向，打造具有全球影响力的金融科技之都。二是打造芯片设计之城。成都拥有丰富的IC设计人才资源，集聚了电子科技大学、四川大学等众多培养相关专业技术人才的高校和专业研究所。2018年11月，成都发布《支持集成电路设计业加快发展若干政策》，宜在此基础上进一步聚焦IC设计领域，支持一批本土企业发展，打造中国“西部硅谷”。三是建设国际软件产业高地。作为中国西部唯一的软件业名城，成都应具备国际经略视野，全方位对标印度软件业，制定政策，吸引人才，形成高地“虹吸效应”。四是建设军民融合产业重镇。依托成渝“安全腹地”，“以军带民”加强高端军工产业发展，发展军民两用技术，“以民促军”发挥民营企业在创新活力、成本控制等方面的优势，将成熟技术快速转化为市场产品。

四、发挥“巴蜀文化”“熊猫故乡”的“网红效应”，打造内陆开放的文化输出高地

巴蜀文化作为中华文化的重要组成部分，是川渝两地人民所共有共享的精神家园，也是对外开放的重要“文化名片”。成渝地区双城经济圈建设必须打好“巴蜀文化”“熊猫故乡”两张软实力牌，发挥“网红城市”和“李子柒”效应，利用互联网的传播特性，打造世界闻名的“双子星”文化城市群。

塑造“食在川渝，味在巴蜀”的文化形象。以美食软文化为突破点，将美食打造为新的成渝地区文化名片。发展成渝地区美食旅游业，定期开展美食节，吸引国内外游客。着力打造“熊猫故乡”的城市标签。以熊猫栖息地为宣传发力点，围绕“熊猫故乡”，打造熊猫文化主题旅游路线，让外国游客不仅看到熊猫，更让他们通过熊猫了解成渝、了解中国。充分展现“双核网红城市”风貌。重点展现成都怡人宜居、天人共乐的“公园城市”形象和重庆地理环境特殊、建筑形态多变的“魔

幻城市”形象。

（本专题由对外开放与合作研究智库承担，主要成员包括罗中枢、陈超、谢贵平、杨鹍飞、霍仁龙、李昊，中共四川省委政研室陈巍参与）

成渝地区协同共建西部金融中心研究

——成渝地区双城经济圈建设系列研究之六

现代金融服务与创新研究智库

中央财经委员会第六次会议明确提出，成渝地区双城经济圈要建设成为具有全国影响力的重要经济中心，并支持重庆、成都共建西部金融中心。这意味着，在成渝地区双城经济圈建设中，金融应该承担起也必须承担起推动经济的重要作用。目前，成渝两个西部地区的区域金融中心在推动区域经济发展方面，与长三角的上海金融中心、京津冀的北京金融中心、珠三角的深圳金融中心和广州金融中心相比，还存在显著差距。成渝两地唯有在尊重客观规律的基础上发挥比较优势，通过加强顶层设计和统筹协调，做到统一谋划、一体部署、相互协作、共同实施，协同共建西部金融中心，才能更好地助推成渝地区双城经济圈发展，更有效地支撑西部经济腾飞。

一、金融中心与经济圈的关系

在现代市场经济中，金融业是百业之首，处于龙头地位，推进经济圈建设离不开金融的助推和支持。当今世界，但凡市场经济高度发达的国家或地区，无不把本国或本地区某一中心城市培育成为国际或国内金融中心。因为，金融中心能有效助推经济圈发展，并在三个方面起到积极作用：首先是示范作用。经济圈建设很大程度上是一种政府行为，而金融中心的构建最能反映政府发展经济的魄力和决心，从而给市场一个强烈的示范信号，引导市场行为。其次是积聚作用。在金融中心的形成和发展过程中，由于它通常本来就是所在区域的经济中心城市，一旦给予适当的政策优惠和扶持，就将产生极大的集聚作用。这种集聚不仅仅能提高本区域对外区域生产要素的吸引力，成为外部要素流入的首选地，而且集聚作用直接的经济影响是增强中心城市的经济、金融实力，形成带动城市群发展的龙头。最后是辐射作用。在金融中心形成和发展完善时，它在资金、技术和意识诸方面的改进和创新，将会通过经济、文化等各种渠道渗透、辐射到经济圈的其他部分去，从而实现由点的发展带动面的发展，促进整个区域经济的增长。

国内外经验表明，金融中心建设需和经济圈建设同步推进。一个城市要成为金融中心，首先需要成为一个生产要素在区域间流动的国家中心城市或以经济圈为后盾，这样才能具备吸引国内外资本和顶级人才的环境和能力。现实中金融中心是以城市为表征的，每年公布的全球金融中心指数（GFCI），实际上就是世界主要城市的排名，而中国金融中心指数（CDI · CFCI），其实就是中国主要城市的排名。以英伦城市群和伦敦国际金融中心为例，英伦城市群是世界上发展最早的城市群，其形成主要发端于18世纪60年代的工业革命，而以伦敦金融城为载体的伦敦国际金融中心的发端同样可以追溯到18世纪。伦敦通常指“大伦敦”，就是在伦敦金融城（英国经济和金融中心）和威斯敏斯特城（英国政治和宗教中心）的基础上发展起来的。由此可见，建设西部金融中心与建设成渝地区双城经济圈也应相互支撑、同步推进。

二、共建西部金融中心的抓手

根据中国金融中心指数（CDI · CFCI）历年数据可见，上海、北京、深圳、广州长期占据中国金融中心排名的前四位。上海和北京这两大金融中心分别对应长三角和京津冀，深圳和广州则根植于粤港澳大湾区，这三大城市群经济发展水平和综合实力远超成渝地区。按照2018年的GDP大体估算，成渝地区经济总量只相当于长三角的1/3、珠三角的2/3。要在这样的基础上建设西部金融中心，必须要走“顶天”“立地”的发展之路，即坚持符合自身特色的、差异化的定位，坚持错位发展和发挥后发优势的思路。

（一）错位发展建设“立地”的西部金融中心

“立地”是指成渝共建西部金融中心必须契合成渝地区的经济特征，确立差异化的、能发挥自身优势的错位发展思路，以求更好地集聚金融资源，更好地服务和引领成渝地区双城经济圈建设。

集聚金融资源是金融中心的基本特征之一。次贷危机后，全球金融资源继续以“纽约—伦敦”为轴心集聚，并得到加强。而对于我国，2019 年12 月发布的第11 期中国金融中心指数及以往各期均显示金融资源向领先的金融中心（上海、北京、深圳）集聚的“马太效应”愈加显著。西部金融中心同样必须集聚金融资源，但以当前成渝地区的经济总量和金融资源禀赋，如果由其自然演进，是难以有突破性吸引力集聚金融资源的，是难以有效追赶上海、北京、深圳等金融中心的，必须借助政府的有为之手错位发展。

地处西部的成渝地区具有显著的“大城市 + 大农村”特征，是筑牢长江上游生态屏障的重要地区，也是我国重要的清洁能源基地。这样的区位和禀赋特征非常适合普惠金融、农村金融、绿色金融、能源金融或能源要素市场等金融细分行业的发展。这些“低端”的金融细分行业目前总体上被国内领先的金融中心所忽视，但这恰恰构成了成渝共建西部金融中心的难得机遇。以同样地处内陆的美国中西部城市芝加哥为例，著名的芝加哥商品交易所和期货交易所最初就是从交易玉米、小麦、大豆、鸡蛋、家禽等农产品发展起来的，也是从“低端”金融细分行业开始的，并通过不断集聚金融资源而发展成为国际金融中心。另外，芝加哥在绿色金融领域也居于全球领先地位，芝加哥气候交易所是北美地区唯一的温室气体排放权交易平台。芝加哥的成功经验值得借鉴，成都和重庆若能推动在成渝地区布局一个或多个全国性某类要素交易所，或落地一个或多个上述金融细分领域的全国性试点、试验区，那必然同样能够吸引相关金融资源集聚，进而衍生出更多的金融产品和形成更多的金融子市场，从而推动形成西部金融中心。这的确不是一条寻常路，因为这些金融细分行业往往被人为冠以相对“低端”的标签，但这又的确是一条契合成渝地区经济特征，并能够助推成渝成功共建西部金融中心的有效探索之路，应该成为有力抓手。

（二）奋起后发建设“顶天”的西部金融中心

“顶天”是指成渝共建西部金融中心必须把握现代金融发展前沿，在新金融领域特别是金融科技、资产管理、财富管理等领域进行前瞻性的布局，通过后发优势集聚金融资源，更好地服务和引领成渝地区双城经济圈建设。

在金融科技上发力。毋庸置疑，金融科技是当前金融发展的前沿和热门，从产生之初就占据了技术的制高点，在金融业中自带“高端”标签。金融科技主要是指由大数据、区块链、云计算、人工智能等新兴前沿技术带动，对金融市场以及金融服务业务供给产生重大影响的新兴业务模式、新技术应用、新产品服务等。当前，金融科技正在极大地重塑金融业。在此领域，成都和重庆已经抓住机遇，取得了一定的成绩。由英国智库 Z/Yen 集团与中国（深圳）综合开发研究院共同编制并于 2019 年 9 月发布的第 26 期全球金融中心指数（GFCI）报告，首次通过分析全球金融中心城市的金融科技环境及金融科技活动的发展情况，评出了 20 座金融科技发展最好的城市。其中北上广深分列第 1、2、4、5 位，可见我国通过发挥后发优势已经在金融科技领域占据了绝对优势；成都列第 18 位，是中国大陆除北上广深之外唯一上榜的城市，表明成都金融科技的发展已具备一定优势，并得到国际金融界的认可。又如，由浙江大学互联网金融研究院司南研究室联合多家机构发布的《2020 全球金融科技中心城市报告》显示，中国大陆城市金融科技排名前8位依次为：北京、上海、深圳、杭州、广州、南京、成都、重庆，进一步表明成都和重庆的金融科技发展水平居于我国前列，具备良好的发展基础。由此，金融科技应该成为成都和重庆协同共建西部金融中心的有力抓手。

在财富管理领域发力。得益于我国经济的快速增长，中国财富管理市场已成长为仅次于美国的全球第二大市场，我国财富管理也经历了由简单理财产品1.0时代到全面资产管理2.0时代，正在迈入高端的财富管理3.0新时代。把握住财富管理的发展大势，无疑会推动地区金融大发展。以青岛经验为例，2014年2月，经国务院批准，青岛成为我国唯一以财富管理为主题的金融综合改革试验区。从全球金融中心指数（GFCI）榜单看，青岛自成为试验区的两年后即2016年，实现首次入榜并位列第79位，到2019年则迅速上升至第33位。相比之下，成都在2017年首次入榜列第86位，2019年升至第73位；重庆则一直未能入榜。

实际上，在财富管理领域，成都和重庆已经具备一定基础，特别成都是一座非常有潜力打造财富管理中心的城市。财富管理是一个综合性极强的金融领域，涉及银行、信托、保险、基金等金融机构，涵盖银行理财、信托产品、公募基金、私募基金、股票、债券、保险等各类投资产品，需要以所在城市的金融综合实力为支撑。在2019年12月发布的第11期中国金融中心指数（CDI·CFCI）排名中，成都的综合竞争力排名紧随上海、北京、深圳、广州其后位列第5位，重庆则位列第8位，在西部地区分别位列第1位和第2位。在该指数报告单项十强排名中，成都的金融产业绩效、法人机构综合实力、资本市场利用水平、基金业发展水平、金融生态环境、金融开放发展水平等分项指标均进入了全国前十。重庆则在地方金融机构实力、金融人才集聚能力中有亮眼表现。成渝地区是否应积极争取成为第二个财富管理综合改革试验区或新设财富管理相关领域试验区，值得思考。

三、西部金融中心的生成模式

经济体中有两种力量，一种是拉力——需求，一种是推力——供给。与之相对，金融中心的产生也有两类不同的模式：需求引致模式与供给推动模式。成渝共建西部金融中心采取何种模式需视情况而定。

所谓需求引致模式，是指金融中心的产生、变化、发展取决于经济发展，经济的增长产生了对金融业新的需求，于是金融机构与金融市场相应扩张，制度层面的金融决策与法规也随之发生变化。通过这一路径而产生的金融中心，就属于需求引致模式产生的金融中心，典型的有伦敦与香港。以伦敦为例，17 世纪末 18 世纪初，伦敦是英国的国际贸易中心，贸易的发展引起结算与融资的需要，大小银行相继产生并有很大的发展。到 18 世纪末，伦敦作为国际性的金融中心已初露端倪。进入 19 世纪后，伴随着英国成为世界上最重要的国际贸易大国，伦敦银行体系日趋完善，各类金融市场逐步健全，国际金融业务也逐渐占据主要地位。到一战前夕，伦敦作为世界上最主要的国际金融中心的地位得以确立。

所谓供给推动模式，是指金融中心并非经济发展到一定阶段的产物，其产生和发展具有一定的超前性，是国家或地区的有关部门通过人为设计、强力支持而产生的。金融体系的超前产生和发展刺激了经济的发展，对经济发展有先导作用，即供给刺激需求。在供给推动的途径中产生的金融中心，其所具备的条件不是在经济发展和金融体系的发展演变过程中自然形成的，而是一国或地区有意识建设的结果，典型的如东京与新加坡。新加坡于 1965 年独立时，国内经济低迷，不具备以需求引致形成国际金融中心的条件。为了促进经济发展，新加坡政府利用有利的经济地理与时区条件，大力发展国际金融业务，并以低税收、提供便利等条件来吸引和鼓励外资银行在新加坡营业。进入 20 世纪 80 年代，新加坡已成为亚洲的主要国际金融中心。在金融业发展的带动下，新加坡的国民经济高速增长，在短短的二十年间即达到中等发达国家水平。

显然，成渝所在的西部地区的经济现实决定了成渝地区不具备单纯通过需求引致模式形成西部金融中心的能力。但是，成渝地区可以植入政府力量，产生金融中心的“推力”，即采取供给推动模式。第二次世界大战以后，新兴工业国家（地区）的经济处于发展起步阶段，它们在面对与老牌资本主义国家、其他新兴工业国家经济发展竞争，又急需发展金融业以促进经济超越式发展时，便是以政府力量来启动金融业的国际化与市场化进程，倾力建设本国家（地区）金融中心。这种做法值得成渝在共建西部金融中心时学习和借鉴。

（本专题由现代金融服务与创新研究智库承担，主要成员包括翁舟杰、张桥云、翟立宏、宋全云，中共四川省委政研室唐硕参与）

成都都市圈极核发展研究

——成渝地区双城经济圈建设系列研究之七

新时代省情与发展战略研究智库

习近平总书记在中央财经委员会第六次会议上亲自部署建设成渝地区双城经济圈，为新时代成渝地区高质量发展标定了新方位新目标。成渝地区双城经济圈战略最大特征是“双城带动”，凸显了成都在全国发展版图的战略地位，赋予了成都做优做强极核功能的使命担当。成都如何借力这一时代机遇强化“主干”功能，增强极核引领带动力，成为“两地两中心”的核心承载区、先行示范区，需要大胆谋划和推进。

一、成都极核的空间范围确定

世界级城市群基本上围绕都市圈形成，东京、巴黎、伦敦等都是都市圈形态的城市群，纽约城市群也基本等同于纽约都市圈。因此，成都极核的建设，可以根据都市圈结构来确定空间范围，即按照《国家发展改革委关于培育发展现代化都市圈的指导意见》，“以 1 小时通勤圈为基本范围”，涵盖成都、德阳、眉山、资阳 4 市，这正好是“一干多支”战略确定的成德眉资同城化区域。该都市圈 2018 年的经济总量为 19879 亿元，占全省经济总量的 49% 左右。根据各圈层经济联系密度、开发水平及特点，分为 3 个圈层：

核心区，包括成都市的中心城区、龙泉驿区、天府新区、高新区等 13 个区，半径在 20 公里左右，地铁基本实现全覆盖，构成半小时通勤圈。这一区域经济密度和开发强度较高，2018 年经济总量为 11317.5 亿元，占成都市经济总量的 74%。空间开发开始进入优化阶段，由单中心向多中心演进。核心区正在形成老城区、高新区 + 天府新区直管区、东部新区 3 个中心格局。

紧密区，包括简阳、都江堰、彭州、邛崃、崇州、金堂、大邑、蒲江、新津 9 个市（县），半径在 50 公里左右，全部实现高速连通和部分形成轻轨连接，构成 50 分钟通勤圈。这一区域经济密度和开发强度较低，经济总量仅占成都市的 26%。

半紧密区，包括德阳、眉山、资阳 3 市，半径在 70 ~ 90 公里之间，全部实现高速和高铁连接，构成 1 小时内的通勤圈。这一区域的经济密度和开发强度不高，经济总量 4537 亿元，占全省经济总量的 11% 左右。

成都都市圈未来将进一步扩大到包括绵阳、乐山、遂宁、雅安 4 市，即成都平原经济区空间范围。经济总量进一步扩大到占全省的 70%。

二、成都都市圈建设的基础与存在的问题

成渝地区双城经济圈要承担起在西部形成高质量发展的新动力源这一使命，需要两大都市圈必须协同发力。成都都市圈作为双城经济圈的重要极核之一，是国家重大战略交汇区、重大布局承载地、重大改革先行区，正在加快建设全面体现新发展理念的国家中心城市，全面构建“五中心一枢纽”功能，其发展对优化西部区域经济布局和对外开放布局具有积极推动作用。当前，既存在有利的现实基础条件，也存在亟须补齐的短板弱项。

（一）将成都都市圈建设成为有影响力的国际化都市圈，已经具备一定条件

一是在国际交往功能上，基本形成以航空和铁路为主的国际交往通道。已开通国际航线数量 120 多条，正在加快打造中国民航发

展第四极。中欧国际班列开行数量居国内第一，经广西北部湾至东南亚国际联运班列快速增长。领事机构有 17 家，居内陆地区第三位。在此落户的世界 500 强企业数量居中西部首位。已建中法成都生态园、中意文化创新产业园、中德创新产业合作平台、新川创新科技园、海峡两岸产业合作区、中韩创新创业园。二是具有完整的产业门类，新型显示、5G 示范应用、信息安全等领域跻身全国前列，电子信息、装备制造形成较大规模，其中电子信息辐射力排全国第四，航空、航天、核工业等产业强劲增长。三是在医疗、教育和文化功能上，医疗机构、大学和科研院所的数量，人才集聚水平等，进入国内前列。数字文化产业发展迅速，被称为中国文创"第三城"。四是覆盖超过 1 亿人的大市场，不仅近五年核心区常住人口新增 180 万左右，而且周边城市正处于快速成长中，能够为都市圈的制造业、服务业提供更加强劲的增长动力。五是西部交通枢纽地位确立，航空旅客吞吐量在国内居第五位；天府国际机场投入运行后，旅客吞吐量有望进入世界前十位。高速公路密度在中西部领先。成都至自贡、自贡至宜宾、成南达万、西渝、成兰、成西等高速铁路项目将在"十四五"时期建成投运，"四向八廊"综合交通走廊正加速形成。地铁建设进展迅速，线路数量、站点密度等，正在进入国内特大城市前列。

（二）成都都市圈存在的问题也很明显

一是经济总量小。国外知名的都市圈，经济总量一般在 1 万亿美元以上，直接辐射带动区域 5 万平方公里以上，人均超过 5 万美元。我国的上海、北京、深圳等都市圈，经济总量一般在 5000 亿美元以上，直接辐射带动区域超过 3 万平方公里。成都都市圈经济总量不到 3000 亿美元，直接辐射带动面积低于 3 万平方公里。二是人均水平低。东部地区的几大都市圈，人均 GDP 均超过 10 万元，成都都市圈仅 6 万元左右；东部地区几大都市圈每平方公里产出超过 1 亿元，高的达 2 亿元以上，成都都市圈只有 5000 万元左右；东部地区几大都市圈每平方公里人口数量超过1000人，成都都市圈只有600人左右；东部地区几大都市圈城镇化率普遍超过65%以上，高的达75%以上，并且中心城市城镇化率较周边只高5~10个百分点，成都都市圈的城镇化率不到60%，并且中心城市高于都市圈15个百分点。三是创新能力弱。研发投入不及深圳等一线城市的一半。科技成果转化率不高，创业投资市场规模、技术市场交易总额、高新技术企业数量明显低于沿海大都市圈。创新能力不足导致产业结构层次、产品附加值不高。四是辐射带动不强。制造业辐射力在国内特大城市中排名15，主板上市公司排名10，均显著低于经济总量的排名。五是外向度低。对外贸易总量和外商直接投资（FDI）规模，远低于长三角、粤港澳、京津冀等大都市圈。交通枢纽中的高铁建设滞后，与国内大都市圈相比差距明显。

因此，成都都市圈在扩大国际文化影响，增加国际金融机构、律师事务所、跨国公司总部数量等的同时，需要在增加经济总量，提高产业层次和经济效益，强化科技创新能力，加快建设高铁网络等方面补上短板并在都市圈的各圈层中进行合理布局。

三、对当前建设成都都市圈的建议

（一）编制成都都市圈发展规划

利用各地着手编制“十四五”规划的有利时机，牵头组织各市编制都市圈发展规划，明确都市圈建设的空间结构、发展目标、功能布局、主要任务、政策举措等。对照国内外现代化都市圈的标准，对都市圈内的开发强度、建设密度、产业空间、生态空间、居住空间、行政空间、休闲空间、圈层布局等进行全面研究，提出优化调整的措施，作为规划编制的重要依据。各地根据都市圈规划编制本地发展规划。

（二）绘制内联外通的交通图

建设轨道上的都市圈，促进地铁与城际铁路的直接联接，形成最密集的轨道交通网，为通勤人口提供更快捷的服务。推进城际交通公交化：核心区地铁争取实现半径在 500 米范围就有地铁站，地铁的出行分担率达 40% 以上；紧密区要逐步实现多条轨道连通，快速公路通道加密；半紧密区要增加轨道交通通道，与核心区地铁接驳，同时强化高速公路与核心区、半紧密区的接驳。加快推进川藏铁路、成兰铁路、成自铁路、成格铁路、成南达万高铁等项目建设，大力推动成渝中线等高铁规划建设；加快天府国际机场建设，加强成渝航空体系统筹和港口分工协作，加强南向货运通道建设，构建以成渝为枢纽的立体大通道体系。

（三）加强中高端创新资源引进

大力引进创新型人才、经营人才、金融人才、高端制造人才等，成为中高端人才集聚的高地；核心区要围绕研发需要，推动高新区、高校、科研院所、企业研发中心、双创空间等创新机构和载体的人才队伍建设，大力促进人才向企业流动。围绕集成电路、新型显示、轨道交通、生物医药、新能源、数字经济、文化创意等，通过与国内外科研院所、大学、跨国公司研发中心等合作，共建实体性或虚拟性研究院，争取国家设立大科学装置和国家实验室等高能级科研平台布局，加快布局天府实验室，共建西部科学城，协同绵阳、德阳等与重庆合力争创具有国际影响力的综合性国家科学中心。推动企业与科研院所建立深度协作关系，不断丰富创新生态。创新科技成果转移转化的环境，探索建立新型的科技成果应用市场，搭建企业与科研单位成果对接的平台。

（四）加快发展中高端产业集群

构建具有国际竞争力的产业集群，加强电子信息、智能制造、新能源、新材料、数字经济等优势产业成链合作，培育以成渝为中心、深耕成渝经济腹地、面向全国配置资源要素、协作拓展全球市场的产业生态圈。聚焦新经济六大形态和七大应用场景，加快发展新产业和新业态。培塑适宜新经济发展的城市品牌，推动数据共享先行，充分发挥国家数字经济创新发展试验区政策优势，大力推动科技创新和成果转化，联动开展创新创业工作，持续提升引发聚集新经济企业的能力。坚持实施新经济企业梯度培育计划和“双百工程”，推动城市轨道车辆、工业机器人、太阳能电池等扩大规模，促进网络零售新业态快速发展。

（五）合理布局各圈层的产业类型

在都市圈核心区，要把金融、研发、设计、营销、信息、文化创意等作为产业布局重点，建设“三城三都”和国际消费型城市的重点项目，要相对集中在这一区域；在聚力打造天府新区的同时，推进先进制造业和生产性服务业重心东移，激发东部新区活力。在紧密层，集中布局集成电路、新型显示、生物医药等的配套企业，同时布局部分旅游集散功能、赛事功能、国际购物功能、交通功能等。在半紧密层，不仅需要有与核心区呈互补关系的现代服务业，而且需要配备大量中高端制造业。

（六）打造高品质生活宜居地

加快建设践行新发展理念的公园城市示范区，以绿色为底色、以山水为景观、以绿道为脉络、以人文为特质、以街区为基础，塑造人城境业和谐统一的美丽宜居城市形态，积极探索生态价值创造性转化路径机制，提升开发和保护整体功能。以城市生态价值、美学价值、人文价值、绿色低碳经济价值来提升城市核心竞争力。加快高品质公共服务设施体系建设，优化医疗、养老、户籍等服务机制，强化公租房保障体系建设，持续优化营商环境，吸引更多人口来成都安居乐业。

（七）建立都市圈运行和考核机制

省上成立都市圈指导小组，负责规划编制实施、政策制定、要素协调等。明确由成都市负责都市圈发展规划的实施和运行管理，成立都市圈协调领导小组，成都市作为组长单位，德阳、眉山、资阳等城市领导作为小组成员。统筹整合都市圈各城市新区、园区等建设，建设一体发展和承接产业转移示范区；建立联合招商、共同开发、利税共享的产业合作发展机制，构建都市圈互利共赢的税收分享机制和征管协调机制；推动成都市非核心功能向紧密层及半紧密层疏解，允许都市圈内城乡建设用地增减挂钩节余指标跨地区调剂；编制实施都市圈生态环境管控方案，联合实施生态系统保护和修复工程；探索在不动行政区划体制的前提下，将部分相邻区域以全部代管、部分功能托管等方式委托成都进行开发或管理。省上对各地的目标考核，不仅要考核现有的指标，而且要设立都市圈建设成效的指标，从区域规划、基础设施、产业布局、生态环保、公共服务、户籍管理、人才流动、政策协同八个方面进行考核。可以考虑出台都市圈建设条例，促进都市圈建设进入法制化轨道。

（本专题由新时代省情与发展战略研究智库承担，主要成员包括李后强、盛毅、魏良益、李海龙、王芳，中共四川省委政研室张启琳参与）

重构成渝地区双城经济圈轴带发展新格局

——成渝地区双城经济圈建设系列研究之八

区域协调发展研究智库

成渝地区双城经济圈是中央总揽我国区域协调发展的又一重大战略，是成渝经济区和成渝城市群发展在新时代承前启后、继往开来、与时俱进的"升级版"。在新的发展阶段和交通条件下，成渝地区双城经济圈空间格局应有所演进。结合中央精神和四川实际，提出以下思考和建议。

一、构建成渝地区双城经济圈发展空间新格局

成渝地区双城经济圈建设是川渝发展的重大历史机遇，重庆市提出突出"一区两群"协调发展，"一区"指重庆主城都市区，涵盖21个区和万盛经开区，扩围后重庆约占2/3的人口进入了主城都市区；"两群"指的是渝东北三峡库区城镇群和渝东南武陵山区城镇群。重庆正加快完善国土空间规划，制定"一区两群"协调发展实施意见。四川也应根据成渝地区双城经济圈的"双城记"新格局，构建"成都城"概念的"新版图"。以成渝"双城"为"源发极核"；以两大都市区为"极"，以中小城市和城镇为"点"，做强空间支撑；以高铁高速公路干线所链接的"极"和"点"为经济走廊。依次突出"成都城区""成都大都市区"和"成都平原都市区"及其轴带廊功能，形成四川发展的空间新格局。

成都城区的空间范围，可划定为成都行政区划范围内。成都城

区的功能可界定为“双城芯片之一”，把成都城区建设成为具有全国影响力的重要经济中心、科技创新中心、改革开放新高地、高品质生活宜居地，形成引领西部高质量发展的重要增长极中的“芯片”。

成都大都市区的空间范围，可划定为成德眉资同城化区域。基于成德眉资在区域经济链接上同城化机制不断完善，实质上已形成“成都主城核心都市区”。成都大都市区区域功能可以界定为“双城极核之一”，将成都大都市区率先建设成为具有全国影响力的重要经济中心、科技创新中心、改革开放新高地、高品质生活宜居地，形成引领西部高质量发展的重要增长极中的“极核”之一。

成都平原都市区是对原“成都平原经济区”的升级，其空间范围以成都、德阳、绵阳、眉山、资阳、乐山、资阳、遂宁、雅安等市为基底。鉴于成都城区地理空间范围已经突破龙泉山脉，拓展了经济地理空间上的“成都平原”概念，可考虑将内江和自贡两市划入成都平原都市区范围，以内自同城化拓展成都平原都市区的“新增版图”。

成都平原都市区的区域功能可以界定为“双城极核拓展区”，其东向区域是“双城相向主轴”。按照“一干多支、五区协同”发展战略指向，成都平原都市区以成都城区为“芯片”，提升环成都大都市区各城市能级，充分发挥城镇化对区域一体化的引领作用，以绵阳、德阳、乐山、眉山等为区域中心城市并以城际高铁和高速路网链接形成“成绵德眉乐经济走廊”，以遂宁、资阳、雅安为重要支撑并以城际高铁和高速路网链接形成“成遂经济走廊”“成资经济走廊”和“成雅经济走廊”，打造在西部地区最具综合竞争力、辐射带动力、国际影响力的现代化城市群。成都平原都市区的“四大经济走廊”，再加上新增的“内自同城化”区域，可以高能级协同泸州—宜宾沿江城市带、川东北城市群，与重庆协同共建成渝地区双城经济圈。同时，成都平原都市区作为“一干多支”中的“广义一干”或“五区协同”的“强区”，成为四川区域发展中的“压舱石”和“领头羊”。

构建成渝地区双城经济圈中的三大四川轴带。根据成渝地区双城经济圈发展新格局，在四川行政区划内，可以规划“双城”相向主轴、泸宜沿江城市带和川东北城市群这三大四川轴带。其中，“双城”相向主轴以成都平原都市区的东向区域为主，形成成都大都市区与重庆主城都市区相向一体化发展，甚至同城化发展的先行示范区。

二、进一步做大做强成都“源发极核”

一是对标成渝地区双城经济圈“两中心两地”定位补短板、强功能。坚持以创新发展理念重塑城市转型发展新动能，加快构建产业生态圈创新生态链，以科技创新引领发展方向、以精准政策引导市场预期、以营商环境激发市场活力，实现“有为政府”和“有效市场”良性互动，建议成都重点在以下方面做出突破。

坚持产业生态圈理念，以产业功能区为载体，重塑成都城区的产业经济地理。坚持完善产业生态圈创新生态链，构建主题鲜明、要素聚集、资源共享、协作协同、绿色循环、安居乐业的产业生态圈，完善建链、聚链、补链、延链、扩链、强链的“六链机制”，构建产业链、创新链、供应链、价值链、人才链深度融合机制，打造集研发设计、创新转化、场景营造、社区服务为一体的高品质产业空间。聚焦于重点领域和关键技术，加快促进创新资源综合集成，大力推进全面创新改革试验，努力健全技术创新市场导向机制，激发企业、大学和科研机构的创新活力，强化科研成果转化。坚持军民深度融合发展，健全军民融合发展的组织管理体系，设立军民融合产业发展基金，建立军民两用人才共享数据库，培育在航空航天及卫星应用、核技术、军工电子、轨道交通等领域具有核心竞争力的产业集群。正视成都大城市带大农村的现实，在发展现代都市农业、深化农业供给侧结构性改革和“三品一标”培育、推进乡村振兴战略等层面着力，全面实现农业强、农村美、农民富。以建立完善全面体现新发展理念的城市现代治理体系的成都实践，在成渝地区双城经济圈成为“具有全国影响力的重要经济中心、科技创新中心”，形成西部乃至全国高质量发展重要增长极。

坚持以开放发展理念厚植城市国际竞争新优势，主动对接融入国家“一带一路”战略，高水平建设国际门户枢纽打造内陆开放高地；坚持以协调发展理念构筑城市永续发展新空间，构建“东进、南拓、西控、北改、中优”差异化的成都城区发展格局，促进城市可持续发展；坚持以绿色发展理念开辟生态优先发展新路径，建设人城境业文“五位一体”高度和谐统一的大美公园城市，让美丽宜居的生活城市、国际化消费中心城市成为城市发展的核心竞争力。以建立完善全面体现新发展理念的城市现代治理体系的成都实践，在成渝地区成为“具有全国影响力的改革开放新高地、高品质生活宜居地”。

二是进一步以成都东向发展实现“双城拉手”和相向而行。成渝“双城”如果“不大不强不优”，就不能带动“经济圈”的高质量发展。“极化效应”就是大城市快速发展但还不发达的一种表象，当大城市真正高度发达了，那将产生的是“新极化效应”和“强辐射效应”，即在高端产业和战略性新兴产业上的“研发极化”与“总部极化”。在此基础上，必然会把更多的生产基地、配套基地、物流基地、市场平台等辐射转移到更广袤的圈层与地带，从而“经济圈”的带动能级才会更大更强。

提档升级成都现有城区包括天府新区在内的板块，更大力度推进成都“东进”。天府新区与东部新区是成都进一步做大做强做优的“双子座”，作为公园城市的“首提地”，天府新区在成渝地区双城经济圈中的重要地位自不待言。同时，成都从锦江时代的“两江环抱”到龙泉山时代的“一山连两翼”，城市格局发生了千年之变。这种“千年之变”是进一步做大做强做优成都的“核动力”。

高水平、高标准、高能级地建设好成都东部新区，再造一个跨越龙泉山的“成都新极核”“成渝地区双城经济圈新辐射源”。让东部新区成为“双城记”中的重庆及其成渝轴带城市的城际合作新区，让东部新区成为推动成渝地区双城经济圈“双城拉手”发展和相向而行的前进基地，成为促进成渝地区双城经济圈中部隆起的先行示范区。

三是在推进成德眉资同城化中增强成都的新极化和强辐射。加快成德眉资同城化发展进程，不仅仅是贯彻落实省委“一干多支”发展战略的成都作为与担当，而且是唱好“双城记”的“撒手锏”。加快成德眉资同城化发展进程，不仅能形成“一干多支”的成都示范，还能增强成都在“双城记”中的新极化和强辐射效应，更能为成渝地区双城经济圈建设探索跨行政区协同发展和一体化发展路径，提供新体制新机制和供复制推广的经验。

进一步加大成德眉资同城化区域规划、基础设施、产业布局、城市发展、生态环保、市场体系、社会管理、公共服务八个方面的力度，率先在成德、成资、成眉毗邻地区形成融合片区，使成德眉资同城化成为成渝地区双城经济圈中跨行政区划融合的先行示范区。

四是在推进成都平原都市区一体化发展中与重庆主城都市区有机衔接。大力实施“一干多支”发展战略，坚持“干”“支”协同、差异发展、协调联动、务实创新，完善协同发展推进机制，着力推动交通基础设施互联互通、生态环境联防联控联治、产业协作共兴、创新能力协同提升、物流体系联建共筑、改革开放一体推进、公共服务对接共享，做优做强成都国家中心城市，发展壮大环成都都市区，培育全省经济副中心，带动其他经济区梯次发展，高水平打造区域发展共同体，是唱好“双城记”的“四川大戏”。

成都平原都市区作为成都城区的“紧密外圈”或成都大都市区的“双城相向主轴”，不仅使“双城”在行政区划上实现了接壤，而且有助于实现“双城共舞”。特别是在作为“双城相向主轴”的成都平原都市区与重庆主城都市区毗邻区域，建设“遂宁—潼南双城合作新区”“内江—荣昌双城合作新区”“资阳—荣昌双城合作新区”和“资阳—大足双城合作新区”等，可以形成成都平原都市区与重庆主城都市区一体化或同城化发展的相融示范，促进“双城共兴”。为此，建议尽快对过去的成都平原经济区扩围并更名，形成成都平原都市区的“新版图”，增强“双城记”主轴的承载力。

三、进一步拓展做优发展轴带

一是打造成渝地区双城经济圈相向主轴。在成都平原都市区的东向区域，依托网格化的交通大动脉（高铁、高速公路、城际轨道等），充分发挥“双城”的新极化和强辐射，联动打造“北线经济走廊”“中线经济走廊”和“南线经济走廊”，解决“中部塌陷”发展问题，加快实现成渝主轴区域与成渝两城的一体化发展。

北线经济走廊。北线经济走廊以“重庆中心城区—铜梁—潼南—遂宁—成都城区”为廊区，依托高速公路及高速铁路重要交通设施的优势，加强沿线城市的密切合作，形成产业转移、产业配套合作以及疏解非核心功能。

中线经济走廊。中线经济走廊以“重庆中心城区—璧山—铜梁—大足—安岳—简阳—成都”为廊区，该走廊拥有最便捷的交通设施，处于成渝主轴直线区域。沿线园区设立较多，旅游景点丰富，应在保护环境的前提下发展重要的先进科技产业及农业。

南线经济走廊。南线经济走廊沿沱江流域，贯穿“成都—资阳—内江—永川—重庆中心城区”，该廊区沿成渝最早通车的高速线路链接“双城”。在此线路上的互通高速公路多，枢纽功能强，发展现代物流业具有较强优势。

二是打造泸宜沿江城市带。依托“长江黄金水道”，加快沿江产业带发展，加强建设宜宾港、泸州港、乐山港等港口，大力发展临港经济、临港产业和现代物流业，加强水资源开发利用与节约保护，加快大中型水利工程建设和防洪工程建设。将泸宜沿江城市带建设成为成渝地区双城经济圈南向开放、辐射滇黔桂的重要门户。泸宜沿江城市带中的泸州，与重庆主城都市区的江津、永川、荣昌在行政区划上接壤，可与重庆主城都市区形成协同发展以致一体化发展的新格局。

三是提升壮大川东北城市群。川东北城市群位于四川省东北部，大致范围在嘉陵江中上游（包括涪江和渠江两支流的大部分），以兰渝铁路、广渝高速公路和嘉陵江航道等为依托，包括南充、广安、达州、广元、巴中 5 个地级市。其中南充和达州为该城市群的核心城市，广安、广元、巴中为川东北城市群的中心城市；将在经济区内构建以南充、达州为核心，沿江、沿线为发展带的“双核五带”城市群。

借助川东北城市群与重庆主城都市区、渝东北三峡库区城镇群接壤或毗邻的区位条件，主动接受重庆主城都市区辐射与产业转移。在川东北城市群中，华蓥市、武胜县、岳池县与重庆合川区接壤；邻水与重庆渝北区及两江新区接壤；南充紧邻重庆合川区，嘉陵江渠化后的“黄金水道”再次全江通航，直达长江；达州地处川渝鄂陕四省市接合部，州河、渠江可以直通长江，部分地区可与万州、开县和云阳部分地区形成达万开城镇密集区。四川的达州、巴中，重庆的城口、巫溪、开州区以及陕西的安康部分地区可形成川渝陕毗邻片经济区，建设川陕革命老区振兴发展示范区以及生态文化旅游区。

四、着力打造各种功能区

一是率先在泸宜沿江城市带和川东北城市群中建成四川省域副中心城市。在作为“双城”相向主轴的成都平原都市区中，有成都市作为副省级城市的强大源发极核动力，而泸宜沿江城市带和川东北城市群中均缺乏省域副中心城市带动力和协调力，建议应在泸宜沿江城市带和川东北城市群中率先确定省域副中心城市。

二是在毗邻重庆主城都市区的适当区位建设“双城合作园区”。“双城合作园区”是四川唱好“双城记”的重要平台载体，是落地共同项目和合作项目的重要功能区。建议遵循客观规律，明晰“以园聚产、以产兴城、产城融合”战略路径，在毗邻重庆主城都市区的泸州、内江、资阳、遂宁、广安等地建设“双城合作园区”。比如，川渝合作的邻水高滩新区，距重庆两江新区 15 公里、江北机场 38 公里、寸滩保税港区 55 公里，是四川距重庆主城区最近的园区。“双城合作园区”可以采取多种模式，如可以在重庆和四川毗邻区域各划出相应面积共建，也可以单独在重庆或四川行政区划内共建，还可以采用“飞地园区”模式共建。“双城合作园区”建设关键要落实好产权机制、园区管理机制和税收分享机制等。

三是以各轴带内、轴带间的产业功能区促进区域的一体化发展。成渝地区双城经济圈各轴带内、轴带间协同唱好“双城记”，必须坚持以开放求发展，深化交流合作，坚持相互“拉手”而不是“松手”，坚持“拆墙”而不是“筑墙”，坚决反对以邻为壑、过度竞争，推动区域价值链、供应链更加完善，协同培育中国西部高质量发展的重要增长极。比如，南遂广城镇密集区、成都平原都市区等内在的各城市，要充分利用区位相近、交通相连、文化相同、民心相通、资源和市场互补等优势，共同建设各种产业功能区，让成渝地区双城经济圈的轴带隆起，协同成渝两市把“双城记”唱得有声有色。

（本专题由区域协调发展研究智库承担，主要成员包括杨继瑞、杜伟、黄潇、杜思远，中共四川省委政研室李文宇参与）

培育世界级先进制造业产业集群的对策建议

——成渝地区双城经济圈建设系列研究之九

现代产业与创新发展研究智库

产业集群是指某一行业内的竞争性企业以及与这些企业互动关联的合作企业、专业化供应商、服务供应商、相关产业厂商和相关机构（如大学、科研机构、制定标准的机构、产业协会等）聚集在某特定地域的现象，是一种高度网络化的组织和有利于创新与合作的制度安排，是推动地区经济发展的重要方式和手段，是走向繁荣的核心推动力。纵览当今世界众多经济发达地区，绝大多数都是通过发展产业集群而实现了经济上的突飞猛进。先进制造业产业集群是成渝地区双城经济圈建成为我国高质量发展的新动力源和中国经济增长“第四极”的重要基础，需要下大力气进行培育。

一、世界级先进制造业产业集群发展特点

（一）先进技术支撑制造业产业集群“高端化”

拥有核心技术将掌控产业链关键环节，占据价值链高端，引领产业发展。因此，世界级先进制造业集群建设必定拥有在全球领先的关键核心技术。美国知识产权所有者协会调查显示，丰田的专利数量连续多年居于汽车制造商的首位，全球汽车行业四分之一的专利项目来自丰田，有力支撑起了日本汽车制造业集群建设。《集成电路专利态势报告 2018》显示，全球前十的集成电路专利申请企业中，有 2 家美国企业、7 家日本企业，确保了两国电子信息产业集群的引领优势。《2019 上半年全球生物医药产业发明专利排行榜

(TOP100)》中，专利排名前五的企业，两个在瑞士，三个在美国，巩固了瑞士与美国生物医药产业集群的全球领先地位。

（二）良好创新生态催生制造业产业集群“长效活力”

高校、研究机构、企业、人才、金融等创新资源要素与良好创新氛围融合，构筑良好的创新生态，促使产业集群与创新集群融合发展。一是集聚世界一流研究机构。波士顿生物医药集群的发展有哈佛大学、麻省理工学院、波士顿大学等诸多高校支持；硅谷有斯坦福大学、伯克利和加州理工等；班加罗尔周围云集了 7 所大学、292 所职业院校、28 所科研机构、100 多家企业内部或政府认可的科研机构。二是集聚各类资本。通过各类资金投入，推动科技成果转化。如硅谷电子信息、生物医药产业集群的发展始终伴随着风险投资的发展。2017 年，共计 140 亿美元风险投资投向了硅谷地区的公司，占据加州一半份额，为全美获得风险投资金额最多区域。三是领军企业吸引资源要素。硅谷电子信息有甲骨文、苹果、谷歌、英特尔、微软等；美国航空制造有波音公司、洛克希德·马丁公司、美国联合航空技术公司等；日本汽车制造有丰田、本田、日产、三菱等，其中东京湾区制造业企业数量和从业人数占日本的 1/4。

（三）规划政策为制造业产业集群“引路领航”

政府发挥其顶层设计作用，通过强化规划政策引领、夯实制度保障体系，从政策层面推进产业集群发展。日本出台《特定产业集群激活法》《创新促进法》《振兴区域经济的产业集群规划》《知识集群创新事业》等，将产业集群规划与知识集群创新政策相结合，打造特色产业集群。美国国会立法并提供资金支持的美国制造业创新网络，其核心是通过建设新兴制造业技术创新中心，供给、辐射先进制造技术，提高创新技术的商业转化力，在不同的工业技术领域陆续成立了先进复合材料制造创新研究院等 14 个创新研究院；2018 年白宫再次发布《美国先进制造业领导战略》，提出将“技术、劳动力、供应链”三方面作为保障先进制造业领导地位的核心要素。德国将集群战略作为顶层设计重要一环加以推进，2012 年创立“走向集群”计划，以先进制造业集群提升自身国际竞争力和影响力；2013 年提出“工业 4.0”，旨在支持工业领域新一代革命性技术的研发与创新，保持其制造强国的国际竞争力。

（四）制造业产业集群内部区域分工“高度协同”

在城市群或都市圈内，核心城市充分发挥辐射带动作用，通过政府顶层设计或市场主导，提高集群内的产业集中、专业化分工与协调合作程度，从而形成具有全球影响力的产业集群。伦敦都市圈强化政府规划政策引领，通过卫星城规划建设和市郊铁路建设促进核心城市与周边城市协同发展，实施“创意伦敦”的概念运作促进伦敦都市圈创意产业发展，形成伦敦都市圈协同治理综合工作机制。其中，伯明翰市以钢铁产业、汽车制造业和现代制造业为主，利物浦以船舶制造业为主，曼彻斯特以电子、化工和印刷等为主。东京湾区在政府引导下，东京主营内贸、千叶负责原料输入、川崎是原材料和制成品所在地、横滨专攻对外贸易，实现港口群的规模经济，推动机械、电子、汽车等产业发展，形成全球最大的制造业集群。纽约都市圈则以市场调配资源为主，各城市借助纽约资本优势，形成各自的产业亮点——费城的重工业，波士顿的高科技产业，巴尔的摩的冶炼工业等。

（五）生产性服务业与制造业深度融合发展

先进制造业集群建设离不开服务业支撑，通过开展服务型制造、发展生产性服务业，可以推动集群向价值链高端攀升，形成服务与制造相互支撑、相互促进的良性发展格局。德勤公司和中国机械工业联合会发布《2014 中国装备制造业服务创新调查》报告指出，全球范围内装备制造业服务化趋势明显，航空和国防、汽车制造、电子信息产业、生物和医药设备领域来自提供服务所获得的收入占全部收入的比重分别为 47%、37%、19% 和 21%。东京湾区在推动制造业发展的同时，带动了为制造业服务的生产性服务业发展，其服务业GDP占比达80%以上，主要为高端制造业提供服务的金融、贸易、工程服务、研发等生产性服务业。纽约都市圈中纽约州的13个产业集群主要涉及先进制造业和生产性服务业，包括计算机硬件与电子、工业机器与系统、交通设备、生物医药、材料加工、光学与成像、软件、食品加工、金融服务、通信与传媒、金融与保险服务业等。

二、成渝地区双城经济圈发展先进制造业的现存问题

（一）科技研发投入低，制造业“行驶”动力不足

研究与试验发展经费支出方面，2018年成渝双城经济圈研究与试验发展（R&D）经费支出占GDP的1.8%，远低于长三角城市群的2.8%、珠三角城市群的2.6%、京津冀城市群的3.3%；万人发明专利拥有量方面，成渝城市群每万人发明专利拥有量为5.3件，分别比长三角城市群低12.3件、比珠三角城市群低13.7件、比京津冀城市群低12.4件。科技研发投入是先进制造业发展的动力保障，目前成渝双城经济圈的科技投入力度与其他三大城市群相比还有较大差距，成渝双城经济圈科技研发投入不足就如同跑道上的赛车缺乏汽油，必将影响其奔跑速度。

（二）产业协同意识和程度低，制造业集群化“加速”受到掣肘

目前成渝城市群正在形成以成都为核心的医药、化工、能源以及服务业的集聚地和以重庆为核心的汽摩制造、物流运输基地，但区域内其他城市产业协同尚未实现，大都以机械、冶金、电子等产业为支柱各自为战。成都和重庆均以电子信息和汽车制造为经济支柱产业，能够形成上下游较为完备的产业链，但在产业协同上还缺乏有效布局。比如京东方科技集团在重庆和成都均建设了第6代柔性AMOLED生产线，成渝双城经济圈产业层面上更多还是竞争大

于合作，未来要想取得更大的发展，融入国家战略，还需打破各自为战的观念。

（三）顶层设计不足，融合机制不健全，制造业发展缺乏“润滑剂”

尽管成渝两地在宏观层面签署了若干合作协议，但在顶层设计上缺乏对制造业的一体化布局，更没有可落地化的政策支持，区域协同创新机制、产业融合机制、交通一体化发展等机制均不健全。长三角城市群在促进一体化、融合发展方面具有全国领先性，仅在2019年，就签署了长三角地区市场体系一体化建设合作备忘录、编制了科创产业协同发展专项、签署《深化G60科创走廊九城人才交流合作协议》规划，从顶层规划科技创新和产业发展。成渝地区有一体化融合的历史基础，但内部协作紧密度还远远不够。以交通为例，四川南充距离重庆约160公里，江苏苏州距离上海约110公里，两者仅相差50公里，但苏州与上海之间的高铁平均10分钟发一班，运行时间30分钟左右，而南充与重庆之间的高铁或动车平均1小时发一班，通行时间平均长达80分钟左右。

（四）产业竞争力不强，制造业腾飞缺乏“助燃剂”

产业竞争力方面，成渝地区双城经济圈一是缺乏核心技术，二是缺乏龙头企业。以装备制造业为例，成渝双城经济圈规模以上高端装备制造企业较少，大多数企业缺少核心技术，缺乏自主创新能力，产品科技含量不高、附加值不高，多数企业生产制造呈现“二多三少”：初加工居多、配件生产多，高精产品少、品牌产品少、整体产品少的情况。高端装备关键共性技术、先进工艺、核心装备、基础原材料及零部件受制于人，也导致成渝高端装备制造产业整体发展后劲不足。

成渝地区龙头企业大多是外地引进或国外引进，缺少资金雄厚、技术研发综合实力强的本土龙头企业。以生物医药产业为例，成渝地区生物医药企业数量大，是西部地区重要的生物医药成果转化基地，但缺乏像太极、科伦等百亿级龙头企业；医药单品超过10亿元的重磅产品稀缺，缺少能带动全产业链发展、在国内具有巨大影响力的大品种和大品牌。“珠峰”企业的缺乏也是成渝双城经济圈先进制造业的发展瓶颈之一。

三、成渝地区双城经济圈培育世界级先进制造业集群的对策建议

（一）探索建立新型的产业集群网络化发展促进机构

产业集群网络化发展促进机构是一种新型的、网络化的高端合作产业创新组织，是政府、市场、社会多元合作的创新促进机构。成渝地区可以借鉴德国尖端集群“It's OWL”（威斯特法伦—利珀智能技术系统）的管理模式。其采用联合会的集群管理组织方式，下设董事会、执行局、科学咨询委员会。董事会由大学以及企业的杰出人员构成；执行局负责确定集群发展的战略方向；科学咨询委员会由国际知名科学家组成，协助由当地政府负责的集群运营管理方构建技术平台。目前该集群已是世界级智能制造产业高地、德国工业4.0技术应用的主引擎，直接影响德国以及整个欧洲的制造业升级。

（二）加强产业规划引领，依托比较优势，打造具有区域特色的先进制造业集群

综合考虑成渝地区产业发展的基础与潜力、产业的影响力与竞争力、产业的集群化特征，建议将集成电路、新型显示、通信设备、航空航天专用装备、核装备、智能制造装备（如3D打印、智能仪器仪表）、轨道交通装备、新能源汽车、生物医药和新型医疗器械、现代中药作为重点培育产业集群，通过实施“补链成群、迈向高端”的产业战略，加强成渝地区技术研发、产品制造、应用部署等环节的统筹衔接，形成产业链联动机制，构建先进制造业产业体系。同时，围绕这些主导方向，支持建立若干先进制造技术

卓越创新中心（或者产业技术创新研究院），专门开展先进制造技术的研发和供给。

（三）建设成渝高端制造产业创新走廊，拓展先进制造业承载平台

按照成渝地区双城经济圈的发展理念，成渝需要相向发展，在成渝双城之间建立产业轴带，促进创新资源集聚，构建协同创新网络。围绕优势产业集群，依托中心城市的创新资源，打造“绵—德—成—资—渝”现代产业科创走廊（成渝高端制造业科创轴带），形成适合先进制造业发展的集聚载体，“以线带面”带动成渝地区先进制造业的发展。通过重点建设成都（天府）科学城、绵阳科学城和重庆（两江新区）科学城，以双一流大学、一流学科为依托，以国家战略需求为导向，以解决成渝地区先进制造业领域关键领域“卡脖子”问题为目标，构建以领军企业为核心的关键共性技术、现代工程技术协同创新网络。在创新走廊内，要布局建设跨区域的产业共性技术研发平台、产业技术公共服务平台、产业技术创新战略联盟、科技成果中试熟化与产业化基地，要加强创新网络内信任机制、利益分享机制、激励机制等机制建设，促进协同创新各利益主体实现跨领域、部门和地域的连接、交互与整合。

（四）强化产业政策激励，培育一批引领和支撑产业发展的行业创新龙头企业

针对优势产业集群，筛选出一批经营效益好、发展前景优的企业进行重点扶持。首先，提升企业科技创新能力。通过科技专项资金支持企业攻克产业关键核心技术和行业共性技术，加速科技成果产业化。其次，增强企业品牌竞争力。鼓励并支持企业申报省级、国家级的名牌产品、著名商标、驰名商标等，扶持重点培育企业提高商标创造、管理和保护的能力。最后，引导、扶持重点培育企业积极参与国际、国家、行业、地方标准的制定和修订工作，扩大产业标准话语权，巩固产业优势地位。

（五）加快建立开放型经济新体制，提升集群对外开放合作水平

抓住机遇，通过引导资金尤其是外资更多投向先进制造业、鼓励跨国公司和国内顶尖企业设立区域总部、研发中心等功能性机构等措施，提升产业对外开放合作力度。一是制定承接东部产业转移规划，探索产业转移合作模式，比如鼓励成渝地区的省级以上产业园区采取“园中园模式”“援建模式”“股份合作模式”等与东部省份共建产业合作园区。二是以长江经济带建设为契机，加强沿线省份的合作，共同打造电子信息、高端装备、汽车产业集群。三是以全面对接和融入“一带一路”为前提，积极与其他省市优势企业抱团合作、共同开拓国际市场。

（六）促进“制造+服务”融合发展，以高端服务推动先进制造业发展

一是引导企业由制造环节向研发设计和营销服务两端延伸形成全产业链条。由制造环节向前延伸，加强创意开发、工业设计、技术研发、成果转化等环节，提高产品的科技含量；由制造环节向后延伸，加强检测、评估、营销、服务，以及废旧产品回收利用等环节，提高产品附加值。二是搭建平台载体促进先进制造业与现代服务业的融合。围绕重点制造业集群，搭建研发设计、知识产权、信息服务、金融、商贸、物流、会展等服务平台，构建区域服务体系。三是重点支持先进制造业和现代服务业融合发展的典型模式和创新模式，比如重点支持创新设计、定制化服务、供应链管理、网络化协同制造、服务外包、智能服务、金融支持服务、信息增值服务、系统解决方案、全生命周期管理等服务型制造典型模式。

（七）集聚高层次创新人才，强化制造业发展关键人才支撑

重点围绕产业发展，借助新网络，运用新模式，实施创新人才政策，吸引集聚人才，将成渝地区双城经济圈打造为全国最大的职业性技能人才汇聚地，为先进制造业发展创造新的人才红利。

统筹实施高、中、低各层面人才计划，支持成渝地区先进制造企业引进培养高层次专业技术人才和急需紧缺技能人才，并结合企业需求，分产业、领域与层次开展专业技术人才培训，形成高、中、低专业化梯队的人才队伍。合理运用政策杠杆创建人才互动合作平台，消除区域分散行政壁垒的不利影响，推动成渝经济圈“人才极”的形成，营造人才合作—产业提升—区域发展的良好局面。

（本专题由现代产业与创新发展研究智库承担，主要成员包括张志强、熊永兰、王恺乐、韩文艳，中共四川省委政研室杨凡参与）

筑牢长江上游生态屏障

——成渝地区双城经济圈建设系列研究之十

生态保护与环境治理研究智库

成渝地区双城经济圈肩负着多重任务，既是全国主体功能区规划的重点开发区，对于西部乃至全国高质量发展和形成重要增长极意义重大，也是长江上游重要的生态屏障区，在维系长江经济带生态安全的大局中具有十分重要的地位。成渝地区双城经济圈建设要认真贯彻习近平生态文明思想，践行五大发展理念，将绿色城镇化全面融入城市群建设，尊重自然格局，依托现有山水脉络等优化城市空间布局形态，推进生态共保环境共治，共守长江上游生态安全，筑牢长江上游生态屏障。

一、成渝地区双城经济圈生态屏障地位

一是生态屏障“关口区”。成渝地区作为长江上游生态屏障的最后一道关口，具有水土资源“固定器”、环境污染“过滤器”、江河流量“调蓄器”和生态风险“缓冲器”的重要作用，是横亘在长江中上游交界处的“绿色长城”，对保障三峡工程安全运行、维护长江生态安全至关重要，在整个流域中具有不可替代的生态功能和战略地位。

二是生态压力“孕育区”。成渝地区双城经济圈城镇分布密集，每万平方公里拥有城镇 113 个，土地等自然资源开发利用强度大，部分支流水环境恶化。随着成渝地区双城经济圈的建设发展，生态屏障建设和城市化快速发展的深层次矛盾会不断凸显，生态环

境压力持续增加，将成为长江上游孕育生态压力最突出的区域。

三是生态需求“首位区”。成渝地区双城经济圈是万里长江第一个真正意义上城镇体系高度健全、人口高度聚集、经济活力强劲的城市群，面临着自然灾害易发频发、生态系统退化趋势尚未得到根本遏制等生态短板，是长江流域城市群中对生态需求最为迫切的区域。

四是生态建设“主战区”。成渝经济圈自然区和经济区重叠，以 17. 6% 的长江上游流域面积，承载 9000 多万人，占长江上游人口 45. 5% 以上，具有鲜明的大城市带大郊区特点，沿江岸线区域、三峡库区、盆中丘区等关键区域，在水源涵养、水土保持和水环境安全等方面具有战略意义，历来就是长江上游生态保护的主战场。

二、发展现状与面临挑战

一是部分区域生态环境退化明显，自然灾害频发。农耕面积大，农药等污染隐患较多，呈现多源、复合性特征；矿产资源开发和农林产业布局与生态重建滞后的冲突；水利水电资源开发与河流生态环境日益恶化的冲突；旅游开发中的破坏性开发。这些不合理的开发使一些区域生态环境退化明显，自然灾害频发，影响到区域生态系统结构的完整性并降低其生态功能的有效性。

二是水土流失问题仍较为严重，治理工作不容忽视。成渝丘区由于土层浅薄，极易引发水土流失，存在分布广、强度高、总量大的现象。根据第二次全国水土流失遥感普查成果，四川水土流失面积 15. 65 万平方公里，占全省土地总面积的 1/3，每年土壤侵蚀总量达 10 亿吨，每年流入长江的泥沙总量达 3 亿多吨。

三是石漠化趋势未得到有效遏制，局部恶化风险高。成渝部分地区属于西南岩溶山区，具有独特的双层水文结构，基岩裸露度高、土被破碎不连续、土层瘠薄，脆弱的岩溶生态环境与人文环境一起构成脆弱的人地系统，截至 2016 年年底，川渝石漠化面积超过 140 万公顷，部分地区有继续恶化的风险。

四是珍稀物种减少，生物多样性遭到破坏。成渝地区环境地貌单元独特，生态系统复杂多样，分布有众多珍稀动植物和特有物种，是我国生物多样性保护的关键区域。受掠夺性捕捞、江河水质污染及梯级水电开发的影响，水生生物资源遭到很大破坏，许多珍稀鱼类及其他水生生物也随之消失。国家级、省（市）级自然保护区还涉及诸多问题需提速整改，部分区县自然保护区内还有违规建设项目。

五是城乡污染加剧，生态环境持续恶化。成渝生态环境问题不容忽视，特别是大气环境问题尤为严重，雾霾环境问题在全国属于较高水平。交通运输具有高能耗与高排放的特点，2015 年成渝综合交通总能耗 933 万吨标准煤、碳排放总量 2770 万吨，对环境影响较大。此外，随着人口急剧增长，如大量污水、垃圾和工业三废处理不当直接排入河流，将使生态屏障功能日渐衰退。

六是生态屏障建设存在的机制问题。管理运行机制与生态系统运行机制之间不协调，行政管理的条块分割与生态系统的整体系统性不匹配，导致跨区域联动协调机制还不健全。统筹协调机制不完善，由于生态屏障建设是一个跨省（市）的系统工程，存在职能部门“九龙治水”的现象。规划调控和考核评价机制不健全，尚缺乏专门的规划部署和考核评价机制，生态屏障建设的目标体系、工程项目、建设举措与政策配套尚不完善。区域合作机制缺乏实施效力，生态屏障建设涉及不同的行政区域和较多的利益群体，成本内化而收益外化，利益划分不清导致协议往往缺乏实施效力。横向补偿机制尚未完全建立，生态价值的计量和下游区域之间受益程度的测度较难，将生态受益在长江中下游各省（市）之间进行分配更难实施。

三、主要措施建议

一是优化成渝地区双城经济圈国土空间格局，守住绿色本底。根据成渝地区双城经济圈不同空间区位的地理特征、经济特点、生态要素、生态承载力，以及人口增长、饮用水资源、土地使用空间、土壤污染、大气污染、危险废弃物、外来物种入侵等方面的压力与需求，开展资源环境承载能力和国土空间开发适宜性评价，科学划定生态保护红线、永久基本农田和城镇开发边界三条控制线。划定主要流域的生态控制线，发挥好各流域的生态涵养和生态屏障功能。整合构建以国家公园为主体的自然保护地体系，全面开展生态保护红线勘界定标，严格控制自然保护区规划调整。形成成渝地区双城经济圈内生态压力评价与生态安全空间层级、结构、布局，提出分区管理和分级保护等具体空间管治措施，维持生态环境承载能力占补动态平衡与良性循环。

二是奋力实施“千里川江·生态廊道”重构计划。以长江、岷江、大渡河、沱江、涪江、嘉陵江、渠江、乌江、赤水河流域为主体，保护好流域水源涵养带，统筹流域环境综合治理，强化沿江生态保护和修复，建设沿江绿色生态廊道，通过生态治理重构千里川江生态屏障。

实施生态岸线“培育保护工程”。强化“上游意识”，担起“上游责任”，将城市群内长江干支流、左右岸作为一个有机整体，共抓“大保护”。大力实施生态岸线退耕还林，根据长江干支流岸线生态修复与保护的需要，本着合理布局、科学规划，完善天然林保护制度，在严格保护耕地的基础上，转变土地利用方式，扩大退耕还林还草面积，扩大轮作休耕试点，努力把生产岸线变成生态岸线。开展生态岸线防护林带建设，实施生态保护和修复重大工程，通过优化群落配置与生态安全屏障体系，做好城市群内长江干支流的岸线生态复绿，构建起长江干支流生态廊道和生物多样性保护网络，提升岸线生态系统质量和稳定性，增强岸线防护林防止水土流失，拦截面源污染的生态功能。加强沿江沿河生态湿地恢复，紧紧围绕水陆交错带，开展岸线景观塑造，在重要航道岸边增添花树和彩叶树种，打造基于航道建设的多彩防护林生态屏障，形成岸绿景美的沿江美丽景观带。

实施关键河段水生态修复工程。恢复河流的连通性和水文、水温等环境要素原有的自然节律，在一些已建高坝大库的河流难以实现，但对一些分布有较多特有鱼类的重要支流，需要对典型工程河段进行完整修复。开展河流型生态敏感区的生态保护与修复，对极易受到人为的不当活动影响而产生生态负面效应的河流，针对性开展河流形态结构和生态功能的恢复或重建，如连通性恢复、局部生境修复、候鸟栖息地和鱼类产卵场营造、生态调度、生物群落重建等，实现生态敏感区水生态系统良性循环。实施湖库型水域湿地生态保护与岸线修复，湖库型水域湿地是“候鸟驿站”，也是优质生态产品，湖荡湿地植被恢复，具有截污清淤作用；建设湖滨缓冲生态保护带，能有效防控湖泊水体水华；要严格保护和修复具有典型代表性的湿地生态系统及其动植物资源。

三是全力锻造“秀美巴蜀 · 生态网脉”增绿计划。合理划定城乡生态保护红线，沿成渝发展主轴及成德绵乐城市带扩大及串联森林、湖泊、湿地等城乡生态空间，通过城乡融合建设服务于成渝地区双城经济圈总体空间发展战略和生态结构的绿色屏障，保障成渝地区双城经济圈国家重点开发区域的生态安全。

在极核城市与区域中心城市实施“增花添彩工程”，把森林引入城市，实现“林在城中、城在林中”，构建市民休憩、亲水、健身娱乐空间，打造一批多彩街道、观叶赏花主题公园和节点，形成彩色园林景观，以海绵型生态绿地理念建设公园绿地，提升极核城市与区域中心城市的绿地占有量及城市形象。构建城乡一体生态网，将城市与乡村作为整体通盘规划，集成生态、社会、文化、经济诸要素的综合评价指标，实现“生态宜居”与“产业兴旺”，打造田园型传统农业景观保护村落（川西林盘）、大型城乡景观保护公园以及一定规模的生态隔离带，提升以成都、重庆为中心的城市复合体生态韧性。实施一批森林培育保护工程，继续实施天然林资源保护工程，巩固退耕还林工程成果，抓好极核城市与区域中心城市主要山脉生态恢复工程，提档升级沿成渝发展主轴生态绿廊，建设环城多彩防护林生态屏障。开展全域湿地“恢复修复工程”，大力推进海绵城市建设，将城市河流、沟渠和地下水系统污染防治与生态修复结合起来；修复保护一批稻田湿地，既呈现成渝独有的田园风光和农耕文化，又可净化调节空气。

四是着力推进“点绿成金 · 两山转化”践行计划。以全国生态文明试点示范区建设为契机，成渝地区双城经济圈应着力践行“两山”理念，护美绿水青山，做大金山银山，将“生态资本”切实转化为“富民资本”，为建设现代化成渝地区双城经济圈筑牢生态屏障，为建设长江上游生态屏障和美丽川渝做出积极有益的贡献。

打造山乡水村、美在生态，创建美丽宜居精品村，让原生态养生、国际化休闲成为美丽乡村向美丽经济成功转变的强大动力，践行富有创新的“绿水青山”之道。创建新型农村、美在产业，发展绿色农业、文旅、康养等产业，以机制推进共建，以模式求取创新，用资本带动创业，以一产带动三产，推动城市群新型农村从田园迈向花园。发展循环农业，减少农业面源污染，按照集约化、循环化的模式，依托特色优势农产品，引进先进的农业生产经营管理模式，发展有机农业，积极推广测土施肥等技术手段，减少和降低化肥农药等对环境的有害影响，引导农业向现代化、环保化、高质化发展。

五是协力构建“川渝联动 · 联保联建 · 共建共享”的生态屏障惠益机制。成渝地区双城经济圈建设长江上游生态屏障，要以共抓大保护、不搞大开发为导向，以生态优先、绿色发展为引领，推动川渝两地协调发展，为破解长江上游生态屏障建设提供新的思路、框架和政策。

构建区域规划调控机制，将生态屏障建设纳入“十四五”专项规划，推动川渝主体功能区、流域开发、土地利用、城乡建设等规划相衔接、相协调，实现多规有效叠合，构建组织、政策、法制、科技、管理等保障措施。完善区域合作机制，尽快建立两省市具有约束力的合作机制，统一环境标准和治理目标，合理分担改善全流域生态环境质量的责任；建立多级合作联席制度，每年定期召开高层领导联席会议，建立地区与部门间对口合作制度，组建专家顾问团。优化完善区域互助机制，通过两地政府引导，推动各流域上中下游之间开展对口支援，在经济产业、医疗教育等上开展合作；拓展对口帮扶合作模式，根据要素禀赋差异优化产业布局；推动流域中下游地区与上游地区之间的干部交流，加深区域之间的协同与合作。建立健全生态补偿机制，对不同流域上游各区域的生态环境贡献和中下游的生态环境受益进行量化确定，建立横向补偿机制；按照“谁受益谁补偿”的原则，探索建立基于市场法则的横向转移补偿机制，确立多层次的补偿关系，加快生态补偿法制化进程，形成市场和政府双驱动的生态补偿机制。构建协同共建机制，对成渝地区双城经济圈的生态系统、经济系统、社会系统和文化系统进行全面的调查和诊断，构建协同推进生态文明建设、经济建设、社会建设的生态屏障建设体系，促进成渝地区双城经济圈生态、经济、文化和社会的全面协调可持续发展。

（本专题由生态保护与环境治理研究智库承担，主要成员包括石福孙、吴彦、吴宁、陈槐，中共四川省委政研室李文宇、雷红梅参与）

以人口发展助力成渝地区双城经济圈高质量发展

——成渝地区双城经济圈建设系列研究之十一

西南财经大学人口研究所

中央财经委员会第六次会议明确提出，要推动成渝地区双城经济圈建设，促进产业、人口等各类生产要素合理流动和高效集聚，助力高质量发展。人口是区域发展的核心要素，分析成渝地区双城经济圈（以下简称“成渝经济圈”）人口发展状况，对区域人口变动趋势及其与社会经济发展的关系进行预判，对于谋划成渝地区高质量发展具有基础性作用。

一、成渝经济圈人口发展现状

（一）成渝经济圈常住人口规模庞大，主体在四川

成渝经济圈 2010 年常住人口合计 9575. 8 万人，到 2015 年增加至 9823. 9 万人，到 2018 年进一步增加至 10015. 4 万人。2018 年末，四川区域常住人口合计 6913. 7 万人，相当于重庆的 2. 23 倍。

（二）成渝经济圈人口分布也呈“双核”格局

一方面，成都、重庆两市人口合计约占成渝经济圈人口半数。2018 年末，成都市、重庆市常住人口分别为 1633. 0 万人和 3101. 8 万人，合计占成渝经济圈总人口的 47. 3%。另一方面，除成都、重庆两市外，成渝经济圈其他城市的常住人口数在 154. 0 万人（雅安市）至 644. 0 万人（南充市）之间，且 2010 年以来成渝经济圈城市间常住人口的差异保持稳定。

（三）成渝经济圈人口健康素质高于全国水平，文化素质成渝之间存在差异

在人口健康素质方面，2018 年，全国人口平均预期寿命达到 77.0 岁，而四川省和重庆市人口平均预期寿命分别为 77.1 岁和 77.6 岁，成渝地区人口健康素质高于全国平均水平。在人口文化素质方面，2018 年，重庆市文盲率（1.9%）、未上过学人口占 6 岁及以上人口比重（3.9%）均低于全国平均水平，每十万人口高等教育学校平均在校生数（3081）高于全国平均水平。四川省文盲率（3.9%）低于全国平均水平，但从另两项指标来看，四川人口文化素质总体较全国平均水平略低。

（四）成渝经济圈人口老龄化程度高于全国水平

据 2018 年人口变动情况抽样调查数据估算，全国 65 岁及以上人口占总人口比重为 11.9%，而四川省、重庆市 65 岁及以上人口占比分别为 15.0% 和 14.5%。

（五）成渝经济圈仍是人口流出区域，四川省人口净流出规模大

2018 年，四川省流出省外人口 995 万人，较 2017 年首次降到 1000 万以下（997 万人）后再次减少，自省外流入 130.4 万人，净流出人口 864.6 万人。同年，重庆市流出市外人口 479.3 万人，自市外流入 177.4 万人，净流出 301.9 万人。可见，成渝地区人口净流出的特征依然明显，且四川省人口净流出规模不小。

二、成渝经济圈未来人口变动主要趋势判断

（一）人口迁移将决定成渝经济圈未来一段时间人口数量的变动趋势

中国人口转变已经完成，四川省、重庆市与全国情况类似，人口自然增长率保持在低位，人口自然增长趋缓，且随着人口老龄化进一步加剧，人口数量减少难以避免。在此情况下，人口迁出、外

部人口迁入以及迁出人口回迁的情况将决定成渝经济圈未来人口数量的变动趋势。

（二）成渝经济圈人口老龄化程度将继续加深，中低龄劳动力可能持续短缺

当前成渝经济圈人口老龄化程度较全国更深，2018 年四川省、重庆市 65 岁及以上人口占总人口比重分别较全国高 3.1 个百分点和 2.6 个百分点。成渝经济圈人口自然增长保持在低位，2018 年四川省人口自然增长率为 4.04‰，较全国高 0.23 个千分点；重庆市人口自然增长率为 3.38‰，较全国低 0.43 个千分点。此外，成渝地区仍然有近千万人口流出，且多为外出务工的青壮年，与此同时，越来越多回流人员包括一定数量的中老年人。在这些多因素共同作用下，成渝经济圈人口老龄化程度将继续加剧，中低龄劳动力短缺或将成为常态。

（三）“两极”以外地区城镇化水平和质量将显著影响成渝经济圈未来发展

2018 年全国城镇化率为 59.58%，2019 年进一步上升至 60.60%，中国城镇化已进入名副其实的“下半场”。2013 年以来，成渝经济圈城镇化率虽逐年上升但始终低于全国水平，2013 年和 2018 年成渝经济圈城镇化率分别是 50.77% 和 57.90%，分别较全国水平低 2.96 个百分点和 1.68 个百分点，差距有所缩小。虽然成都市城镇化率较高，但四川省其他地区城镇化率相对较低。由于城镇化“下半场”发展的重心由人口乡城迁移转变为人口合理、高效集聚，因此如何引导人口在大都市与各级城市之间、在市辖区与城市郊区之间，在城乡之间合理流动与分布，将影响整个区域未来人口的空间格局，进而产生系列社会经济生态效应。由此可见，除成都市和重庆市以外各城市未来城镇化的水平与质量，将成为成渝经济圈高质量发展的关键影响因素之一。

三、基于人口均衡发展视角看成渝地区双城经济圈建设

与国内主要城市群相比较，成渝经济圈常住人口达亿人，地区生产总值5.63万亿元，占全国的比重分别为6.89%和6.25%，具备成为西部高质量发展重要增长极的人口规模和经济活力等有利条件。因此，需要从劳动力供给、人口素质和人口年龄结构等方面分析人口与经济发展的适应情况，找到破题方向。

(一) 劳动就业与经济增长

良好且持续的经济发展要以充足的劳动力供给为基础。成都市与重庆市作为核心两极，其劳动力就业情况对整个成渝经济圈经济增长有决定性作用。一方面，同属于国家区域中心城市的成都市、重庆市都对劳动力具有极强的吸引能力，能促进人口要素有效集聚；另一方面，其他城市的劳动力存量、流动与分布，也会影响成渝经济圈劳动力就业整体供给状况。因此，应充分发挥成都市与重庆市的引领作用，促进成渝经济圈劳动力供给与经济发展相协调。

2010年以来，成都市就业人员数稳定增加，从2010年的760余万人增长到2018年的近900万人，年均增长率接近2%。成都对人口要素的聚集能力不断加强，结合近年来成都市政府出台各类人才引进政策来看，预计未来成都市劳动力供给将继续增加。在就业稳定增长的同时，成都市经济增长情况表现不俗，2018年全市地区生产总值达到15342.77亿元，全国排名第8。成都市劳动力供给与经济增长需求适应融洽，未来将继续作为“双城”之一带动区域发展。

重庆市作为成渝地区“双城”之一，其劳动力就业与经济增长的关系同样对成渝经济圈发展至关重要。从2010年到2016年，重庆市就业人员数稳定增长，从1540万人增长到1717万人，2016年以来就业人员数小幅下降，2018年为1709万人。总体来看，近年来重庆市就业人员数基本稳定在1710万人左右。重庆市经济运

行趋势良好。2018 年，重庆市地区生产总值已突破两万亿，在北上广深之后位居全国第 5 位，其经济增速在 2016 年时仍保持 10% 以上，近两年增速虽有所回落但经济发展总体向好。未来，重庆市应加大力度积极吸引劳动力进入，稳定劳动力供给，进一步优化就业结构以促进经济持续发展。

（二）人口素质与高质量发展

人口素质是高质量发展的重要支撑，也是高质量发展的核心动力，成渝经济圈人口素质及其变动情况对于实现区域高质量发展非常重要。一般情况下，区域受高等教育人员规模能够反映一个地区的教育发展水平特别是自身培养人才的能力，也在一定程度上反映人口素质状况。

成渝经济圈各城市应因地制宜，根据人口素质情况探索各自的高质量发展路径。成都市 2017 年每万人受高等教育人数为 638 人，位居成渝经济圈所有城市中的第 1 位。未来成都市在继续加大人才引进力度、完善人才吸引政策的同时，应持续强化本地高等教育人才培养，将培养人才与吸引人才有机结合，继续保持其在成渝经济圈中的人才优势地位。重庆市 2017 年每万人高等教育人数为 313 人，在成渝地区各城市中排在第 3 位，位于成都市和绵阳市之后。重庆市主城区内布局的高等院校和科研院所，为人才培养提供了强力支撑。未来重庆市应按照建设内陆国际金融中心的要求，进一步强化金融人才培养。位于成渝“双城”中轴带上的遂宁、资阳等城市受高等教育人数规模较小，一方面是因为当地高等教育资源不够充分，另一方面是成渝“双城”的虹吸效应使人才和教育资源向两极流动。因此，“双城”中轴带上的各城市应着力挖掘禀赋特色，充分发挥比较优势，在服务于特色产业发展的特色人才培养上狠下功夫，走出各具特色的高质量发展道路。

人力资本投资占 GDP 比重是反映地区人口素质的重要指标，提高人力资本投资既能为高质量发展提供合格的人才供给，又具有人才外部效应。成都市作为成渝地区"双城"之一，其人力资本投资占 GDP 比重仅为2.28%，从吸引人才流入和促进人才发展角度来看，成都市应进一步加大人力资本投资，为自身及成渝地区高质量发展夯实人力资本保障。重庆市人力资本投资占 GDP 比重达到5.33%，具备在成渝地区形成人才高地的条件。需要说明的是，达州市人力资本投资占 GDP 比重在成渝经济圈各城市中最高，达到8.51%，"双城"之外其他城市的人力资本积累对于成渝经济圈整体发展可能具有更大的积极作用。

研究与试验发展（R&D）是技术创新的重要来源，也反映区域科技实力和核心竞争力。重庆市、成都市和绵阳市的 R&D 人才较成渝地区其他城市投入更大，投入的 R&D 资金也较多。其中，绵阳是我国唯一一个在国家层面批准建设的科技城，承担着国防科研以及电子产业研发与生产的重要任务。与重庆、成都两市相比，绵阳的 R&D 经费内部支出数额虽然较低，但占当地 GDP 的比重却远高于成都、重庆两市。除此之外，资阳、遂宁、达州等城市的 R&D 人才数量及资金投入都远远低于上述三市，使得成渝经济圈整体 R&D 人才分布极不平衡，制约该地区科技水平提高与创新。

横向比较来看，成渝经济圈 R&D 经费支出占 GDP 的1.81%，远低于长三角城市群的2.75%、珠三角城市群的2.62%和京津冀城市群的3.3%。成渝经济圈应大力培养和吸引科技人才及创新创业队伍，合理增加 R&D 经费投入，发挥重庆市、成都市、绵阳市的科创引领作用，带动成渝经济圈整体科技水平提升和高质量发展。

（三）人口年龄结构、经济转型与产业升级

要将成渝经济圈培育成我国新的经济增长极，形成具有全国影响力的重要经济中心，必须推动经济转型和产业升级。已有研究表明，人口年龄结构与产业结构调整有显著相关关系，当劳动力青年人口占总人口比重较高时，产业结构升级将更加迅速，而人口老龄

化会抑制产业结构的调整和升级。在我国人口老龄化程度不断加深的大背景下，处理好成渝地区人口年龄结构和产业升级相适应的问题是十分必要的。2010 年至 2018 年间，四川省和重庆市劳动年龄人口占总人口比重的变化趋势类似，均是从 2010 年略高于 70% 的位置逐渐下降到 2018 年的 68% 左右，表明成渝地区劳动年龄人口相对规模在缩减。相比于中老年劳动力，青年劳动力的科学文化水平和创新创造能力更高，就业流动性和适应性更强，能更快适应产业结构调整，从而实现地区产业结构优化升级；相反，在人口结构不断老化的地区，产业结构调整会受到抑制，造成产业结构僵化。目前成渝地区出现的劳动力年龄结构老化问题，对地区经济转型和产业升级可能产生的制约作用须引起重视。

未来，成渝经济圈应着力转变以劳动密集型产业为主体、以投资拉动为主导的发展模式，进一步增强对人力资本投资的重视程度，加快劳动力数量优势向质量优势转变。加快推进产业区域转移和对外开放，积极建设成渝地区内陆开放战略高地。加大地区基础设施建设和产业升级的政策扶持力度，鼓励外资对成渝地区尤其是区域内次梯级城市投资。完善人才吸引配套政策，优化劳动力市场结构，通过优化人口年龄结构助力成渝经济圈经济转型和产业升级。

（本专题由西南财经大学人口研究所承担，主要成员包括杨成钢、杨帆、陈广坤、左先良、孙晓海、杨紫帆，中共四川省委政研室陈晓军、唐硕参与）

成渝地区双城经济圈应对人口老龄化战略研究

——成渝地区双城经济圈建设系列研究之十二

西南交通大学国际老龄科学研究院

人口老龄化是人类寿命延长和生育率下降带来的老年人口比例上升现象。寿命延长是文明进步的体现，但给家庭供养、社会保障、公共和市场服务带来压力；低生育率则导致劳动力供给下降，投资和消费不足，经济增长放缓。由于人口老龄化速度相对缓慢，这些问题在一段时间内很难察觉，但到了一定程度后会爆发式地出现。当前，成渝地区已经进入深度老龄化社会，需要在建设双城经济圈过程中高度重视，抓住窗口期，及时应对、科学应对、综合应对。

一、成渝地区双城经济圈人口老龄化现状及趋势

（一）进入深度老龄化社会

按照65岁及以上人口比例达到14%进入深度老龄化社会的国际标准，四川省和重庆市两地已经达到14.17%和14.1%，占据全国6个深度老龄化省份中的两席（其他为辽宁、上海、江苏、山东），并呈现几个突出的特点：一是老年人口增加和非老年人口下降并存，“人口金字塔”底部（0~14岁人口）和中部（15~64岁人口）逐渐趋窄，顶部（65岁及以上人口）逐渐加宽。二是高龄人口增长迅速。相较2010年，四川省80岁以上人口共增加91.92万人，达243.23万人，年均增速为5.14%，高于60岁及以上人口有4.22%的年均增速。三是区域差异化明显，农村老龄化高于城市，成都平原经济区高于其他经济区。

（二）人口老龄化还远未达到峰值

根据预测，成渝地区双城经济圈未来三十年人口老龄化仍呈深化趋势。2030 年四川 65 岁及以上老年人口将达 1783.26 万人，占人口总量的比重将达 20.11%。2050 年 65 岁及以上老年人口将达 2124.66 万人，占人口总量的比重将提高至 25.7%，进入超级老龄化社会。在 21 世纪的后 50 年，在峰值上居高不下。

二、人口老龄化对成渝地区双城经济圈发展的挑战及应对基础

（一）面临“未富先老、未备先老”的现实挑战

“未富先老”，表现为我国老龄化阶段与发展阶段严重错位，应对老龄化财富储备不足。进入深度老龄化社会时，德国的人均 GDP 为 1.8 万美元，美国、日本的人均 GDP 更是高达 2.9 万美元和 3.8 万美元，而我国则刚刚跨入 1 万美元的门槛。“未备先老”，指的是各主要发达国家从进入老龄化到深度老龄化一般经过半个多世纪，最长的法国经历了 100 多年，我国则只有 20 几年，成渝地区双城经济圈时间更短，在社会保障体系、公共服务供给、产业发育、社会心理等各方面都准备不足。

（二）具备有效应对的政治、经济和社会基础

我国集中力量办大事的制度优势是有效应对人口老龄化的最大政治基础。近年来，在中央和各级党委的领导下，涉老法规制度体系、社会保障体系、养老服务体系、老年健康服务体系快速建立和完善。成渝地区经济持续增长，居民收入稳步提高，劳动力素质不断增强，财富储备不断夯实，初步走出了一条不同于发达国家的“边富边老”“边备边老”的新路子。

三、成渝地区双城经济圈应对人口老龄化战略举措

（一）提高站位，将积极应对人口老龄化融入各项工作

当前工作中一个突出问题是“冷热不均”。“冷”表现为大多

数部门认为人口老龄化与己无关，是民政、卫生等少数部门的工作；“热”表现在直接从事老龄工作的部门忽视应对人口老龄化的长期性、艰巨性，在为老服务上提出超越阶段的目标任务和公共资源投入不精准，供求错位、效率不高并存。

一方面，“冷”的要“热”起来。应对人口老龄化是党委政府和所有部门的任务，需要从事关成渝地区双城经济圈发展全局、事关百姓福祉出发谋划，形成“党委领导、政府主导、部门协作、社会参与、全民行动”的工作格局，将老龄事业产业发展纳入成渝地区双城经济圈各地党委政府重要议事日程和经济社会发展总体规划统筹部署。

另一方面，“热”的要“冷”下来，引导确立和发展阶段相适应的合理预期。习近平总书记反复强调，做好民生工作，要“尽力而为，量力而行”。老年人既有物质需求、照料需求，又有心理需求、精神需求，不同年龄、不同群体差异巨大，需要政府、社会、市场、家庭不同主体以不同方式满足。财政资源重在兜底和持续，重点在雪中送炭，而非锦上添花。

（二）顶层设计，编制《成渝地区双城经济圈应对人口老龄化中长期规划》

国务院已出台《国家积极应对人口老龄化中长期规划》。“中长期规划”最重要的就是谋长远。在编制《成渝地区双城经济圈积极应对人口老龄化中长期规划》时，既要立足“十四五规划”，更要着眼2035，面向2050，关注老龄人口代际变化，在系统谋划“今人有养”、尽力保障当前老年人需求的同时，花更大的精力谋划如何做到“来人可期”，尤其是要关注“将老未老”人群的代际变化。

所谓“将老未老”人群，是指45～59岁群体。从2020年开始，20世纪60年代出生的人口陆续进入老年，他们是改革开放后享受到发展红利的第一代人，其社会参与能力、养老观念、消费观念等和当前老年人有很大不同。有相当一部分人积累了较为丰厚的财富，部分群体有较为完备的社会保障，加上受教育水平提升，对互联网等技术和新事物的接受程度高，因此，对服务体验、服务质量的要求更高。国务院发展研究中心一份报告显示，到2050年，中国小学及以下教育水平的老年人占比将从2020年的55%下降到13%，大学专科及以上教育水平的老年人占比将从2020年的4%上升到15%。上述趋势将更加明显。

同时也要注意到，中国家庭户规模下降明显，到2017年已经下降到平均每户3.03人。当前中国每位老年人平均有3.0个子女，但年龄越小，子女数越少，60~64岁老人平均子女数仅为2.3个。目前45~59岁的“将老未老”人群受计划生育政策影响更大，相当一部分家庭为独生子女。随着家庭规模的逐步缩小，空巢、独居老年人的规模和比例将逐步增加，社会化支持的需求也会更大。成渝地区双城经济圈与全国在总体趋势上趋于一致，但也有其自身特点，需要针对性组织开展更深入的基础研究，掌握更详实的数据，以便精准施策。

（三）统筹区域资源，优化老年人口空间布局

对照世界级城市群的发展历程，成渝地区双城经济圈目前总体上还处在极化集聚同时开始着力转型协同阶段。主要表现在老年人口流动上，由于城市建设、养老医疗资源等原因，农村和市（州）、县（区）老年人口向成都和重庆主城区集聚，造成养老资源配置错位，加大了成都和重庆养老服务压力。以机构养老床位为例，成都和重庆主城区一床难求，其他地方空置率约为50%。要改变老年人向核心城市聚集的趋势，优化老年人口空间布局，就要解决跨区域配置要素资源的问题。比如，推动成都平原经济区养老服务一体化，是为了把老年人放在一小时经济圈妥善安养，大城市主要发展社区嵌入式养老，其他周边城市可以搞机构服务、地产等康养产业，承接生态功能区转移的老年人口。同时，成都、重庆主

城区有义务、有责任、有条件帮扶经济圈其他城市，提升服务业的水平和质量，包括人才、资金等要素的调配和帮扶。

（四）挖掘老年人价值，优化人力资源供给结构

提高劳动力质量，人口老龄化导致劳动力供给总量下降，会直接影响经济的潜在增长率，但在成熟的经济体中，由科技创新决定的劳动生产率对经济长期增长更为关键。因此，应通过提高质量、挖掘存量、稳定增量，推动人口“质量红利”替代“数量红利”。开发老年人力资源，加强中大龄劳动者的工作场所劳动保护和职业健康管理，营造年龄友好的工作场所与劳动环境。开发中低龄老年人劳动力市场，鼓励专业技术领域人才延长工作年限，支持事业单位返聘退休高级人才，挖掘老年人力资源的潜力，释放第二次人口红利。

（五）激发市场活力，把康养产业发展成支柱产业

一是扩大市场供给。全面放开养老服务市场，营造便捷高效的营商环境，吸引社会力量积极参与，打造西部老龄产业高地。在成渝地区着力打造一批示范性养老产业园区、科研创新平台、优势特色产品和新型服务模式，为产业升级开辟新空间。重点扶持一批老龄产业龙头企业，推广智能健康产品，引导老龄产业规模化、集团化、品牌化。开发建设中高档次的医养结合体，利用地区自然生态和产业优势，大力发展健康食品、中医药保健品、老年康复辅助器具、健康监测穿戴设备等老年产品，打造具有成渝特色的养老品牌服务，吸引境内外高端人才来成渝地区驻地养老。二是发展普惠、智慧养老。积极争取城企联动普惠养老专项行动、居家和社会养老服务试点等中央预算项目支持。成渝可合力组建健康养老国有资本运营公司，作为改革、闲置资产的专业管理、运营平台，通过承接和改造原有低效无效、闲置等资产，快速盘活、统筹规划、有效利用，广泛借助社会资源、优化配置，用于发展成渝地区普惠型健康养老服务业。三是加强业态融合发展。利用信息技术整合为老年生

活服务资源，建立起整合家政、送餐、就医、出行等各种信息的居家养老服务信息平台。积极推动老年产品市场提质扩容，促进养老服务业与健康、家政、体育、文化、旅游、教育培训等幸福产业融合发展，推动新业态、新模式不断发展壮大。研究跨区域养老的合作机制，破除体制约束、政策障碍、资源藩篱，构建老龄经济的跨地区产业融合发展联盟。

四、成渝地区双城经济圈应对人口老龄化的体制机制协同

（一）打破行政壁垒

一是实现养老保险区域统筹。中央经济工作会议明确提出，加快推进养老保险全国统筹。在国家统筹的大背景下，应建立城乡居民养老保险待遇确定和基础养老金正常调整机制，养老保险应努力实现区域统筹。二是建立方便快捷的医保结算。提高统筹层次，破解跨区域老年福利和养老服务方面的身份和户籍障碍，保证政府发给老人的养老福利待遇跟着人一起走，推动医疗保障的区域统筹和无障碍转移接续，重点解决好异地养老医保结算难的问题。

（二）推进公共服务一体化

一是学习借鉴长三角经验，成立成渝区域养老服务促进中心。该中心立足成都、重庆两大城市，服务整个成渝地区双城经济圈，具体承接与落实养老行业区域合作创新任务，进一步推动成渝地区双城经济圈养老的政策研究、行业交流和项目落地。可以先提前摸清目前区域内相关养老机构和床位的情况，为未来推动区域养老服务标准的互通互认打下基础。二是建立“成渝地区双城经济圈养老服务平台”以及“成渝养老服务业信息管理平台”，涵盖经济圈各地养老服务相关政策、行业动态，异地养老服务资源等内容，未来还可统一发布成渝区域养老行业征信信息。同时，打造成渝区域人口老龄化基础数据信息平台与养老服务业信息数据库，推动数据对接，在动态掌握区域内老年人口基础数据的同时，实时监控养老

供需的工作品质与工作动态。三是保证区域同质的老年优待。建立一致的成渝地区双城经济圈敬老优待保障政策，做到统一成渝地区双城经济圈老年人优待标准和高龄津贴给付标准，老年人可在区域内各城市免费乘坐公交及进入公园、参观博物馆等。

（三）实现资源共享

一是在成渝地区双城经济圈内着力建设集健康和养老产业为一体的老年医学中心，重点支持四川大学华西医院老年医学中心建设，围绕医药及医疗器械、康复医疗及辅具、睡眠健康产品、医养联合体、养老服务产品、中医药健康养老服务、康养服务、健康管理、健康智能产品、保健产品等开发和示范。二是建设以成渝地区双城经济圈各高等院校、医院以及社会资本等为联盟的养老和健康服务业人工智能研发基地，强化老龄科技支撑能力。三是成都、重庆两地政府部门及相关科研机构牵头并联合社会资本，成立成渝地区养老科技转化与推广中心，努力整合各方资源，打造成渝地区老龄科学与老龄产业智库，充分发挥智库作用。

（本专题由西南交通大学国际老龄科学研究院承担，主要成员包括张雪永、杨一帆、王乙羽、席勇，中共四川省委政研室陈晓军、唐硕参与）

下 篇

成渝地区双城经济圈建设重要专题研究报告

关于推动成渝地区双城经济圈建设总体战略研究

发展战略与宏观经济研究智库

推动成渝地区双城经济圈建设，在西部形成高质量发展的重要增长极，是近年来中央继“一带一路”建设、京津冀协同发展、长三角一体化发展、粤港澳大湾区发展、长江经济带发展、黄河流域生态保护和高质量发展后提出的国家重大战略。深刻领会双城经济圈建设的战略内涵，紧紧抓住该战略为四川发展带来的重大发展机遇，进一步明确我省推进双城经济圈建设的思路、路径，推动双城经济圈战略和“一干多支”战略融合共进，对更好承担国家赋予我省的重大历史使命，推动治蜀兴川再上新台阶具有重要意义。

一、成渝地区双城经济圈建设的战略内涵

（一）以打造高质量发展重要增长极为战略取向

习近平总书记指出，高质量发展阶段对区域协调发展有新的要求，不能简单要求各地区在经济发展上达到同一水平，而是要根据各地区的条件，走合理分工、优化发展的路子，形成几个能够带动全国高质量发展的新动力源。目前，我国已形成的京津冀、粤港澳大湾区、长三角三大核心城市群在支撑和带动东部沿海地区协调发展方面发挥了重要作用，国家也把这三大城市群发展作为国家重要的发展战略。但在占我国国土面积 71% 的西部地区，还缺乏一个与沿海三大城市群比肩的龙头区域作为引领高质量发展的动力源。

将成渝地区双城经济圈打造成比肩京津冀、粤港澳大湾区和长三角的城市群，将有助于完善我国以“四大板块”为基础的区域发展格局。成渝地区通过双城经济圈建设，发挥城市群集聚高端要素、促进创新并带动收益递增等方面的作用，带动广大西部地区质量变革、效率变革和动力变革，为我国在更广范围推动高质量发展形成有力支撑。

（二）以突出中心城市带动作用为战略支撑

习近平总书记指出，当前我国区域发展动力极化现象日益突出，经济和人口向大城市及城市群集聚的趋势比较明显，经济发展的空间结构正在发生深刻变化，中心城市和城市群正在成为承载发展要素的主要空间形式，形成推动高质量发展的区域增长极。成都和重庆都是西部地区最重要的中心城市，位居全国九大中心城市之列。两市的经济总量分别排在全国城市中的第 5 和第 7 位，其常住人口是除北京、上海外最多的两个城市，人口净流入量位居全国前列，呈现出强劲的发展活力。随着两市要素集聚能力的进一步增强，成都和重庆在西部地区的城市首位度还将继续提升。成渝地区双城经济圈建设正是适应区域经济发展的规律和趋势，贯彻落实习近平总书记重要讲话精神，依靠成都和重庆在集聚高端要素资源方面的突出优势，发挥好两个中心城市优势带动作用，形成引领西部经济高质量发展的核心增长极。

（三）以强化要素市场化配置为战略驱动力

习近平总书记指出，只有坚持市场化改革方向，才能充分激发市场活力。党的十九届四中全会提出要加快完善社会主义市场经济体制，推进要素市场制度建设，实现要素价格市场决定、流动自主有序、配置高效公平。这是推动经济高质量发展的必要条件。成渝地区一直是我国推动要素市场化改革的重点区域。改革开放以来，四川广汉在全国第一个摘下“人民公社”牌子，重庆市是全国第一个经济体制综合改革试点大城市。此后，全国统筹城乡综合配套改革试验区、全面创新改革试验区、自贸试验区等改革都落户成渝地区。两地的先行先试创造了一大批具有示范作用和影响力的改革经验。成渝地区双城经济圈建设，就是要继续发挥两地敢为人先、勇于突破的改革精神，加大体制创新力度、优化营商环境、促进要素自由流通，推动形成统一开放、竞争有序的商品和要素市场，为培育世界级的产业集群、壮大内需市场、拓宽我国经济发展韧性、潜力和回旋余地提供重要支撑。

（四）以加快区域一体化发展为战略落脚点

习近平总书记指出，经济全球化和区域一体化是大势所趋。推动区域一体化发展，是新时代实施区域协调发展战略的重要内容。区域一体化发展是在生产要素的自由流动和优化配置的推动下，形成一体化的产业链、供应链、资金链等市场资源配置机制，实现生产活力极大释放的过程。成渝地区具有推动一体化的良好基础，两地人文相近、资源禀赋相通、经济关联度高。目前，两地之间已形成多条高速通道，成都至重庆实现 1.5 小时通达，多层次、常态化区域合作长效机制基本建成。推动成渝地区双城经济圈建设，是国家将成渝地区作为一个发展整体、置于国家总体谋篇布局和深度参与国际竞争的宏观视角下提出来的战略之举，本质上就要求成渝地区要通力协作，牢固树立一体化发展理念，打破行政区划带来要素资源、区域市场的分割限制，以更高能级、更宽视野、更加高效的方式来推动川渝合作在更深层次全面对接、向更高水平联动发展，形成“1 + 1 > 2”的协同效应，培育高质量发展的新动能。

二、成渝地区双城经济圈四川部分的阶段性特征

当前我省发展已经站在新的起点，正处在转型发展、创新发展、跨越发展的关键时期，进一步深化对发展阶段的认识，是实现全省经济社会高质量发展，推动成渝地区双城经济圈建设的内在要求。

（一）工业化城镇化进入深度拓展期

四川工业化和城镇化发展正在迈入新的时期。2019 年，四川非农就业比重超过 65% 的分界线，标志着已经由工业化中前期进入工业化中后期。我国沿海发达省份进入工业化中后期以来的实践证明，工业化阶段更替将带来产业结构和就业结构的显著变化，呈现出工业增速趋缓、结构趋优、服务业成为拉动经济增长主引擎等新特征。同时，四川全省常住人口城镇化率达 54%，户籍人口城镇化率达 36.7%，城镇化进程仍处于 30% ~70% 的快速发展区间，城镇化对全省工业化的支撑作用将更为明显。总的来看，四川工业化和城镇化仍有较大空间，但新时期的工业化和城镇化将呈现新的特点，城镇化与工业化将更加深度融合，城镇化带来的城镇空间形态的优化，将有助于推动产业转型升级，带动工业化进一步推进。充分挖掘工业化城镇化深度融合的巨大潜力，是未来较长时间内推动我省经济持续发展的重要路径。

（二）区域发展格局进入良性互动期

实践表明，城镇化率达到 50% 以后，区域经济的空间形态将逐步迎来由“虹吸集聚”向“辐射扩散”发展的拐点，是优化产业经济地理、重塑区域经济版图的窗口期，顺势而为实施区域协调发展战略尤为重要。当前，在“一干多支”发展战略下，成都正加快建设全面体现新发展理念的国家中心城市，环成都经济圈、川南经济区、川东北经济区、攀西经济区和川西北生态示范区竞相特色发展，经济总量千亿以上市州达 15 个、两千亿以上市州达 7 个，主城区人口 100 万以上的特大城市 7 个，全省区域发展协调性得到增强，城镇体系结构趋于合理，区域板块加强经济联系、强化功能协同的战略契机前所未有，东西南北纵横联动发展的全新格局正加快形成，各具特色、错位发展的区域发展新格局将成为重塑四川经济地理的重要方向。

（三）新旧动能转换接续进入突破期

当前，四川正处于结构大调整、产业大变革、动力大转换关键阶段，面临着质量变革、效率变革、动力变革等重大任务，正加快进入以服务业主导的服务经济时代。其中，消费成为拉动经济增长的主要力量，创新成为推动高质量发展核心引擎，新经济成为产业领域最具活力的新兴领域。尤其科技对经济增长的贡献作用日益提高，创新型经济特征明显。2019 年，全省高新技术企业数量居全国第四位，高新技术产业主要经济指标在规模以上工业中的占比呈现逐步上升趋势，科技对全省经济的贡献率达 58%。未来中长期内，信息化的聚合叠加倍增效应将加速显现，物联网、云计算、大数据、人工智能等信息技术将加快融入实体经济发展，以5G、工业互联网、人工智能等为代表的新基建将获得更大的发展，吸纳消费潜力的现代服务业和彰显科技实力的高端制造业将成为四川经济发展的新主导，进一步推动实现全省经济由高速发展阶段向高质量发展阶段的转折。

（四）城乡发展进入融合共进期

党的十八大以来，四川着力建立健全城乡一体化发展体制机制，深入推进统筹城乡综合配套改革，城乡二元结构不断调整并逐步趋于合理，城乡发展协调性逐步增强。尤其是近年来，随着城乡改革不断深化，乡村振兴战略深入实施，城乡发展相互融合、相互促进趋势十分明显。一方面，传统的单向城乡流动正在发生改变，人口流动的近域化趋势明显，城乡人口流动呈现多向叠加态势，推动形成“城市群—都市圈—中心城市—大中小城市—特色小镇—乡村振兴”为体系的城镇体系格局；另一方面，城乡基础设施实现互联互通，城乡公共服务体系深度对接，现代农业与工业、服务业深入融合，城乡发展互动性显著增强，以工促农、以城带乡、工农互惠、城乡一体的新型城乡关系将得到进一步彰显。

（五）全面开放合作进入重大机遇期

以开放合作促改革、促发展、促创新，是我国现代化建设不断取得新成就的重要法宝。“一带一路”建设、长江经济带发展、新一轮西部开发开放、陆海新通道建设、成渝地区双城经济圈建设等国家重大战略在四川交汇叠加，为四川融贯东西、连接南北、对接世界、打造内陆开放型经济高地提供了难得的历史机遇，有助于加速全球货物流、资金流、人才流、技术流、信息流在四川集中集聚，进一步融入世界创新链、产业链、供应链，不断提升四川开放型经济发展水平；也有利于发挥四川在中西部地区高质量发展重要增长极的引领带动作用，强化与毗邻省市、中部地区和东部地区协同发展，进一步深化各领域交流合作。

三、成渝地区双城经济圈建设对四川意义和重大机遇

推动成渝地区双城经济圈建设，深刻把握了我国经济发展空间结构变化大势，科学顺应了高质量发展宏观趋势和要求，是四川促进高质量发展、扩大全方位开放、推动深层次改革、提升战略位势的重大机遇。

（一）有助于提升四川在全国发展大局中的战略位势

目前，中国区域经济格局正在发生深刻变化。成渝地区双城经济圈的提出，进一步丰富和发展了我国区域协调发展战略布局，意味着成渝地区正为国家深化改革、扩大开放探路，在“全国一盘棋”大格局中发挥的作用将比肩粤港澳、长三角、京津冀三大增长极，成为中国经济下一个增长极。大力推动成渝地区双城经济圈建设，既是党中央对成渝地区改革创新、相向发展成果的充分肯定，又是顺应时代发展大势、遵循客观经济规律赋予成渝地区的更高奋斗目标，必将进一步提升成渝地区在全国大局中的战略地位，深刻改变成渝地区战略位势、区域能级和发展格局，为四川开启新时代现代化建设新征程蓄势赋能。

（二）有助于加快培育全省高质量发展的核心增长极

成渝地区经历了从成渝经济区到成渝城市群再到成渝地区双城经济圈的历史跨越，以及从“一中心一基地三区”到“两地三区”再到“两中心两地”的定位升级，背后的逻辑是深度聚焦、精准发力，更加突出从系统论出发优化经济治理方式，更加强调中心城市的统筹协调和引领带动作用，有助于加快形成全省经济高质量发展的核心引擎。成渝地区双城经济圈建设的首要任务是做强两个中心城市，将支持成都建设践行新发展理念的公园城市示范区，推动成都东扩和成德眉资同城化，推动成都成为汇聚全球性金融资本、创新人才、信息数据的“枢纽型”城市。这将为四川高质量发展打造集聚高端要素的主要平台，提升参与国内外区域竞争的综合实力。

（三）有助于进一步促进川渝中间地带联动协同发展

川渝毗邻地区处于成都和重庆两核的中间地带，是联接成渝两核的桥梁和纽带，是成渝地区双城经济圈建设的重要支撑。由于发展基础和发展历史的原因，地处成渝之间的“川东渝西”片区发展明显滞后，呈现典型的“两头大、中间小”的“哑铃式”结构。成渝地区双城经济圈建设将创新区域合作机制，探索经济区和行政区适度分离，推动区域一体化发展，有助于川渝中间地带按照经济区和市场机制的指向来配置资源，通过建立协调机制、信息沟通机制、互通机制、人才交流机制和利益协调机制等，推动各种要素和资源在区域之间自由流动和重新组合，形成优势互补、共享或叠加效应，在更大范围内形成协同发展效应。

（四）有助于推动四川在改革创新方面率先取得突破

改革创新始终是解决新时代中国特色社会主义面临的新矛盾和新问题、推动高质量发展、实现“两个一百年”奋斗目标的必然选择。改革开放以来，四川发展最大的红利就是改革创新，一系列的改革创新激发了经济发展活力、支撑了近三十年的高速增长。新时期四川要实现高质量发展，依然需要加大体制创新力度，提升资源配置的整体效率。成渝地区双城经济圈建设，明确了成渝地区要建设成为“具有全国影响力的改革开放新高地”这个重大使命，将赋予四川在更高起点、更多领域、更深层次上系统推进改革创新，加快形成适应经济发展新常态的体制机制和发展方式，显著降低交易成本、释放改革红利、增强发展动能，为中西部地区实现高质量发展提供“改革创新样本”。

（五）有助于构筑更多全方位对外开放合作重大平台

重大开发开放平台是构建区域全方位开放新体制的关键抓手和重要途径。目前，天府新区、成渝城市群、天府国际机场、全面创新改革试验区、自由贸易试验区、中国（绵阳）科技城、攀西战略资源创新开发试验区、国家自主创新示范区、国家数字经济创新发展试验区等国家重大平台为四川全面开放合作提供了有力支撑。成渝地区双城经济圈建设，提出要支持建设川渝自贸试验区开放示范区，加大金融、科技等领域开放力度，扩大港口、机场口岸开放等，将显著提升已有重大平台的功能能级和区域影响力，并进一步构筑一批国际化的外交平台、合作平台、交流平台，依托众多高能级开放合作重大平台协调发力，助力将四川打造成为内陆开放高地。

四、四川推进成渝地区双城经济圈建设的总体思路

（一）总体思路

1．坚持统筹谋划，服务大局

成渝地区双城经济圈建设是一项系统工程，需要加强顶层设计，服务于成渝发展“一盘棋”的国家战略。四川要强化规划引领的作用，加强产业发展、基础设施、生态环境、开放开发、公共服务、市场监管等领域的专项规划与总体规划的衔接，制定实施方案，细化落实各项工作，统筹城市建设空间格局，优化城镇体系发

展格局，推动基础设施互联互通、开放通道联建共筑、创新能力协同提升、生态环境联防联治、公共服务对接共享，形成合力共建支撑我国现代化建设和高质量发展的重要增长极。

2. 坚持优势互补，相向发展

成渝地区双城经济圈建设需要川渝两地在通力协作的基础上，充分发挥各自优势，深化产业、科技、生态、能源等方面的分工协作，在空间上相向发展，加快一体化发展。四川要推动成都东进，加快成德眉资同城化发展，建设万达开川渝统筹发展示范区，推动渝东北和川东北地区一体化发展，促进产业、人口及各类生产要素合理流动和高效集聚，在多领域形成优势互补、资源共享、合作共赢的新格局，构建空间上和发展合力上相向而行的发展新态势。

3. 坚持市场主导，政府引导

成渝地区双城经济圈建设要尊重市场经济和区域发展内在规律，充分发挥市场在资源配置中的决定性作用，注重发挥市场主体在推动经济发展中的主力军作用，促进生产要素自由流动，培育壮大市场主体。同时，也要发挥政府重要作用，充分发挥法律法规和发展规划的引领功能，着力解决经济圈建设中市场失灵问题，使经济圈建设成为市场主导、自然发展的过程，成为政府引导、科学发展的过程。四川要加快优化营商环境，推动要素市场化配置的改革，探索经济区与行政区适度分离，创新区域合作模式，充分激发市场活力。

4. 坚持因地制宜，分类施策

成渝地区内部发展差异较大，城际和区际之间发展阶段和发展水平各不相同，因城因区，精准施策，是经济圈建设的客观需要。要瞄准成渝地区现代化建设大局，贯彻落实主体功能区战略，从保障国家经济安全、科技安全、开放安全、生态安全等角度，进一步明晰城市和区域功能定位，充分彰显不同区域的比较优势，推进协同发展。四川要根据不同城市的发展实际，发挥成都核心的辐射带动作用，培育壮大区域中心城市，带动中小城市和小城镇发展，加快形成优势互补、高质量发展的区域经济布局。

5. 坚持圈层推进，一体发展

中心城市的辐射带动能力是由近及远逐步衰减的过程，其辐射范围取决于自身能级的高低，是一个动态扩散的过程。双城经济圈建设要按照“核心区—辐射区—影响区”的顺序，着力提升核心城市能级，辐射带动周边城市发展。四川要推进成都都市圈建设，推动成德眉资同城化和重庆主城区与渝西地区同城化发展，做强区域中心城市和重要节点城市，推动毗邻地区一体化发展，加快形成功能融合、空间融合的区域经济新格局。

（二）路径选择

1. 推动交通互联互通

区域经济发展由点到轴再到网络化一体化布局主要依托交通通道，交通互联互通是双城经济圈一体化发展的基础条件。要大力推进交通先行，加快构筑轨道上的经济圈，推进成渝中线等高铁建设，大力推进沿江和出川出渝高铁大通道建设，构建成德眉资“半小时通勤圈”。以连通成渝“双城”为重点，加快构建成渝间、相邻城市间“1 小时交通圈”及成渝与周边城市“1 小时通勤圈”。加快推进天府国际机场建成投用，加强与重庆合作，完善“3 + *N*”区域机场体系建设，合力打造世界级机场集群。提升道路网络覆盖水平和通达能力，强化成渝两地“空铁水公”的有机衔接，强化交通基础设施补短成网、提档升级，构建“内畅外联、快捷高效”的现代化成渝双城经济圈综合立体交通走廊，打造重庆—成都双核多层、内陆最具竞争力和影响力的国际性综合交通枢纽。

2. 建设现代产业基地

产业是双城经济圈建设的根基，建设现代产业体系是建设具有全国影响力的经济中心的内在要求。继续深化供给侧结构性改革，加快传统产业转型升级，提升优势产业核心竞争力，培育发展数字经济等新兴产业，协同打造军民融合产业体系，强化产业分工协作，引导制造业成链集群、智能高端发展，加快建成国家重要的先进制造业基地。推进全域旅游示范区建设，构建“双核引领、两环辐射、四带串联、多点支撑”的巴蜀文化旅游走廊，打造“十大”知名文旅精品和巴蜀文化旅游走廊精品线路。加快建设成都金融总部商务区、“一带一路”国际合作金融区等载体和平台，构建各类金融业态互促共进的产业生态圈。构建具有国际影响力的消费场景，加快打造立足国内、面向世界的具有全球影响力、吸引力的综合性国际消费中心城市。立足农业资源禀赋和消费发展新趋势，优化特色农产品布局，建设重要农产品和特色优势农产品供应基地。

3. 强化区域协同创新

区域协同创新是当今全球科技创新的重要趋势，强化区域协同创新是提升区域整体科技创新能力，建设具有全国影响力的科技创新中心的内在要求。深化科技创新区域布局，高水平建设科技创新中心核心载体，按照“一城多园”模式建设西部科学城，积极推进成渝科创走廊建设。促进科技资源整合共享，完善科技创新环境，集聚全球高端创新资源，全面融入全球创新网络，不断提升基础创新能力。继续深化全面创新改革，推动重点领域和关键环节改革取得新突破，释放改革红利，促进各类要素在经济圈内便捷流动和优化配置。协调推进成渝地区科技创新、产业创新、体制机制创新、区域协同创新和开放创新，推动科技与经济深度融合，打造全国重要科技创新中心、军民融合创新示范区和国家重要科技成果转移转化示范区，建设全球科技创新高地和新兴产业聚集地。

4. 优化国土空间布局

完善区域国土空间布局，是促进区域差异化协同发展、各类要素合理流动和高效集聚的重要基础。以第三次全国国土调查成果为基础，以资源环境承载能力和国土空间开发适宜性“双评价”为依据，围绕生产、生活、生态“三生融合”理念，不断优化经济圈空间结构。充分发挥成都的核心引领和辐射带动作用，促进产业、人口及各类生产要素高效集聚，形成以点带面的空间发展格局。加快成都与德阳、眉山、资阳在区域规划、基础设施、产业布局、生态环保、公共服务、政策协调等方面同城化，建设面向未来、面向世界、具有国际竞争力的现代化都市圈。高质量推进区域协同发展，立足资源禀赋、产业基础和区位优势，优化全省经济地理，打造特色鲜明、协同互动的区域经济板块，努力缩小区域发展差距，推动成渝地区双城经济圈建设整体成势行稳致远。

5. 加强生态环境保护

加强生态环境保护是双城经济圈可持续发展的重要保障。深入践行习近平生态文明思想，严守生态保护红线、永久基本农田和城市开发界线，按照共抓生态大保护协同流域大治理的要求，携手推进生态共建共治共保行动，共建长江和黄河上游生态屏障。着力深化跨区域水污染联防联治，推进长江干流、岷江、沱江、渠江、乌江、嘉陵江等水污染防治。强化经济圈大气污染联防联控，加大工业源、移动源、生活源、农业源综合治理力度。加快建设一批固废资源回收基地和危废处置节点，强化城市间固体废弃物联合处理处置，优化生活垃圾填埋场、焚烧厂等环境基础设施布局，在重点城市优先建立完善的医疗废物和危险废物产生源数据库和独立的收集运输体系，鼓励跨区域合作共建危废处理设施。

6. 推进体制机制创新

改革创新既是中央赋予双城经济圈的重要使命，也是加快双城经济圈发展的内在动力。支持成都市城乡融合国家级试验区建设，稳妥推进集体经营性建设用地依法入市，将农村三项制度改革试点经验率先在全省复制推广。支持成渝地区设立更多国家级跨区域发展平台，出台支持经济区和行政区适度分离的政策措施。支持行政区划调整优化，推动符合条件的县改区、县改市。探索投融资合作机制创，推动项目一体化开发。在一体优化成渝地区政策环境、市场环境、政务环境、法治环境、人文环境等方面先行先试，共建支撑成渝地区营商环境的统一功能性平台，形成成渝地区双城经济圈政务环境和市场环境“一张负面清单”“一张网”“一颗章”，加快区域间、地区间、城乡间各类要素自由流动和优化配置，着力构建有效、有活力、有度的经济体制。

7. 完善公共服务体系

推动公共资源合理配置和基本公共服务普惠共享，双城经济圈建设成果更多更公平惠及全体人民为最终落脚点。全面实施基本公共服务标准化管理，以标准化促进服务均等化、普惠化、便捷化。逐步提升经济圈基本公共服务均等化保障水平，增加保障项目，提高保障标准。开展基本公共服务保障区域协作联动，逐步实现经济圈常住人口的全覆盖。加快经济圈政务数据资源共享共用，提高政府公共服务一体化水平。鼓励学校跨区域牵手帮扶，深化校长和教师交流合作机制。依托优质医疗资源，加快建成引领国内、具有全球影响力的国家级医学中心。建立覆盖全体居民的公共法律服务体系，完善社会矛盾纠纷多元预防调处化解机制，完善突发事件应急处置机制，建立经济圈应急协调平台。建立社会治安治理联动机制，使区域内人民获得感、幸福感、安全感更加充实、更有保障、更可持续。

（三）目标定位

1. 战略定位

围绕成渝地区双城经济圈“两中心两地”总体定位，充分发挥四川比较优势，顺应国家战略需要，紧抓“一带一路”、长江经济带和新时代西部大开发大开放历史机遇，建成全国经济强省、创新强省、文旅强省、内陆改革开放高地、面向欧亚的国际性综合枢纽（交通枢纽、信息枢纽）、具有国际影响力的科技创新中心、引领中西部地区的国家重要金融中心、物流中心、商贸中心、创新型先进制造业基地、高品质生活宜居地。

2. 发展目标

到 2025 年，经济保持平稳增长，综合实力进一步增强，人均地区生产总值力争达到全国平均水平。空间格局更加优化，生态优先绿色发展的国土空间管控格局形成，初步实现生产空间集约高效、生活空间宜居适度、生态空间山清水秀，中心城市的核心辐射带动作用进一步增强，成德眉资实现同城化发展。基础设施更加完善，国际航空门户枢纽基本形成，对外通道更加通畅，能源安全供应和互济互保能力明显提高，新一代信息设施率先布局成网，安全可控的水网工程体系基本建成。创新驱动能力更强，研发投入占比基本达到全国平均水平，科技成果转化率居全国前列，数字经济增加值占比高于全国。生态环境质量更优，优质生态产品供给能力大幅度提升，生态环境联防联治成效明显，江河水环境进一步改善，长江上游生态屏障进一步筑牢。

到 2035 年，形成以创新主导的经济体系和发展模式，经济实力大幅跃升，竞争力、影响力进一步增强，人均地区生产总值达到发达国家或地区水平。中心城市在全球城市网络体系中占有重要地位，形成一批具有较强国际竞争力的产业集群，形成在国际国内具有一定影响力的科技创新成果，公共服务水平趋于均衡，基础设施互联互通全面实现，生活环境更加宜居，成为我国高质量发展的重要增长极，基本实现社会主义现代化。

五、融合推进“一干多支”战略与成渝地区双城经济圈建设

（一）“一干多支”战略与成渝地区双城经济圈建设高度契合

两大战略充分体现了习近平总书记关于促进区域协调发展的重要论述新内涵新要求，在理论基础、路径选择、目标取向方面高度契合。

1. 两大战略在理论基础上同宗同源

发挥各地区比较优势，促进各类要素合理流动和高效集聚，增强中心城市和城市群等经济发展优势区域的经济和人口承载能力，是习近平总书记关于新形势下促进区域协调发展的重要思想。“一干多支”战略通过做强主干、推动干支联动，形成优势互补、高质量发展的区域经济布局，实现区域协调发展；双城经济圈建设强调发挥中心城市带动作用，唱好“双城记”，推动一体化发展。两大战略充分吸取了习近平新时代中国特色社会主义思想的理论精粹，强调中心城市和城市群的支撑带动作用，注重发挥区域比较优势，是习近平总书记关于区域协调发展重要思想的具体实践。

2. 两大战略在路径选择方面相互叠加

一是均突出成都作为国家中心城市的核心引领地位，把提高成都发展能级、拓展发展空间放在优先地位；二是均强调圈层推进，以中心城市为核心构建都市圈，通过由内而外的圈层扩散，促进区域经济一体化发展；三是均突出重点区块的示范带动作用，深化区域间协同联动，统筹推进城市间同城化发展和区域一体化发展、协同发展，打造区域发展共同体；四是均强调市场配置资源的决定性作用，打破行政区划对生产要素和资源配置的束缚，实现生产要素自由流动，提高资源配置整体效率。

3. 两大战略在目标取向上高度一致

推动高质量发展是新时代发展主题，人口和经济活动向中心城市和城市群等主要承载地的集聚是新时代经济发展的显著特征，依托重点区域打造高质量发展动力源是推动高质量发展的内在要求，两大战略均是围绕推动高质量发展作出的时代选择。“一干多支”战略作为我省空间发展的总体战略，其根本目的是解决四川发展不平衡不充分的主要矛盾，推动我省经济高质量发展，是遵循经济规律、顺应国家战略、立足四川发展的科学选择。推动成渝地区双城经济圈建设，目的是要发挥比较优势，形成能够带动西部地区高质量发展的重要增长极，是从全国区域发展格局变化作出的战略抉择。

（二）融合推进“一干多支”战略与成渝地区双城经济圈建设

四川应把“一干多支”战略作为推动双城经济圈建设的支撑性工程，放在国家战略全局来审视，进一步优化和完善战略举措，推动两大战略有机融合、相互促进，推进“主干”引领带动、“多支”竞相发展、“干”“支”协同联动，夯实国家战略实施的重要支撑，推动治蜀兴川再上新台阶。

1. 强化成都主干引领，筑牢双城经济圈“压舱石”

核心城市是双城经济圈建设的“压舱石”，是全省高质量发展的“核心引擎”。做优做强成都极核功能，服务国家战略，带动区域发展，参与全球合作，提升成都国家中心城市“五中心一枢纽”功能，增强对国际国内高端战略资源的集聚集成和转化能力。创新人城境业高度和谐统一的新型现代化城市发展模式，高质量建设天府新区，高起点建设成都东部新区，高标准建设践行新发展理念的公园城市示范区。加快完善成都“一市两场”的机场布局和功能，加强与江北国际机场的协同运营和航路航线优化合作，合力打造世界级机场群。科学构建“城市组群 + 功能片区 + 产业社区”的城市空间结构，突出生态导向、公交导向、文化导向，构建独具特色的城市形态。加快建设空港新城、简州新城、天府奥体公园、沱江发展轴，打造经济圈建设新平台和彰显公园城市理念的新家园，促进成都国家中心城市高品质发展，做强双城经济圈的核心动力源。

2. 推动成德眉资同城化，下好双城经济圈“先手棋”

圈层推进是一体化发展的有效模式，世界主要城市群的发展都是依托都市圈的扩散效应最终实现一体化发展，打造现代化大都市圈是双城经济圈建设的“先手棋”。推动“主干”由成都拓展为“成德眉资”，进一步提升极核功能和综合承载能力，共建成都现代化都市圈。强化现代产业协作引领，打造成德临港经济产业带、成眉高新技术产业带和成资临空经济产业带，建立“研发设计在成都、转化生产在其他市（州）”的产业互动模式，形成一批高端切入、成链配套的世界级产业集群。强化创新资源集聚转化，推进成德绵协同创新发展示范带建设，优化自主创新体制机制和政策环境，增强科技创新策源能力。完善城际交通网络，着力构建绵阳—德阳—成都—眉山—乐山—宜宾南北综合交通中轴线，加快环线高速公路和城际轨道交通一体化建设，全力打造以成都为中心的 1 小时交通圈和生活圈。推进公共服务对接共享，大力推动成都市优质教育、医疗、科技、文化资源向环成都经济圈延伸。

3. 培育经济副中心城市，吹响双城经济圈“集结号”

经济副中心城市是区域经济发展的重要增长极，双城经济圈建设需要形成多点支撑局面。充分发挥经济圈内不同规模城市的比较优势，共享发展环境、政策、资源、平台，实现生产要素自由流动，发挥市场配置资源的决定性作用，提高资源配置整体效率，形成优势互补高质量联动发展新格局，共同演奏好经济圈城市联动发展的新旋律。把握城市发展趋势和人口流动趋势，支持绵阳、德阳、乐山、宜宾、泸州、自贡、内江、南充、达州等城市发展壮大，推动内自同城化、宜宾—泸州一体化发展、南充—遂宁组团式发展，加快培育一批经济副中心城市。做大做强市（州）经济总量，以发展特色优势产业和战略性新兴产业为重点，统筹发展现代农业和现代服务业，加快重大产业项目建设，抓好经济开发区、高新技术开发区、工业园区建设，着力打造千亿园区，培育千亿企业、百亿企业。

4. 强化南北两翼带动，壮大双城经济圈“助推器”

川南和川东北是双城经济圈核心腹地，是“双核”共舞的重要纽带。要依托交通干线和重要河流水系构建区域经济发展带，形成“一轴两翼、双核三带”相向发展的新格局，促进双城经济圈中部崛起，共同演奏好经济圈区域板块联动发展的新旋律。加快川南经济区一体化发展，依托陆上通道和长江黄金水道，建设全国性综合交通枢纽，加快发展临港经济和通道经济，培育优势产业集群，谋划设立内自新区，共建沱江流域生态示范区，推动泸州、宜宾相向发展，建成南向开放重要门户和川渝滇黔结合部区域经济中心，大力支持并培育其成为全省第二经济增长极。推动川东北经济区振兴发展，依托特色资源和历史文化优势，大力发展清洁能源化工、特色农产品精深加工、生态康养和红色文化旅游，创建万达开川渝统筹发展示范区，推动川东北与渝东北地区一体化发展，建成东向北向出川综合交通枢纽和川渝陕甘结合部区域经济中心，建设双城经济圈生态经济发展示范区。

5. 促进周边特色发展，做强双城经济圈“护卫舰”

攀西和川西北要主动融入双城经济圈战略，建设双城经济圈的战略资源保障基地、休闲度假基地、生态安全屏障和开放通道。推进攀西经济区转型升级，加快建设国家战略资源创新开发试验区，打造世界级钒钛产业基地和我国重要的稀土研发制造基地，推进安宁河流域和金沙江沿岸农文旅融合发展，持续巩固脱贫攻坚成果，加快培育休闲度假康养旅游产业，加快推进南向重要通道建设。推进川西北生态示范区建设，加快以川藏铁路为重点的大通道建设，持续推进国家全域旅游示范区建设，打造风光水互补能源基地，加大生态补偿制度探索创新力度，建设国家生态建设示范区，筑牢长江、黄河上游高原生态安全屏障。

（课题组成员：王小刚、鲁荣东、王建平、蓝泽兵、石峰屹、李雷雷）

关于建设具有全国影响力的重要经济中心研究

新时代省情与发展战略研究智库

一、“具有全国影响力的重要经济中心”的含义

（一）经济中心与影响力的内涵

1. 经济中心

经济中心能够对生产要素流动、企业投资意向和产业组织形式产生强烈影响，主要体现在引领力强、集聚力强、辐射力强三个方面。从城市发展史来看，经济中心多是在贸易、金融、制造、科技等领域具有相对优势，在推动人才、资金、技术等生产要素合理流动和高效集聚上发挥引领作用的重要城市节点。

根据影响范围，可将经济中心划分为国际经济中心和国内经济中心。国内经济中心细分为四级，即全国性的、跨省的、省域的、市域的。不同级别的中心城市在其特定的空间范围内与周边城市以及经济腹地间存在紧密的经济联系，表现为物质、技术、资金、信息等各种“流”的运动。这些“流”的总合成为中心城市在经济区域中运动状况的外部反映。①

经济中心有多个属性，如经济总量、经济功能、创新能力、产业化能力，以及在经济网络中的联系能力。从趋势来看，随着城市化水平的提高，以城市为主体的空间经济正在突破单个、孤立封闭

---

① 周游，张敏．经济中心城市的集聚与扩散规律研究［J］．南京师大学报（社会科学版），2000（4）：16－22.

的状态，形成以大城市为经济中心和与该中心密切关联的，通过中心辐射带动的若干腹地所构成的环状经济区域。这不仅是当今世界经济聚集的主要现象，也迅速成为区域经济发展的新模式。

2. 经济中心影响力

经济中心影响力的外在表现为辐射带动的强度和范围。任何城市都有辐射和影响的范围，并与其形成点与面的关系。而影响力大小，无非就是这个“面”能扩展到多大。每个增长极都有一个与其规模相适应的影响力，反映城市之间物质、能量、人员、资金和信息交流的状况。其中，城市群内部的中心城市对周边的影响力尤其重要。中心城市作用于周围城市的影响力不同，会导致区域的经济增长呈不规律性，造成区域发展不一致。① 在都市经济圈中，经济中心与都市经济圈的圈域范围自然也是点与面的关系。一方面，经济中心作为一定地区内经济活动的枢纽，控制和影响着整个经济圈的经济发展方向、规模、速度和水平；另一方面，周围地区既是经济中心经济能量释放或扩散的接受地，也是支撑经济中心发展的要素资源供给源和重要的市场区。②

经济中心不仅是区域城市经济发展水平的最高代表，也是沟通国内、国际资源的重要桥梁和门户。现代经济运行方式使得经济中心的辐射范围不受地缘的限制，通过产业链上的分工，可带动世界另一端的经济空间。当然，这是具有强大影响力的国际经济中心。对经济中心而言，强化域内经济联系，有助于发挥辐射带动作用。对周边城市而言，在接受中心城市产业辐射同时，更多是利用中心城市吸收外来资本的优势，创造自身区别于其他地区的优势，凭借地理、开放的市场环境、基础设施的有利条件，提高接受辐射的能

① 陈韶英，秦向东，尹超．河北省城市空间吸引范围与城市空间结构特征［J］．保定学院学报，2007，20（2）：31－34.

② 江曼琦．首都经济圈与天津北方经济中心建设［J］．天津师范大学学报：社会科学版，2013（1）：9－14.

力，弱化中心城市对其资源的集聚效应。[1]

(二) 经济中心的特征

1. 时代性

经济中心是时代的产物，时代性意味着不同时代的经济中心有所不同。农耕社会的特征是劳动力与土地紧密结合以及自给自足的小作坊生产，城镇是商品交换的集中地。这一时期发展较好的城市通常是贸易中心或区域交通（陆运、水运）枢纽。工业社会的特征是劳动力从土地中解放出来，社会化大生产带动人口向城市集聚。这一时期的中心城市多是制造中心、金融中心和贸易中心。进入信息社会，信息和知识与劳动力、资本、技术一样成为生产要素。信息化为城市赋能，智慧城市逐步演进为现代城市的常态，带动经济中心集聚和辐射能力的量级提升。21 世纪以来，随着人口红利、资本红利逐渐消失，创新成为全球城市竞争力的关键指标，创新能力也成为衡量经济中心发展潜力和未来走势的标尺。时代性意味着经济中心从早期的贸易功能，演进到兼容制造、金融、信息和创新等功能，内涵更加丰富、功能更加完善。

作为成渝地区双城经济圈的中心城市，成都、重庆一直是西南地区经济发展最重要的载体。成都乃天府之国，沃野千里，历史悠久，是一个拥有深厚文化底蕴的城市，千年未更名的古城。而重庆在古代农耕社会属于自然环境恶劣、耕地少的城市，但到了近现代实现了转折。1890 年3 月31 日新订的《烟台条约续增》专条使重庆成为西部最早的通商口岸。重庆凭借长江水运的优势和外国资本迅速发展起来，成为西南地区最大的工商业城市。抗战时期重庆作为陪都，很多工业和人才迁于此地。新中国成立后，重庆成为西南局的驻地，统辖四川、重庆、贵州、云南和西藏。而后成为第一个计

---

① 何慧爽. 中原经济区区域经济互动与中心城市影响力研究 [J]. 经济论坛，2013 (1)：24 -27.

划单列市、副省级城市，1997 年成为直辖市，开启了成渝双城模式。

2. 成长性

经济中心具有成长性，与一般地区比较，经济中心的发展潜力更大、实力提升更快。正是因为经济中心的成长性好，其在某一领域往往具有突出优势，起到标杆作用。世界级城市群的中心城市通常都是经济、金融领跑者。2019 年 11 月发布的《全球城市竞争力报告 2019—2020：跨入城市的世界 300 年变局》显示：美国波士华城市群的纽约、波士顿，北美五大湖城市群的芝加哥，英国中南部城市群的伦敦，日本东海道城市群的东京的经济竞争力位列全球 20 强，是城市群中发展最快、最好的地区。

3. 密集性

经济中心具有密集性，资本、技术、人才和信息资源密度大，单位面积产出高。密集性意味着经济中心是该区域内资本、劳动力、信息等资源相对密集的发达区，并由此产生、吸引大量的创新，成为该区域的“核心区”。密集性是城市经济的突出特征，良好的密集性有利于减少生产成本、提高生产率。核心区的密集包括人口密集、生产要素密集和经济活动密集，而密集动力源自规模经济产生的外部性，通过劳动力市场蓄水池、中间品的共享、知识溢出带动空间分布主体的互动。从机制上看，密集的力量（空间密集、技术密集、人才密集、资金密集、产业密集等）引发的因果循环使得“核心区”吸引更多的经济活动，从而形成空间单元经济的不平等，即“马太效应”。具体到区域层面，表现为城市规模结构、等级结构和职能结构的空间分异，形成“中心—边缘”的格局。

4. 创新性

经济中心具有创新性，大量要素的集聚和融合，形成了浓厚创新氛围和更高的全要素生产率。在商业数据公司 2thinknow 公布的 2019 年全球创新城市指数排行中，世界五大城市群核心城市的创新能力都很强，纽约、东京、伦敦、洛杉矶、巴黎、芝加哥、波士顿均进入全球城市创新指数前十名；北京、上海分列全球第26位和33位。

5. 向心性

经济中心具有向心性，中心城市利用先进的功能，吸引中高端要素和先进企业由中心城市向外围逐步递减分布，近年来发布的城市群规划，都对中心城市的辐射带动作用提出了明确要求。向心性是衡量中心城市地位的重要指标，不同层次的区域向心力是形成城市群中各城市分工格局的决定因素。与具有高向心力的“核心区”相互依存的就是“外围区”，其发展方向主要取决于“核心区”。“核心区”先通过极化作用强化自身地位，再利用涓流效应作用“外围区”，促进其发展。最后，不断产生的创新的成功转换会作用于整个空间系统，促进整体发展。从空间形态上看，“核心区”往往会沿主要交通干道串珠状向外延伸，形成若干扩散轴线或产业密集轴带。交通干道往往是城市经济向外辐射的主要路径，由此形成合理的经济布局。①

城市群发展的方式之一，是由单一城市发展到都市圈，再由都市圈向城市群过渡。目前成渝地区正处于“由圈到群”的阶段，即成都和重庆两座中心城市的资源要素，开始由过去的向中心聚集到现在的向周边扩散，从而带动周边城市更紧密地联系在一起。从四川来看，推进成德眉资同城化，则是实现成都强化辐射力的关键方式。

（三）具有全国影响力的重要经济中心的界定

1. “具有全国影响力的重要经济中心”的分析维度

基于前面分析，借鉴相关研究成果，本研究从三个维度评价经济中心的影响力。

---

① 周游，张敏．经济中心城市的集聚与扩散规律研究［J］．南京师大学报（社会科学版），2000（4）：16－22．

（1）引领力

经济中心的引领力主要体现在经济发展水平和城市发展水平。

①经济实力强。经济中心不仅要有较大的经济活动规模，更重要的是必须对经济活动具有重要的影响力和控制力。就经济发展总体看，世界级城市群的中心城市多是本国的工商业、金融和经济中心城市，是一国经济发展水平的标志，如伦敦之于英国、纽约之于美国、东京之于日本和巴黎之于法国。从发展规模上看，国际大都市占一国经济总量的比重多超过20%。据世界银行的数据，2018年日本GDP总量为4.97万亿美元，位居全球第三，东京GDP占日本GDP总量的五分之一。从发展质量上看，经济中心是领先地区。世界银行将人均GDP超过12616美元的国家和地区定义为高收入国家或地区，世界级城市群的核心城市的人均GDP数值远超于这一标准。2018年，东京人均GDP为75703美元，纽约人均GDP达到11.9万美元，我国香港为48678美元、深圳为28647美元。①

②城镇化率高。城市（群）当前已成为吸纳流动人口和集聚新增人口的主要区域，人口的流动与迁移将较大程度上影响城市（群）的人口集聚水平和人口空间集聚格局，同时也将影响城镇化的未来发展方向。当今主要国际大都市在20世纪实现了人口规模的重大扩展。其中，有些城市仍然保持着快速增长势头，有些城市已经进入人口收缩阶段，有些城市出现人口收缩后的再回升，这都是城市成熟性、成长性和城市重整复兴的标志。20世纪，日本人口增加了2倍，东京都的人口增加了5倍，较东京都行政区划范围更大的"东京圈"成为世界上最大的城市群之一。2018年末，我国常住人口城镇化率达59.58%，比1949年末提高47.94个百分点，年均增长0.69个百分点。总体上看，我国城镇化经历了探索

① 关浣非. 深圳能否成为地球经济中心？[J]. 中国经济周刊，2019（16）：104-107.

发展、快速发展和提质发展的过程，目前已逐步进入中后期发展阶段。

③服务业发达。从世界级城市群的核心城市来看，其经济结构普遍存在“两个70%”，即服务业产值占GDP比重在70%或以上，生产性服务业占服务业比重在70%或以上。服务业产业为何如此之高？其原因在于，金融、保险、专项管理等为生产者服务的第三产业必须依赖大规模的生产企业而生存。单个城市由于制造业等生产企业在产业发展中份额的萎缩，不足以吸引大规模的金融服务业等的集聚。但城市群中的核心城市则不同。虽然核心城市的制造业份额也在萎缩，但已通过辐射作用很好地转移到了周边次级城市，因此，核心城市往往会吸引大规模的为生产者服务的第三产业。无论是20世纪80年代末期的纽约、伦敦、东京，还是20世纪90年代初期的香港和新加坡，第三产业增加值在国内生产总值中的份额均接近或超过70%以上，第三产业的从业人员比例也都在70%以上。

（2）集聚力

经济中心的集聚度主要体现在城市首位度和城市创新力，而创新力又包括城市的硬集聚和软集聚。《全球城市竞争力报告（2019—2020）》在世界城市的分级框架中也采用了集聚度这个指标。其中，硬集聚主要是指城市在创新主体上持有的优势，如创新研发机构、创新企业等；软集聚主要是指城市在创新投入、创新绩效上的优势，如研发投入、专利等。

①城市首位度高。经济中心要起到引领带动作用，也就是必须要具备高首位度。城市首位度代表的是一个城市所属区域的实力和地位，强调的是一个城市对生产要素的聚集能力。

②创新能力强。未来城市应该走可持续发展的模式，兼顾经济、科技、社会和生态环境的协调发展，避免重数量轻质量的城市发展模式，改变城市经济发展的驱动方式，以利于城市经济效率的

进一步提高。因此，各个城市可以采用创新驱动发展的模式，深入挖掘和整合现有的科技创新资源，打造适合本城市发展的高端制造业，以较小的资源和环境消耗，获得较大的经济收益。国际化大都市的科技资源和科技产业优势明显，成为新思想、新技术的发源地，具体表现在科技教育发展水平、高科技人才、有利于科技创新和产品创新的制度，以及高强度的研发投入等方面。①

③金融支持好。一个区域的竞争力，归根结底取决于可培植的具有竞争优势的特色产业的总和。比较优势有赖于基本要素，竞争优势则有赖于核心要素。如科技与创新一样，金融同样具有核心要素的基本属性。当今世界，市场经济高度发达的国家或地区，无不把本国或本地区某一中心城市培育成为国际或国内金融中心，利用金融支持推进经济圈建设。城市群发展的经验表明，任何一个城市群或是都市圈都有自己相对完整的产业链、金融体系和金融中心。② 如美国大西洋沿岸城市群、日本太平洋沿岸城市群等成熟的城市群，以及我国长三角和珠三角城市群的形成与发展，都与金融的强大支持密切相关。从现代经济发展的角度看，区域金融体系的完善与否、金融环境的优劣、区域融资能力的强弱，以及金融资源的配置效率直接影响到区域经济能否健康快速地发展。

（3）辐射力

经济中心的集聚度主要体现在与外部的联系上。《全球城市竞争力报告（2019—2020）》在城市分级中采用了联接度这个指标。理论上，城市的经济辐射力与联接度直接相关，越高的联接度意味着城市辐射力更强。因此，本研究用联接度表示辐射度。在以后的研究中，我们会做进一步完善。

---

① 庞晓庆. 京津冀城市群经济中心的选择与培育［J］. 商业经济研究，2019（7）：144－148.

② 欧永生. 我国城市群建设中的金融资源配置作用探讨［J］. 海南金融，2008（8）：25－27，50.

联接度包括“硬联接”和“软联接”。“硬联接”是支持经济中心与外部地区进行要素交换的主体或硬件设施。硬联接的主体包括政府合作机构、互派机构等。硬联接的硬件设施包括交通基础设施（陆运、水运、航运和海运等）。从对外开放来看，其硬联接的主体包括领事馆，硬件设施则有国际航线等。软联接体现的是信息联系和知识联系。信息联系体现为信息化水平，而知识联系体现为高等教育的发展状况等。另外，不同城市之间的软联接也体现在城市之间建立的协同发展体制和机制。

①交通枢纽定位。世界级城市群的核心城市大多是重要的交通枢纽或港口。高影响力经济中心往往通过构建便利、迅捷的交通网络，将周边中小城市的经济、产业、文化紧密地联系到一起，形成都市圈。便利的交通减少了要素流动的经济成本和时间成本，是全球跨国企业选择企业分部的重要指标。纽约有 3 个国际机场，其中著名的肯尼迪国际机场承担着美国 50% 的进口货物空运业务和 35% 的国际客运业务。伦敦一直是世界上最大的航运市场，全球所有主要的船舶、造船和租船公司都在这里设有代表机构。

②信息化水平高。所有都市圈及城市群均将信息化建设的重点放在信息基础设施，特别是在网络的普及上，这为信息技术深度应用与信息服务的惠及共享奠定基础。东京都市圈开展“东京无所不在计划”，为信息技术广泛深入应用奠定基础，树立起了物联网、低碳信息化样板。纽约城市群通过无线网络全覆盖，实现全域网络免费接入。首尔城市群通过开展大平台式信息基础设施建设。依托发达的信息网络，建立区域电子商务框架和发展体系，发展中城市和城镇电子商务，促进区域均衡发展，以信息经济激发城市聚合优势。[①]

① 信息化推进世界主要都市圈及城市群发展研究（2014—2015）[M] //世界信息化发展报告（2014—2015）. 社会科学文献出版社，2015. 7.

③对外开放度高。城市群、都市圈的开放水平决定了其利用全球要素和全球市场的水平。城市群的核心城市处于对外开放前沿，是高端生产要素跨境流动的门户。高度开放的环境、高端要素的集聚更容易孵化创新型企业。开放、包容、多元的创新文化以及完善的产学研创新体系极大地提高了核心城市的创新能力，并通过示范作用、外溢效应带动周边城市发展。①

2. “具有全国影响力的重要经济中心”的判断指标

综上所述，提出经济中心影响力评价指标体系，见表1。一级指标3个，分别为“引领力”“集聚力”“辐射力”，具体如下：

(1)“引领力”下设二级指标“经济发展水平”“城市发展水平”。

(2)“集聚力”下设二级指标“城市引力”“创新能力”“服务能力”。其中，“创新能力”下设三级指标“软集聚”和“硬集聚”，“服务能力”下设三级指标“金融服务”和“服务规模”。

(3)“辐射力”下设二级指标“软联接”“硬联接”“对外开放”。其中，“软联接”用信息化水平表示，“硬联接”用交通便利度表示。

表1　经济中心影响力评价指标体系

	二、三级指标	指标及单位	属性
引领力	经济发展水平	X1 总量/GDP（亿元）	正向
		X2 总量增速（%）	正向
		X3 人均地区生产总值（元）	正向
	城市发展水平	X4 年末常住人口（万人）	正向
		X5 城镇化率（%）	正向

① 沈坤荣. 建设世界级城市群优化区域发展格局推动经济高质量发展［J］. 财经界，2018（09）：58-60.

续表1

二、三级指标			指标及单位	属性
集聚力	城市引力		X6 城市首位度	正向
			X7 经济密度（亿元/平方公里）	正向
	创新能力	软集聚	X8 R&D 投入（亿元）	正向
			X9 每万人专利授权数（件）	正向
		硬集聚	X10 规上工业企业数量（个）	正向
			X11 独角兽企业数量（个）	正向
			X12 普通高等院校数（个）	正向
			X13“双一流”高校数量（个）	正向
	服务能力	金融服务	X14 年末全部金融机构人民币存款余额（亿元）	正向
			X15 全部金融机构人民币贷款余额（亿元）	正向
			X16 全年保费收入（亿元）	正向
		服务规模	X17 第三产业占比（%）	正向
辐射力	软联接	信息化水平	X18 移动互联网用户（万户）	正向
	硬联接	交通便利度	X19 全年货物周转量（亿吨公里）	正向
			X20 全年旅客周转量（亿人公里）	正向
	对外开放		X21 进出口总额（亿元）	正向
			X22 使领馆数量（个）	正向

由于指标数据存在计算量级差异，我们对数据进行标准化处理。标准化处理方法如下：

$$X_{ij} = (x_{ij} - x_{j\min}) / (x_{j\max} - x_{j\min})$$

其中，i 代表某地区；j 代表某指标；x_{ij} 为某地区某指标的实际值；$x_{j\max}$ 为该指标的最大值；$x_{j\min}$ 为该指标的最小值；X_{ij} 为 x_{ij} 标准化处理后的值。

另计算时，指标权重设定为均值。

综上所述，“有全国影响力的重要经济中心”是社会再生产活动的密集地，对生产要素和经济活动运行状态有较强的改变能力，影响作用主要表现在引领力好、集聚力高、辐射力强三个方面。

二、成渝地区双城经济圈的现实站位与比较优势

通过与世界五大城市群及核心区、中国四大城市群及核心区的比较，明确成渝地区双城经济圈的现实站位——即是否具备成为“具有全国影响力的重要经济中心”的条件和潜力，以及当前的相对优势。

（一）成渝地区双城经济圈的现实站位

1. 与世界城市群的比较分析

相关研究显示，世界级城市群通常满足以下几个条件①：

（1）面积在 5 万平方公里以上。

（2）城镇人口规模大于 2500 万人，人口全国占比达 15% 以上。

（3）GDP 总量大于 2 万亿美元，GDP 全国占比 15% 以上，人均 GDP 大于 3 万美元。

（4）拥有 1 个以上全球城市、1 个以上国际贸易大港。

（5）内部联系密切度（城市内部一体化程度）0.36 以下。

根据成渝城市群规划，目前成渝地区双城经济圈具体范围包括重庆市的渝中、万州、黔江、涪陵等 27 个区（县）以及开县、云阳的部分地区，四川省的成都、自贡、泸州、德阳、绵阳（除北川县）等 15 个市。

根据 2018 年的年鉴数据估算，成渝地区双城经济圈主要指标如下：

（1）总面积超过 18 万平方公里。

（2）常住人口 9000 万，人口全国占比 6.7%。

（3）GDP 总量 0.84 万亿美元，全国占比 6.1%，人均 GDP 8900 美元。

---

① 王利伟．京津冀距离建成世界级城市群有多远——基于熵值模型方法［J］．宏观经济研究，2019（9）：142－152.

（4）没有全球城市。[①]

（5）内部联系密切度（城市内部一体化程度）约为0.44。

综上所述，成渝地区城市群距离世界级城市群还有较大差距，短板主要在经济总量、核心城市和内部联系。成渝地区双城经济圈经济总量仅是世界级城市群标准的40%，人均GDP仅是世界级城市群标准的30%。

从世界五大城市群分别选取纽约、东京、巴黎、伦敦和芝加哥，与成都、重庆进行比较，见表2。分析如下：

（1）从经济总量上看，成都和重庆分别为五大核心城市GDP均值的30%、40%。

（2）根据中国社科院和联合国人居署联合课题组联合发布的《全球城市竞争力报告2019—2020》，世界五大城市群的核心城市“经济竞争力”基本排名在前20名，成都和重庆则在50名以后。

（3）从报告“可持续竞争力”来看，成都排名第143位，重庆未进入世界前200名，与世界五大城市群的核心城市存在很大差距。

（4）报告将全球1000余个城市分为5等（A、B、C、D、E）、10级。其中，世界五大城市群的核心城市纽约、伦敦、东京、巴黎位列A等级（A级为全球城市），成都和重庆分别位列C+和C等级（C级为国际门户城市的定位）。

综上所述，就城市群的核心城市来说，成都、重庆与世界五大城市群的核心城市之间存在明显的经济量级差距和城市层级差距。

① 2019年发布的《全球城市竞争力报告2019—2020》将全球1000余个城市分为5等、10级。5等由高到低分别为全球城市（A）、国际枢纽城市（B）、国际门户城市（C）、区域枢纽城市（D）与区域门户城市（E）。其中全球城市（A+和A等级）仅有纽约、伦敦、东京、北京和巴黎；国际枢纽城市（B+、B等级）包括首尔、上海、芝加哥、悉尼、都柏林、香港等29个；国际门户城市（C+和C等级）125个，其中成都和重庆分别位列C+和C等级。

表2　世界五大城市群核心城市比较

	美国波士华城市群	日本东海岛城市群	欧洲西北部城市群	英国中南部城市群	北美五大湖城市群	成渝城市群	
	纽约	东京	巴黎	伦敦	芝加哥	成都	重庆
2018年经济规模（亿美元）	8423	8690	8080	6490	6580	2324	3085
面积（平方公里）	783.84	2193	2300	1572	606.2	14335	82402
经济密度（亿美元/平方公里）	10.7	3.96	3.51	4.13	10.85	0.16	0.04
城市等级	A+	A+	A	A+	B+	C+	C
经济竞争力排名	1	6	21	2	20	54	81
可持续竞争力排名	3	2	6	4	10	143	—

注：重庆未进入全球前200名排序。

2. 与中国城市群的比较分析

以下，对成渝城市群与长三角城市群、珠三角城市群、京津冀城市群进行比较。首先对基本指标进行分析，见表3。

（1）成渝城市群的经济体量是四个城市群最小的一个。经济体量分别为长三角、珠三角和京津冀三大城市群的30.7%、67.7%和64.5%；

（2）从人口来看，成渝城市群人口约有9304万人，分别为长三角、京津冀城市群的60.4%、82.6%，是珠三角城市群的1.48倍；

（3）从面积来看，成渝城市群排名第三，位列京津冀城市群和长三角城市群之后；

（4）从人均GDP来看，成渝城市群排名最后，2018年约为5.9万元，分别为长三角、珠三角和京津冀三大城市群的50.9%、45.9%和78.1%。

综上所述，成渝城市群在经济总量和经济质量（人均 GDP）上表现劣于长三角、珠三角和京津冀三大城市群，在面积和人口上占据一定优势和潜力。

表 3　我国四大城市群基础指标比较（2018 年）

城市群 / 指标	GDP（亿元）	常住人口（万人）	面积（万平方公里）	人均 GDP（元）
珠三角城市群	81048.5	6301	5.5	128628.2
长三角城市群	178642.1	15402	21.3	115986.3
京津冀城市群	85139.9	11270	21.6	75545.6
成渝城市群	54906.1	9304	18.1	59011.2
城市群 / 指标	GDP 占比（%）	人口占比（%）	面积占比（%）	
珠三角城市群	9	4.52	0.57	
长三角城市群	19.84	11.04	2.22	
京津冀城市群	9.46	8.08	2.25	
成渝城市群	6.09	6.67	1.89	

注：城市群数据皆为估算，与相关规划数据有出入。

3. 核心城市经济影响力比较

对四大城市群的 10 个核心城市进行“经济中心影响力”综合评价。10 个城市为成渝城市群的成都、重庆，京津冀城市群的北京、天津，长三角城市群的上海、杭州、苏州、南京，珠三角城市群的广州、深圳，见表 4。分析如下：

表 4　经济中心影响力综合评价

	综合指标		一级指标		一级指标		一级指标	
	经济中心影响力	排名	引领力	排名	集聚力	排名	辐射力	排名
成都	0.250	5	0.386	7	0.202	5	0.230	6

续表4

	综合指标		一级指标		一级指标		一级指标	
	经济中心影响力	排名	引领力	排名	集聚力	排名	辐射力	排名
重庆	0. 231	6	0. 385	8	0. 135	10	0. 306	5
北京	0. 708	1	0. 671	3	0. 703	1	0. 758	2
天津	0. 175	10	0. 315	10	0. 149	9	0. 100	8
上海	0. 629	2	0. 719	2	0. 487	2	0. 880	1
杭州	0. 186	9	0. 349	9	0. 191	6	0. 008	10
苏州	0. 228	7	0. 459	5	0. 159	7	0. 163	7
南京	0. 199	8	0. 439	6	0. 155	8	0. 067	9
广州	0. 448	4	0. 542	4	0. 311	4	0. 684	3
深圳	0. 514	3	0. 737	1	0. 444	3	0. 461	4

（1）经济中心影响力综合指数：成都和重庆的“经济中心影响力”在10个城市中排名居中，分列第5和第6。从“经济中心影响力综合指数”来看，成都和重庆仅为最好地区（北京）的1/3左右，见图1。

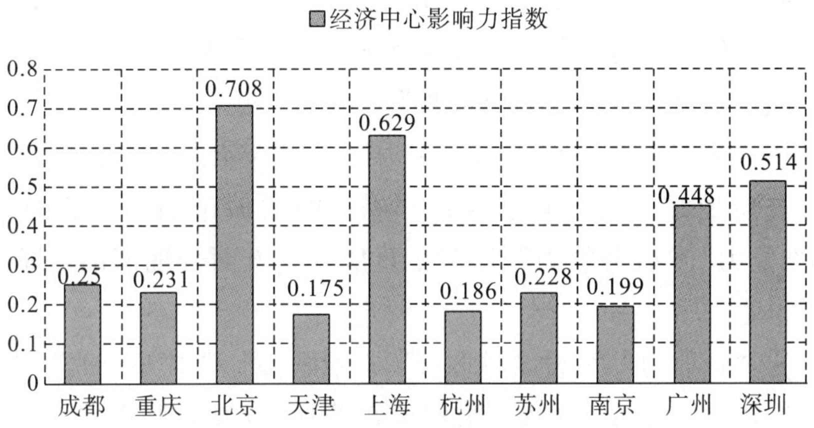

图1　四大城市群的核心城市比较（一）

（2）一级指标比较：从“引领力”来看，成都和重庆表现偏弱，在10个城市中位列第7和第8位，且引领力指数仅是最好地区（深圳）的1/2。从“集聚力”来看，成都排名居中，列第5位，重庆排名最后。成都和重庆的“集聚力”指数仅为最好地区（北京）的28%和19%；从“辐射力”来看，成都和重庆分别位列第6和第5位，重庆比成都表现略好。就辐射力指数来看，成都和重庆是最好地区（上海）的26%和34%，见图2。

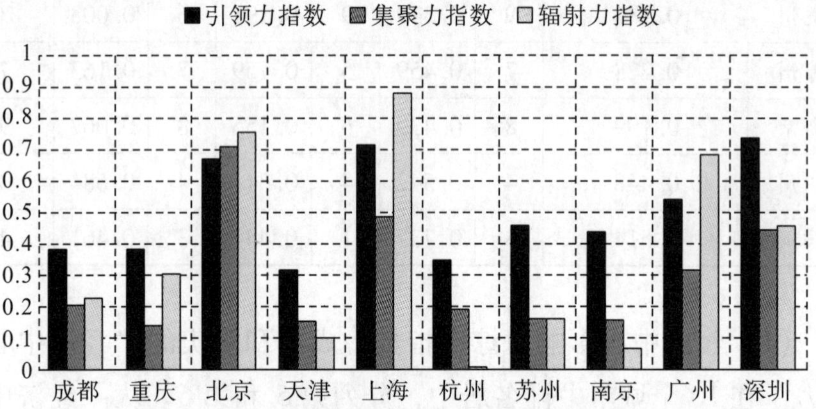

图2　四大城市群的核心城市比较（二）

（3）二级指标比较：核心城市指标排名见表5，核心城市的二级指标比较，见图3。

从“引领力”下设的“经济发展水平”“城市发展水平”来看，深圳和上海是表现最好的两个城市，成都排名均在第7位，重庆“城市发展”优于“经济发展”。

从“集聚力”下设“城市引力”“服务能力”“辐射力”来看，表现最好的是成都、北京。成都的“城市引力”很好，但“创新能力”“服务能力”不强，重庆三个方面表现都不算好，排名后3位。

从“辐射力”下设“软联接”“硬联接”“对外开放”来看，表现最好的是北京、上海，成都排名居中，重庆在联接方面略好于成都，但对外开放方面表现不尽人意。

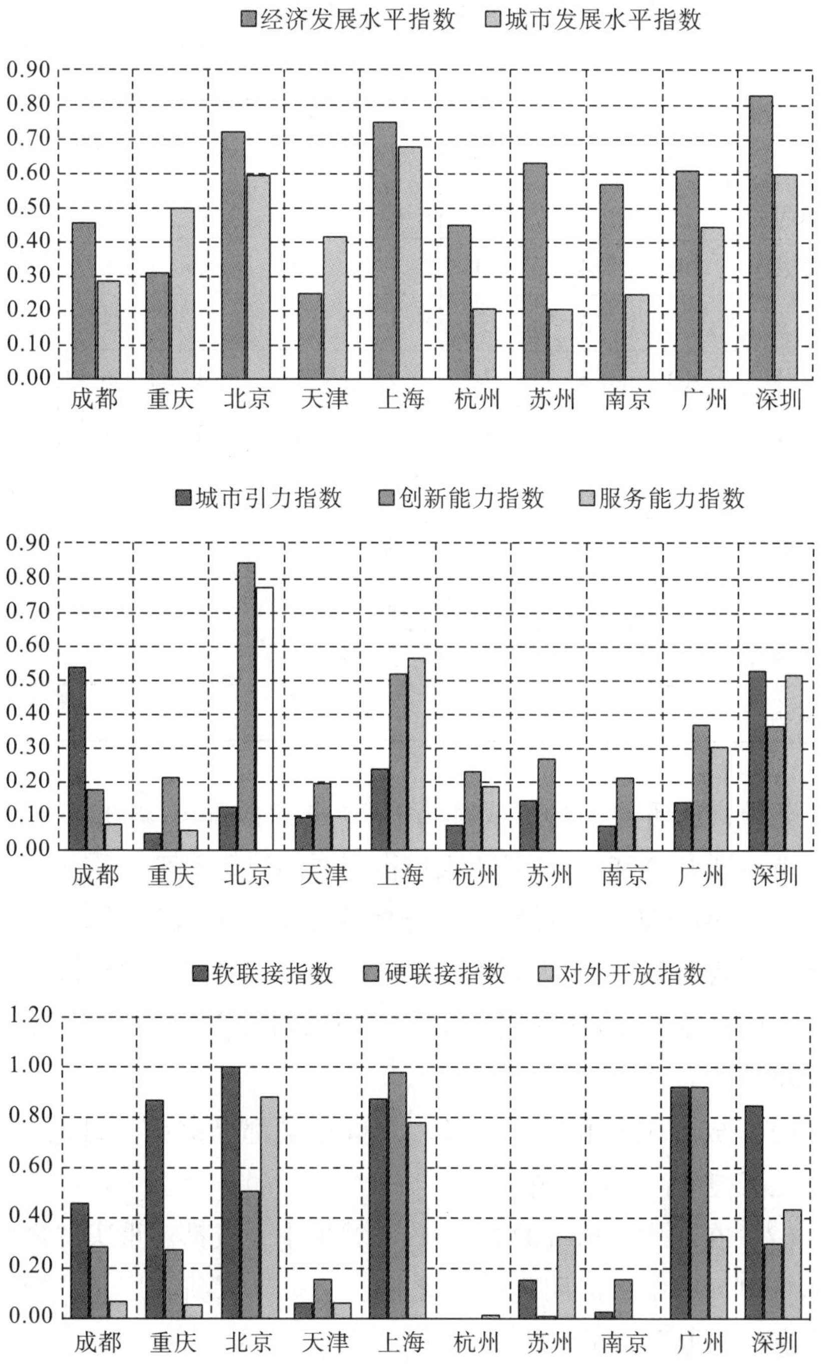

图3　四大城市群的核心城市比较（三）

表5　四大城市群的核心城市指标排名比较

排名	引领力		集聚力			辐射力		
	经济发展	城市发展	城市引力	创新能力	服务能力	软联接	硬联接	对外开放
成都	7	7	1	10	8	6	5	6
重庆	9	4	10	7	9	4	6	8
北京	3	3	6	1	1	1	3	1
天津	10	6	7	9	7	8	6	7
上海	2	1	3	2	2	3	1	1
杭州	8	10	9	6	5	10	7	6
苏州	4	9	4	5	10	7	6	3
南京	6	8	8	8	6	9	5	5
广州	5	5	5	3	4	2	1	2
深圳	1	2	2	4	3	5	1	1

此外，从西部来看，成都市 GDP 占到西部 GDP 的 10.46%，重庆市占到 13.88%；成都市人口占到西部的 5.35%，重庆市占到 10.17%，两个城市在西部的经济地位显赫。从成渝城市群来看，已经达到两个 30%，即成渝城市群经济总量占到西部经济总量的 37%，成渝城市群人口数量占到西部总人口的 30.5%。

总结：

（1）成渝城市群经济体量、人口总量都已突破西部的 30%，是当之无愧的西部经济中心。

（2）在四大城市群的 10 个核心城市中，成都、重庆“经济中心影响力”居中，但明显劣于北京、上海、深圳和广州，处在有一定影响力但不突出的状态。

（3）目前，成渝城市群打造世界级城市城市群的条件并不成熟。一方面，成渝地区双城经济圈经济总量仅是世界级城市群标准的40%，人均GDP仅是世界级城市群标准的30%；另一方面，成都、重庆与世界五大城市群的核心城市之间存在明显的经济量级差距和城市层级差距。

（二）成渝地区双城经济圈的比较优势

1. 陆海互济、东西联通的通道优势

相比中西部其他省市，成渝地区双城经济圈通道优势较为明显。东部地区临海而居，海运便利形成对外贸易优势，这方面西部不可比。但随着西部陆海新通道国家战略的布局，成渝地区双城经济圈可以用通道优势弥补先天区位不足。在《西部陆海新通道总体规划》发布前，中欧班列、陆港型国家物流枢纽、川藏铁路建设等国家级项目和“四向八廊”等省级项目，已在着力搭建和铺设陆海互济的内陆开放通道体系，保障要素顺畅流通。

交通通道可以衍生发展出经济通道，逐步发展成通道经济。通道经济本质上属于流通经济，是依托便利交通条件打通的轴带式区域经济体系与空间组织。成都国际铁路港和中欧班列（成都）在“深化西向”发展过程中，形成了以国际物流为主导、联通国内和国际两个市场的通道经济。可以依托物流加速生产要素聚集，形成临港产业集群①；以全球供应链节点为入口，运用港口—腹地原理，让成都及四川有深度参与全球供应链管理的机会。

2. 区域性统一市场的体量优势

成都、重庆对川渝两省1.1亿人口有较强的吸引力，对西南地区的2亿人口也有相当的影响力，拥有区域性统一市场。川渝一家，统一的文化底蕴是构建区域性统一市场的软基础。成都和重庆同属巴蜀文化圈，其语言、人文、历史背景都具有较强的相向性和趋同性。盆地形态、“蜀道难”以及川渝乃至西南地区的地理刚性，对人流、物流有阻隔影响，但也成为双城经济圈打造一体化区

① 青白江的成都国际铁路港。

域大市场的硬件。在西南地区，成都、重庆的城市经济发展始终处于领跑地位，蓄积的势能形成了明显梯度，这是成都、重庆具有影响力和吸引力的根本原因。

3. 人才资源吸附和产业转移的价值链优势

成渝地区双城经济圈与长三角、珠三角、京津冀三大经济中心形成菱形布局或雁阵布局，梯度实现先进生产力的牵引，承接东部地区产业转移，对一线城市人才资源形成吸附。

相对于中西部多数省市，成渝地区双城经济圈在承接产业转移和政策配套方面经验丰富，具有相对优势。从 2008 年开始，重庆政府通过集群招商，将笔记本计算机行业为数众多的品牌方、代工厂以及上游供应链整合并转移到重庆。2019 年，重庆笔记本计算机产量达 6422. 31 万台。① 除此之外，重庆还成功吸引智能手机品牌 OPPO、vivo 在渝建厂，2018 年全国各省市手机产量，广东省 8. 08 亿台，河南省 2. 06 亿台，重庆市 1. 89 亿台。成都利用资金 + 产业链集聚模式，促成京东方投资建厂，2018 年京东方大规模量产的 OLED 显示面板，就是在成都、绵阳工厂完成的。

相对中东部新一线城市，成都、重庆是房价洼地，在吸引中高端人才上具有很强竞争力。链家给出 2020 年 3 月成都房价的参考均价为 12969 元/平方米，武汉的参考均价为 16952 元/平方米，南京的参考均价为 28563 元/平方米，杭州的参考均价为 29041 元/平方米。成渝的相对低房价来源于成都、重庆相对充足的土地供应，此外重庆还有地票制度予以保障。2015—2018 年，除了一线城市，常住人口年均增量最大的城市排名，成都和重庆（主城）位列第 4 名和第 6 名，常住人口年均增加都超过 15 万。②

---

① 2019 年重庆市国民经济和社会发展统计公报。

② 任泽平，熊柴. 重磅！2019 年中国城市发展潜力排名发布［EB/OL］. ［2019 - 04 - 17］. https://new. qq. com/omn/ 20190417/20190417A01X3J. html.

4. 吸引政策注意力和政策资源倾斜的政治优势

相比较其他三大经济中心，成渝地区双城经济圈可以最大限度地辐射中西部落后地区，促进区域经济协调发展，缓解不平衡发展带来经济社会问题。因此，成渝地区双城经济圈在广大中西部地区具有重要的政治稳定性输出功能，具有维护国家安全的作用，在中央对地方的考量中具有隐性政治优势，在现实层面就是国家战略渠道相对畅通，政策注意力强，易导入政策资源倾斜。

在国家重大战略层面，成渝地区双城经济圈是“一带一路”倡议、长江经济带、西部陆海新通道、长江经济带、孟中印缅经济走廊的交汇区域。在具体的国家级项目审批层面，成渝地区双城经济圈囊括国家级中心城市、国家级新区、全面创新改革试验区、国家高新技术产业基地、国家现代农业产业科技创新中心、国家现代制造业基地、全国重要的现代产业基地、西部创新驱动先导区、内陆开放型经济战略高地、统筹城乡发展示范区、美丽中国的先行区等城市地位和园区项目。

5. 电子信息产业和数据要素培育的产业优势

电子信息产业是成都、重庆的第一支柱产业，规模经济明显。电子信息产业产值占重庆全市比重超过1/4。[①] 在四川省“5+1”现代产业体系和成都市“5+5+1”重点产业体系构建蓝图中，电子信息产业是名副其实的产业增长极。2020年，成都电子信息产业产值有望突破万亿元，成为成都第一个万亿级产业。[②] 四川省计划到2022年电子信息产业规模突破1.7万亿元。[③] 头部企业聚集的成都高新西区，已形成“聚点成链、强化配套”的产业链加速形成机制和“围绕关键环节聚链成片”的抢占价值链高地生态。四

---

① 三大举措一项战略 重庆电子信息产业全年增长目标保持不变［EB/OL］.［2020-04-13］. http://cq.ifeng.com/a/20200413/14107589_0.shtml.

② 蒋君芳. 成都电子信息产业产值今年有望突破万亿［N］. 四川日报，2020-04-13.

③ 四川省人民政府关于加快推推进数字经济发展的指导意见［2019］20号。

川省已出台《关于加快构建“5 + 1”现代产业体系推动工业高质量发展的意见》(以下简称《意见》),要求电子信息产业重点聚焦集成电路与新型显示、新一代网络技术、大数据、软件和信息服务等领域,着力完善产业链、做大生态圈,加快提升产业层次、技术水平和规模效益,建成全球重要的电子信息产业基地。

2020 年,中共中央、国务院出台了《关于构建更加完善的要素市场化配置体制机制的意见》,要求“加快培育数据要素市场”。在产业政策方面,2018 年四川省就打出提前量。在《意见》中提出以“产业数字化,数字产业化,数字化治理”的发展主线,抢占数字经济发展制高点,进行相关产业布局和应用场景开发。这些是对国家“推进政府数据开放共享”“提升社会数据资源价值”“加强数据资源整合和安全保护”的数据要素培育要求的政策回应。在数据要素培育方面,以电子信息产业为承托的信息化经济,是数字经济发展的基础。成渝的信息化产业发展程度和电子科技大学等高校科教实力,为信息化经济向数字经济迭代升级提供了强力技术支持。在数据要素开发、流通和应用方面,成渝地区双城经济圈及其辐射省份“近水楼台先得月”,都具有相对优势。成都的区域金融中心地位,有利于开发基于数据要素的金融科技应用场景、数据存储和超算资源。重庆的通道整合能力和直辖市政策优势,能够有效汇聚川渝黔的数据、人力资源等要素,便于数据要素尽快导入资本市场,助力成渝内陆金融中心建设。

（三）成渝地区双城经济圈的潜力空间

成渝双城经济圈已开馆和待开馆的外国领馆有 32 家,其数量仅次于上海、广州,为名副其实的“第四极”。随着“蓉欧”“渝新欧”等国际物流大通道、成渝国际航空枢纽功能的高效发力,这种重要的政治外交资源聚集,将激发出成渝地区成为经济广阔腹地和回旋余地的巨大潜力,有望建成具有全国影响力的重要经济中心。

1. 对外开放中心

在中国各个省份陆续关联“一带一路”特定区域的背景下，成渝经济中心宜进一步聚焦南向，加快建设“一带一路”南亚、东南亚的经略中心，成为服务“一带一路”、辐射泛欧泛亚的国际空港枢纽，以及南亚、东南亚国家进入中国的窗口。成渝不仅要加强与南亚、东南亚国家的经贸合作，更重要的是以高质量发展为依托，代表国家参与南亚、东南亚区域国际竞争，并在竞争中建立并保持“既合作又对标且领先”的态势。

2. 内陆金融中心

成渝内陆金融中心与长三角等金融中心相比存在显著差距，但成渝两地在尊重客观规律的基础上可发挥比较优势，通过加强顶层设计和统筹协调，做到统一谋划、一体部署、相互协作、共同实施，有潜力成为全国有影响力的金融中心。首先，成渝所在的西部地区的经济现实决定了成渝地区不具备单纯通过需求引致模式形成西部金融中心的能力①，但成渝地区可利用其地缘优势，成为面向南亚、东南亚国家的总部商务区和海外投融资中心。其次，成渝地区具有显著的“大城市＋大农村”特征，这样的区位和禀赋特征非常适合普惠金融、农村金融、绿色金融、能源金融或能源要素市场等金融细分行业的发展。这些金融细分行业目前总体上被国内领先的金融中心所忽视，但这恰恰构成了成渝共建内陆金融中心的难得机遇。最后，在财富管理领域，成都和重庆已经具备了一定基础和市场潜力②，有望成为第二个财富管理综合改革试验区或新设财富管理相关领域试验区，并以此为刺激，全方位促进内陆金融中心建设。

---

① 成渝地区的贷款需求远低于长三角、珠三角经济圈。

② 如成都高净值家庭户数和超高净家庭户数均排名中国西部省会城市第一，全国知名第三方理财机构都在成都设有分支机构。详见：王小琪、任申浩：“西部财富管理中心的建设思路与发展路径探讨”，《政策研究》，2018年第9期，第5页。

3. 科技创新中心

成渝具有较为系统且相对完整的科研体系，在国防科技、高新技术产业领域都具备一定优势，而在产业基础再造背景下，也具备突破新能源汽车、电子信息、水电装备制造等领域核心技术瓶颈的条件。一是尽管川渝地区在 R&D 经费支出方面与北京、上海等城市有较大差距，但在软件开发、信息安全等领域存在潜力，通过政策的支持和资金的倾斜，成渝有望在这些领域实现换道超车，成为面向南亚、东南亚国家的国际软件高地。二是依托成渝“安全腹地”，“以军带民”加强高端军工产业发展，发展军民两用技术，“以民促军”发挥民营企业在创新活力、成本控制等方面的优势，将成熟技术快速转化为市场产品，建设军民融合产业重镇。

4. 数字经济中心

数字经济是以数字资源为重要生产要素，以现代信息网络为主要载体，以信息通信技术融合应用、全要素数字化转型为重要推动力，促进公平与效率更加统一的新经济形态。[①] 数字经济已成为科技革命和产业变革的核心力量，也是后发城市经济发展的重要引擎。

成渝经济中心尽管在数字经济指数上与广东、北京等经济发达地区有一定差距，但成渝在独角兽企业数量[②]、数字经济环境指数[③]等排名已位居全国中上游，形成了一定特色，崛起了一批企业，如重庆市 2018 年数字经济总指数全国排名第 14 位，高于其

① 中国电子信息产业发展研究院，赛迪智库信软所，赛迪顾问股份有限公司，赛迪智库电子所：《2019 年中国数字经济发展指数》，2019 年 10 月，第 1 页。

② 成渝共有 3 家，企业数量与湖北省并列第 6 位。中国电子信息产业发展研究院，赛迪智库信软所，赛迪顾问股份有限公司，赛迪智库电子所：《2019 年中国数字经济发展指数》，2019 年 10 月，第 22 页。

③ 全国排名第四，仅次于山东、广东、江苏。中国电子信息产业发展研究院，赛迪智库信软所，赛迪顾问股份有限公司，赛迪智库电子所：《2019 年中国数字经济发展指数》，2019 年 10 月，第 31 页。

GDP 的全国排名（3 位）。①

在数字产业化方面，成渝地区拥有丰富的集成电路设计人才资源，集聚了众多相关高校和专业研究所②，未来可进一步聚焦集成电路设计领域，加快发展 IPv6、5G、数字终端研发，打造中国“西部硅谷”。

产业数字化方面，成渝地区提前谋划，已推出智慧城市建设方案③和政务数据资源管理办法④，并利用数字技术对传统制造业进行升级转型，目前成渝电子信息制造业主营业务收入指数分别位列全国的第 9 位和第 10 位⑤。数据要素供给方面，随着成都国家超算中心、天府云计算中心、国家数据灾备中心、能源大数据中心等数据处理、存储中心相继落户成渝，有望使该地区实现从“人口红利”向“数据红利”的升级。从长远看，成渝地区这种数据的存储和分析处理能力不仅将成为带动地区经济发展的重要引擎，更是成渝地区最重要的战略资源，有助于抢占数字经济全球竞争的主赛道。

三、建设具有全国影响力的重要经济中心的主要路径

把成渝地区双城经济圈打造为具有全国影响力的重要经济中心，要聚焦“三力”（引领力、辐射力和集聚力）形成多层次、多领域、多路径的建设方案，确保成渝双城经济圈的全国影响力稳步提升。

---

① 中国电子信息产业发展研究院，赛迪智库信软所，赛迪顾问股份有限公司，赛迪智库电子所：《2019 年中国数字经济发展指数》，2019 年 10 月，第 7 页。

② 2019 年，四川高等院校数量为 119 所，重庆高等院校数量为 65 所，四川高等院校数量为中国西部地区首位，且高于北京的 92 所，上海的 64 所，浙江的 108 所。《2019 年中国统计年鉴》

③ 《重庆市深入推进智慧城市建设总体方案（2015 — 2020 年）》《成都市智慧城市试点示范方案》。

④ 《重庆市政务数据资源管理暂行办法》《成都市政务信息资源共享管理暂行办法》。

⑤ 中国电子信息产业发展研究院，赛迪智库信软所，赛迪顾问股份有限公司，赛迪智库电子所：《2019 年中国数字经济发展指数》，2019 年 10 月，第 21 页。

（一）做强做大核心城市，增大引领力

高强引领力的典型特征为经济发展水平和城市发展水平“双高”，指标上体现为经济总量大、城市化率高和服务业发达。推动双城高阶进位，构建成渝地区一体化发展格局，带动形成高标准的共享功能是关键。

1. 推动双城向高阶进位

一是发挥极化效应，放大核心城市经济体量，有序推动成都和重庆的城市化率、服务业占比向全球城市水平高阶进位。二是构建一体发展格局，推动城市、企业、科研机构之间开展各种形式的结对合作，形成一体化发展格局。（1）扩大要素市场化配置范围，统筹成渝土地、数据等要素市场体系建设，实现要素价格市场决定、流动自主有序、配置高效公平，并在税收等方面予以倾斜，以支撑成渝经济中心向更高水平发展；（2）通过特色产业园区、“双飞地”园区建设，整合产业上下游企业的集聚度，重点布局配套生产基地和特色农业园区，实现成渝两地产业价值链、信息链、资金链、技术链、人才链等融合发展；（3）加强成渝重大事项协同，探索建设统一对外招商、统一产业布局的机制；（4）加强成渝地区技术研发、产品制造、应用部署等环节的统筹衔接，提升产业整体创新能力，支持建立若干先进制造技术卓越创新中心（或者产业技术创新研究院），专门开展先进制造技术的研发和供给。

2. 高标准建设共享功能

培育经济中心，形成完善通达的基础设施网络，破解高质量协同发展难题，构建合理的产业布局，都离不开城市群有效的协调治理机制和高标准高规格的规划建设。科学确定成渝经济中心各圈层城市功能定位、发展布局、发展目标和实现路径，充分利用区位相近、交通相连、文化相同、民心相通、资源和市场互补等优势，共同建设各种产业功能区，协同培育中国西部高质量发展的重要增长极。打通跨行政区公共服务共建共享的关卡，按照推动公共资源合

理配置和基本公共服务普惠共享的要求，破除身份、地域等因素限制，缩小成渝地区各城市之间、城乡之间的公共服务差异，推进公共服务标准统一。

（二）激发核心竞争动能，增大聚集力

高强集聚力主要体现为城市首位度高、创新力强和金融支持好。强化成渝双城经济圈集聚力实行“三步并行”：以产业为载体，扩张核心城市引力；以软集聚和硬集聚为切入，提高创新创造能力；以服务业为聚焦，促进金融中心建设。

1. 扩张核心城市引力

抓城市和产业关键指标突破，快速扩张城市引力。一是改善经济密度、单位土地产出强度等反映经济活动密集程度的关键指标，使其逐步达到长三角、珠三角、京津冀城市群的中位数水平；二是加快发展高新技术产业和战略性新兴产业，按照建成我国现代制造基地和中国西部重要制成品出口基地的标准进行规划布局，优化产业体系，培育产业集群，以跨都市圈产业共同体的思维共谋共建若干有国际竞争力的先进制造业基地；三是先进制造业集群建设离不开服务业支撑，成渝地区通过开展服务型制造、发展生产性服务业，促进工业化与信息化深度融合，为制造业赋能，构建向价值链高端攀升的产业集群，形成服务与制造相互支撑、相互促进的良性发展格局。

2. 强化创新创造能力

成渝经济中心作为西部的科技教育中心、金融中心，虽然布局了国内一批重点高校和科研院所，但其创新能力提升和要素升级仍是非常紧迫的任务。这也要求成渝地区务必在基础科学和关键科技领域有创新、有突破，力争成为科技创新策源地、新兴产业聚集地。一是加强成渝地区在科技创新领域的深度合作，共同放大区域创新体系优势，建设面向全球开放创新和科技合作新基地；二是支持成渝地区建设国际教育示范区，争取引进世界知名大学和科研院所，鼓励联合共建优势学科、实验室和研究中心，培养更多复合型、跨学科的人才，大力挖掘电子科技大学等高校的理工类人才优势，积淀高端制造业人力资源储备；三是建设面向全球开放创新与科技合作新基地，共建“一带一路”科技创新合作区、国际科技转移中心联合研究室（中心）等国际科创合作平台，高标准建设西部科技城，共同举办“一带一路”科技交流大会等国际性合作论坛，开展知识产权运用保护综合改革试点，培育立足西南、面向东南亚和南亚的技术交易市场中心，为成渝两地走在全国科技创新前列提供核心支撑；四是以全球视野吸引高端人才、资本和知识、思想、信息、技术等发展要素来助力创新发展，在给予高层次人才创新创业扶持、柔性引进国内外院士、鼓励青年人才落户、保障人才住房医疗待遇、支持校地校企合作培养人才等方面出台更具吸引力的举措，以推动创新产业的发展和传统产业的转型升级。

3. 促进金融中心建设

先进制造业集群建设离不开服务业支撑，成渝地区通过开展服务型制造、发展生产性服务业，促进工业化与信息化深度融合，可推动集群向价值链高端攀升，形成服务与制造相互支撑、相互促进的良性发展格局。一是促进成渝在金融领域形成合力，分工合作，在共同做大现代金融产业、强化金融中心功能上注意有所迎让、错位发展，构建内陆国际金融中心和西部金融中心，打造具有全球影响力的金融科技之都；二是争取在成渝地区布局一个或多个全国性要素交易所，或落地一个或多个上述金融细分领域的全国性试点、试验区，吸引相关金融资源集聚，进而形成金融子市场，推动西部金融中心形成。

（三）提升联接整体水平，增大辐射力

城市经济辐射力与联接度直接相关，越高的联接度意味辐射力越强。增强成渝双城经济圈辐射力，要在深化区域共同治理、提高基础设施水平、加大对外开放度上实现突破。

1. 打造区域共同治理典范

一是推进成德眉资同城化。遵循成渝地区正处于“由圈到群”阶段的实际，推进成德眉资同城化，建设以成都为核心的现代化都市圈，增强其对城市群的引领、服务、带动和辐射能力。首要之举是要支持成都建设全面体现新发展理念的公园城市示范区，打造国家服务业核心城市，在天府新区和东部新区集聚高端服务业和先进制造业，强化成都先进制造业和高端服务业的双支撑双带动。与此同时，要进一步加大成德眉资同城化区域规划、基础设施、产业布局、城市发展、生态环保、市场体系、社会管理、公共服务八个方面协同推进的力度，率先在成德、成资、成眉毗邻地区形成融合片区，使成德眉资同城化成为成渝地区双城经济圈中跨行政区划融合发展的先行示范区；二是建设“遂宁—潼南双城合作新区”“内江—荣昌双城合作新区”和“资阳—大足双城合作新区”等，落实好产权机制、园区管理机制和税收分享机制，形成成渝一体化或同城化发展的相融示范。

2. 提升多形式硬联接水平

提升基础设施现代化水平是扩大经济辐射范围，支撑发展要素高效集聚的基础。一是强化成渝都市圈的交通经济联系，谋划对连接成渝的综合交通体系、物流配送体系进行优化完善和跨圈整合，构建成渝地区互联互通及对外联通的现代交通体系。推进成渝铁路客运专线、城际铁路建设，完善高速公路网络，着力打通“断头路”，构建跨界快速通道，建设长江航道港口群，提升通达和集散能力；二是依托成渝机场，构建多式联运通道，建设以航空和铁路为主的国际交往通道，打造“一带一路”的国际航空枢纽。加快推进成都天府国际机场建设和双流国际机场扩能升级，打造以天府国际机场为枢纽连接泛欧泛亚的航空货物转运中心，积极建设海外分拨中心，争取获得第五航权。加密成渝至东南亚、南亚等地区的直飞航线，支持开通全货机定期航线，鼓励组建全货运基地航空公司。依托成渝交通枢纽，构建陆海联动网络，加强中国—中南半岛、孟中印缅等国际经济走廊的联系互动，打造“蓉深”“蓉穗”与“蓉欧”班列的无缝衔接；三是谋划推动成渝国际机场、铁路枢纽、开放口岸、国际合作园区等整合运作，完善多式联运服务机制。在充分尊重资产价值的基础上，采取整合托管、相互入股等方式，推动成渝基础设施联动发展，提高整体交通效率。

3. 深入推进全域大开放

一是做大做强成渝经济中心需要发挥各地级城市作用，形成全面动员、全域推进、多区协同、共促发展的格局。增强市州经济实力，选择部分区域性中心城市和发展条件较好的地区作为培育重点，形成能有效支撑现代产业发展、辐射带动更大区域的省域副中心城市。二是确立“以园聚产、以产兴城、产城融合”战略路径，强化城市综合承载力，高起点规划、高水平建设功能配套完善的市政基础设施，提升现代化水平。三是加强与国外企业、研发中心、高校、科研机构合作。实施更加积极主动的开放合作战略，全面提升对内对外开放层次，构建内外联动、互利共赢、安全高效的开放合作体系[①]。四是全面开放投资领域，确立民间投资者和机构平等的市场主体地位。加大引进国内外大公司的力度，扩大产品出口规模，提升对外经济合作水平。扩大与东盟、欧洲、美日韩、金砖国家、台港澳等国家和地区的合作，深化与长三角、泛珠三角、西南、西北省区市的合作，推动成渝经济中心各区域合作进入新阶段支持企业创国际品牌，推进市场国际化，全方位拓展国际市场空间。

（课题组成员：李后强、盛毅、方茜、李景峰、周冬、陈萌）

① 《成渝城市群发展规划》提出成渝地区是“国家向西开放的战略支点”，而通过“一带一路”建设、西部陆海新通道等国家战略的实施，成渝地区作为我国南向、西向开放的门户地位作用凸显，向西向南开放是成渝地区最大的优势和潜力。

成渝双城经济圈建设国家科技创新中心研究

现代产业与创新发展研究智库

成渝双城经济圈建设国家科技创新中心的战略目标、发展规划等，必须以国际视野、全国视角予以谋划和设计，要积极借鉴世界一流科技创新中心以及国内科技创新中心的发展经验，通过构建“一中心 + 多科学城 + 数科创走廊 + 众产业创新基地”的主体架构，推进成渝双城经济圈国家科技创新中心建设。

一、我国4个国家科技创新中心(综合性科学中心)比较研究

我国从 2014 年起，先后批准建设 5 个科技创新中心：上海具有全球影响力的科技创新中心（2014）、北京全国科技创新中心（2016）、合肥全国综合性国家科学中心（2017）、粤港澳大湾区具有全球影响力的国际科技创新中心（2019）、成渝双城经济圈国家科技创新中心（2020）。

科技创新中心是我国建设创新型国家和世界科技强国的排头兵，当前我国科技创新中心新一轮竞逐赛已经展开，许多地区都在争建科技创新中心以抢占科技发展高地。为了分析我国科创中心建设的特点，我们对已确定的北京、上海、合肥、粤港澳 4 个科技创新/科学中心进行对比研究，可以为成渝地区建设国家科技创新中心提供经验和借鉴。

（一）建设发展规划

从国家对各中心的批复中可以发现，四个地区的战略定位、发

展目标、重点任务、科技领域与科技产业侧重不同，如表1所示。北京是要坚持和强化全国科技创新中心；上海是建设具有全球影响力的科技创新中心；粤港澳则是建设具有全球影响力的国际科技创新中心，强调其国际地位；合肥的定位是全国综合性国家科学中心，更加强调基础科学的研究。

表1 4个国家科技创新中心（综合性科学中心）定位对比

地区	北京	上海	合肥	粤港澳
战略定位	全国科技创新中心	具有全球影响力的科技创新中心	全国综合性国家科学中心	具有全球影响力的国际科技创新中心
发展目标	成为全球科技创新引领者、高端经济增长极、创新人才首选地、文化创新先行区和生态建设示范城	通过滚动实施全面创新改革试验，2020年前，形成具有全球影响力的科技创新中心的基本框架体系；到2030年，着力形成具有全球影响力的科技创新中心的核心功能，并最终全面建成具有全球影响力的科技创新中心	到2020年，全国综合性国家科学中心框架体系基本建成	建成全球科技创新高地和新兴产业重要策源地
重点任务	1. 强化原始创新，打造世界知名科学中心； 2. 实施技术创新跨越工程，加快构建“高精尖”经济结构； 3. 推进京津冀协同创新，培育世界级创新型城市群； 4. 加强全球合作，构筑开放创新高地	1. 建设上海张江综合性国家科学中心； 2. 建设关键共性技术研发和转化平台； 3. 实施引领产业发展的重大战略项目和基础工程； 4. 推进建设张江国家自主创新示范区，加快形成大众创业、万众创新的局面	1. 建设国家实验室； 2. 建设世界一流重大科技基础设施集群； 3. 建设一批交叉前沿研究平台和产业创新转化平台； 4. 建设“双一流”大学和学科	1. 构建开放型区域协同创新共同体； 2. 打造高水平科技创新载体和平台； 3. 优化区域创新环境

续表1

地区	北京	上海	合肥	粤港澳
科技领域	信息科学、基础材料、生物医学与人类健康、农业生物遗传、环境系统与控制、能源等领域	聚焦生命、材料、环境、能源、物质等基础科学领域	能源、信息、材料、生命、环境领域	新一代信息技术、生物技术、高端装备制造、新材料、新型显示、新一代通信技术、5G和移动互联网、蛋白类等生物医药、高端医学诊疗设备、基因检测、现代中药、智能机器人、3D打印、北斗卫星应用、信息消费、新型健康技术、海洋工程装备、高技术服务业、高性能集成电路、新能源、节能环保
科技产业	新一代信息技术、生物医药、能源、新能源汽车、节能环保、先导与优势材料、数字化制造、轨道交通等产业领域	信息技术领域、生物医药领域、高端装备领域、新能源及智能型新能源汽车领域、智能制造	电子信息、智能语音及人工智能、先进制造业、新能源汽车及光伏	新一代移动通信、平板显示、高端软件、半导体照明、生物医药、智能制造装备、新材料

（二）建设发展现状

1．科技创新投入

科技创新投入是科技发展的前提与必要条件，从R&D经费投入强度上看，4个地区的R&D经费投入基本呈现逐年上升的趋势，其中北京的R&D经费投入强度遥遥领先，这与北京科教资源最为丰富，是我国最重要的科技中心、教育中心的历史和现实地位相符。

图 1 和图 2 反映了 2015—2018 年 4 个地区 R&D 经费投入强度和总量情况。各地区的 R&D 经费投入逐年增长，其中广东的 R&D 经费投入最高，且 85% 以上来自企业投入，说明广东企业的科技发展活力与创新性较强；其次是北京，但与广东相反的是，北京的 R&D 经费投入主要来自政府；再次是上海和合肥，两者的 R&D 经费投入与广东和北京存在不小差距。

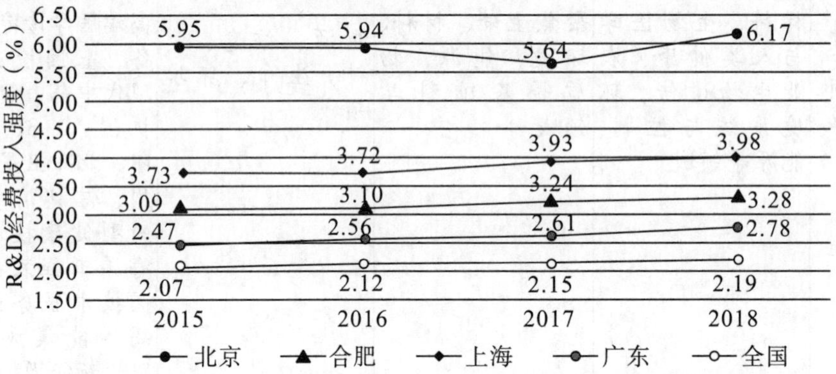

图 1　2015—2018 年 4 个地区 R&D 经费投入强度情况对比

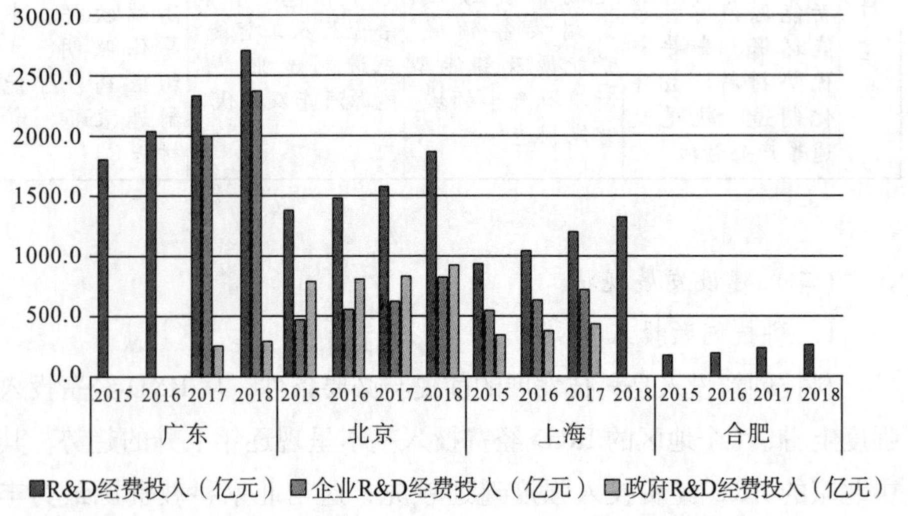

图 2　2015—2018 年 4 个地区 R&D 经费投入总量情况对比

从4个地区承担国家重大项目情况看，无论是承担国家重点研发计划（见图3）还是承担国家自然科学基金重点项目（见图4），北京都是当之无愧的第一名，其每年承担的项目数量甚至超过其他三个地区之和，这也体现了北京在我国科技创新与研究发展方面的重要程度，其地位是其他地区无法相比的。

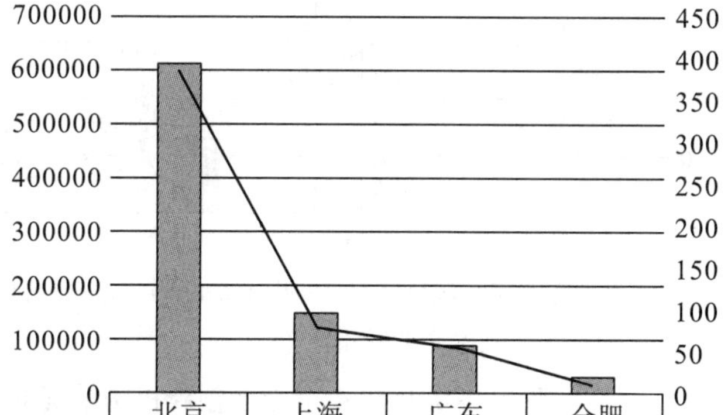

	北京	上海	广东	合肥
承担国家重点研发计划项目经费（万元）	615463	150251.5	91540	34301
承担国家重点研发计划项目数量（项）	387	80	55	13

图3　2018年4个地区承担国家重点研发计划情况对比

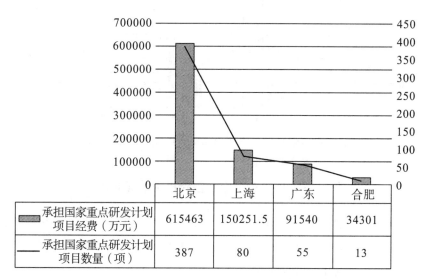

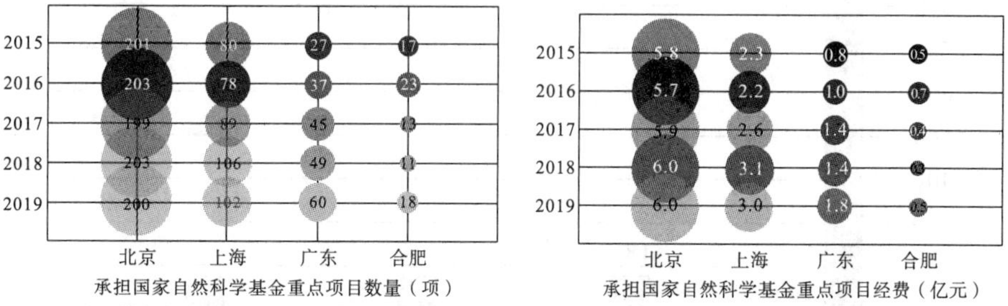

图4　2015—2019年4个地区承担国家自然科学基金重点项目情况对比

2．科技创新主体

科技创新主体是科技活动的主要承担机构，从创新机构情况（见图5）来看，广东和北京的高校数量较多，但合肥拥有较大数量的研究与开发机构，体现出合肥在科研力量上的布局。此外，广东的高新技术企业数量非常多，这与广东作为“中国第一经济强省”的地位相符。

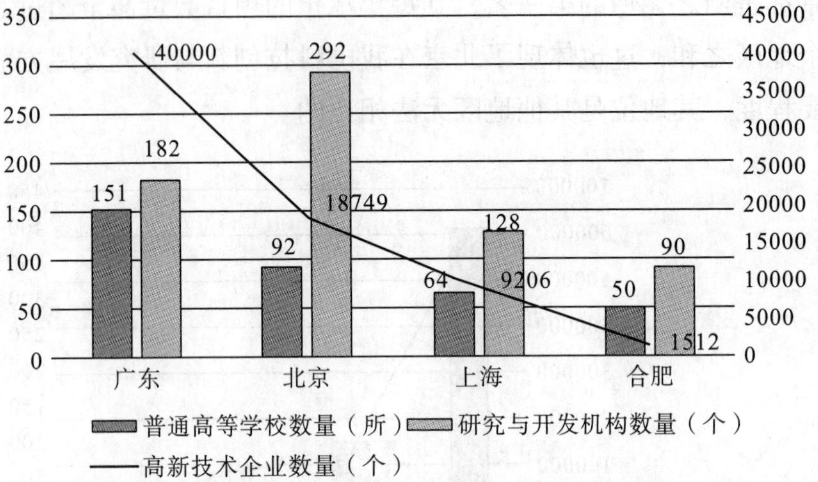

图 5　2018 年 4 个地区创新机构情况对比①

创新人才是科技活动的核心创新要素，图 6 反映的是 4 个地区的创新人才情况。北京以其优势核心地位吸引了大量的两院院士，并且拥有最多高被引科学家。

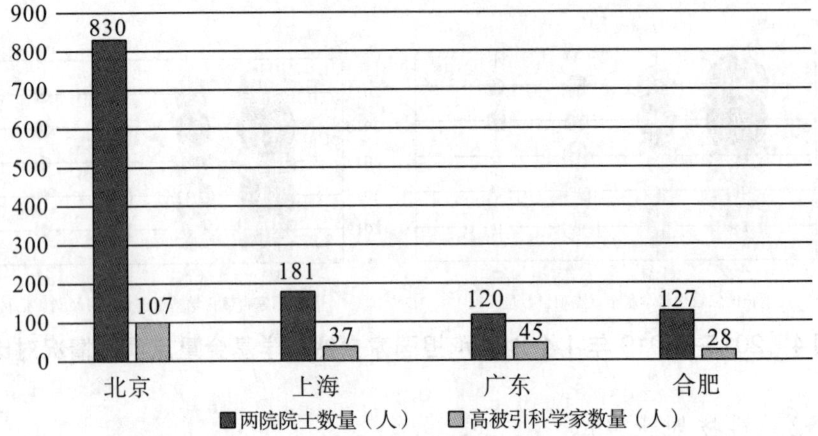

图 6　2019 年四个地区创新人才情况对比②

① 注：合肥高技术企业数量用合肥国家高新技术产业开发区企业数量代替。
② 注：广东两院院士数量用 2018 年数据代替。

3. 科技创新平台

科技创新平台是科技活动的主要工具和科技基础设施建设的重要内容。图 7 反映的是 4 个地区的科技创新平台情况。北京拥有 94 个国家重点实验室，457 个省级重点实验室，63 个国家工程技术研究中心和 4 个前沿科学中心，居全国首位。在国家企业技术中心数量上，广东拔得头筹，这与其拥有较多数量的高新技术企业相关，反映广东的市场力量和企业创新力量很强。

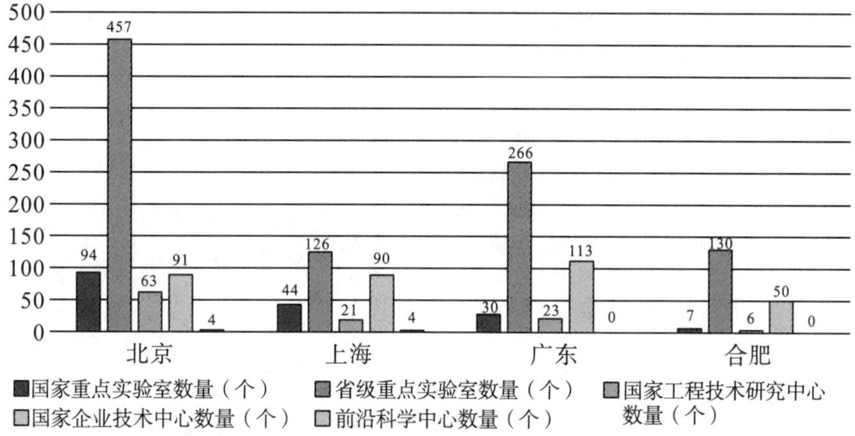

图 7　2019 年 4 个地区科技创新平台情况对比

在大科学时代，重大科技基础设施已经成为衡量一个国家科技发展水平的重要标志，是推动国家科学和技术发展的“国之重器”；而国家实验室是拥有大科学装置的大型国立研究机构（以美国能源部实验室为代表），也是现在我国推动科技进步、实现新一轮科技发展战略蓝图的重要支撑平台；国家研究中心则是适应大科学时代基础研究特点的学科交叉型国家科技创新基地，三者均是国家科技创新体系的重要组成部分。表 2 是 4 个地区国家重大科技基础设施、国家实验室和国家研究中心的对比情况。

表2　4个地区国家重大科技基础设施、国家实验室和国家研究中心对比情况

名称	状态	北京	上海	合肥	粤港澳
国家重大科技基础设施	建成(22)	子午工程一期、北京正负电子对撞机、中国遥感卫星地面站、遥感飞机、陆地观测卫星数据全国接收站网、航空遥感系统、高能同步辐射光源验证装置、综合极端条件实验装置（8）	上海光源一期、国家蛋白质科学研究（上海）设施、上海超级计算中心、国家肝癌科学中心、神光Ⅱ多功能激光综合实验平台（5）	全超导托卡马克核聚变实验装置、同步辐射装置、稳态强磁场实验装置（3）	国家超级计算广州中心、中国（东莞）散裂中子源、江门中微子实验站、未来网络基础设施、深圳国家基因库、国家超级计算深圳中心（6）
	在建(21)	高能同步辐射光源、多模态跨尺度生物医学成像设施、综合极端条件实验装置、地球系统数值模拟装置、子午工程二期（5）	上海超强超短激光实验装置、硬X射线自由电子激光装置、上海光源线站工程（光源二期）、上海软X射线自由电子激光装置、活细胞结构与功能成像等线站工程、转化医学国家重大科技基础设施（上海）、国家海洋科学观测网、高效低碳燃气轮机试验装置（8）	聚变堆主机关键系统综合研究设施、大气环境立体探测实验研究设施、高精度地基授时系统、未来网络试验设施、合肥先进光源（5）	强流重离子加速器与加速器驱动嬗变研究装置、脑模拟与脑解析设施、合成生物研究设施（3）
国家实验室	建成(3)	正负电子对撞机国家实验室、北京串列加速器核物理国家实验室（2）		国家同步辐射实验室（1）	
国家研究中心	组建(4)	北京凝聚态物理国家研究中心、北京信息科学与技术国家研究中心、北京分子科学国家研究中心（3）		合肥微尺度物质科学国家研究中心（1）	

4. 科技创新成果

表3是4个地区国家奖励与基础研究产出的对比情况。从2018年国家科学技术奖励项数看，北京因其强大的科技实力获得69个奖项。依据中国知网中国科学文献计量评价研究中心整理的自2016年至2019年3月国内本科院校各学科发表的高被引论文情况①，北京拥有21所排名前100高校，排名第一。在2015—2019年4个地区在顶级期刊（CNSP）上的发文数量对比中，北京依然以833篇的发文数量位列第一。在顶级期刊的发文领域分布对比（见图8）中，4个地区略有差异，北京、上海和广东排名前三位的领域均是科学技术及其相关主题、生物化学与分子生物学和遗传学，合肥排名前三位的则是科学技术及其相关主题、生物化学与分子生物学和物理学。排名前十领域的差别反映了4个地区在研究领域的侧重各有不同。

表3 4个地区国家奖励与基础研究产出对比情况

地区	2018年国家科学技术奖（项）	2016—2019年拥有高被引论文TOP100高校数量（所）	2015—2019年顶级期刊发文数量（篇）
北京	69	21	833
上海	47	7	467
广东	45	7	167
合肥	9	2	100

① http://edu.sina.com.cn/gaokao/2019-04-16/doc-ihvhiewr6219867.shtml。

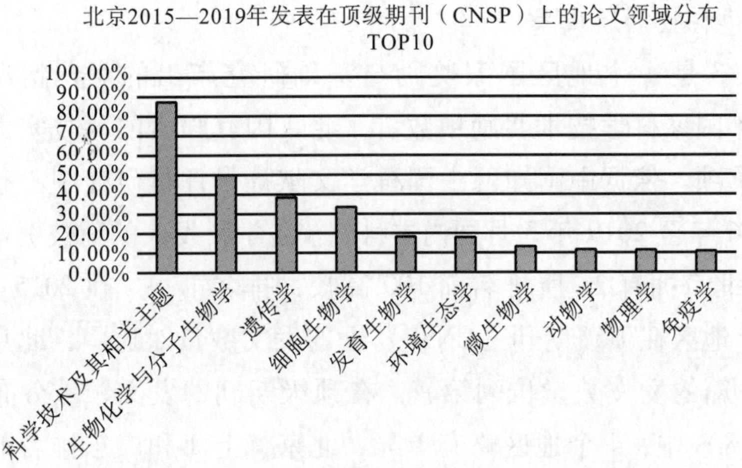
北京2015—2019年发表在顶级期刊（CNSP）上的论文领域分布
TOP10
100.00%
90.00%
80.00%
70.00%
60.00%
50.00%
40.00%
30.00%
20.00%
10.00%
0.00%
科学技术及其相关主题
生物化学与分子生物学
遗传学
细胞生物学
发育生物学
环境生态学
微生物学
动物学
物理学
免疫学

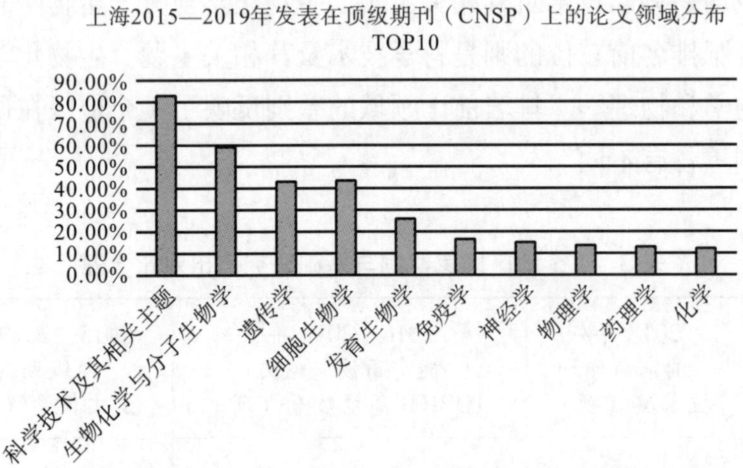
上海2015—2019年发表在顶级期刊（CNSP）上的论文领域分布
TOP10
90.00%
80.00%
70.00%
60.00%
50.00%
40.00%
30.00%
20.00%
10.00%
0.00%
科学技术及其相关主题
生物化学与分子生物学
遗传学
细胞生物学
发育生物学
免疫学
神经学
物理学
药理学
化学

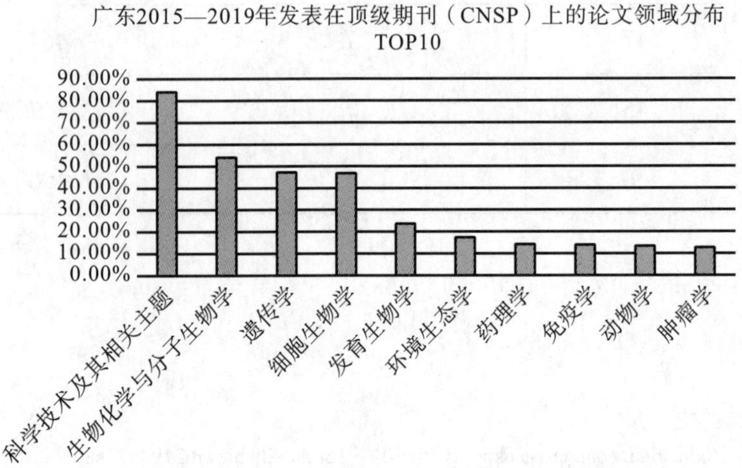
广东2015—2019年发表在顶级期刊（CNSP）上的论文领域分布
TOP10
90.00%
80.00%
70.00%
60.00%
50.00%
40.00%
30.00%
20.00%
10.00%
0.00%
科学技术及其相关主题
生物化学与分子生物学
遗传学
细胞生物学
发育生物学
环境生态学
药理学
免疫学
动物学
肿瘤学

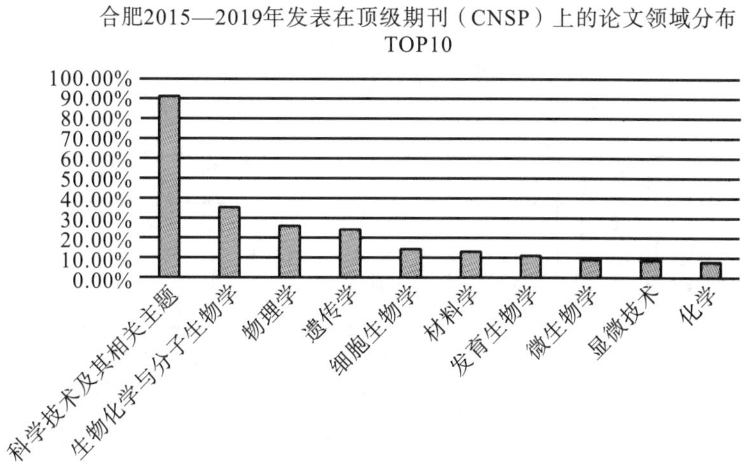

图 8　2015—2019 年 4 个地区发表在顶级期刊上的论文领域分布 TOP10

从技术成果产出情况（见图 9 和图 10）看，2015—2019 年广东的专利申请和授权数量最高，且远高于其他三个地区，但在发明专利申请数量占比和发明专利授权数量占比情况对比中，北京则要高于其他地区。从技术合同交易数量和成交额上看（见图 11），广东、上海、合肥与北京也存在不小差距。

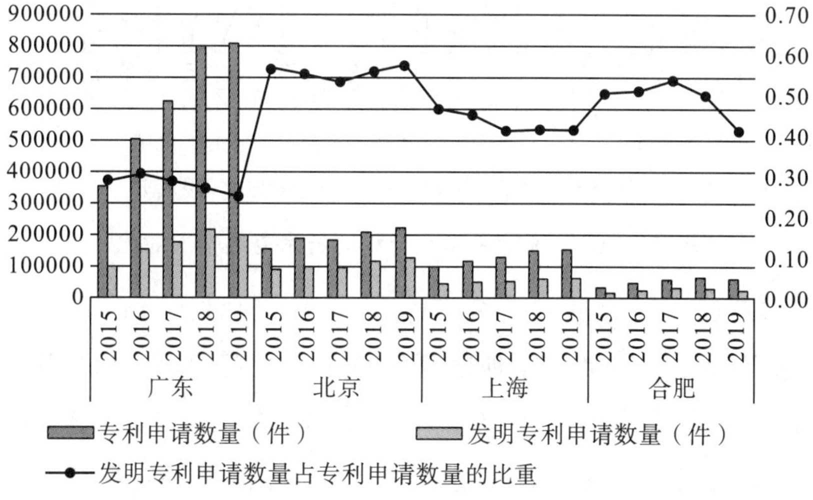

图 9　2015—2019 年 4 个地区专利申请情况对比

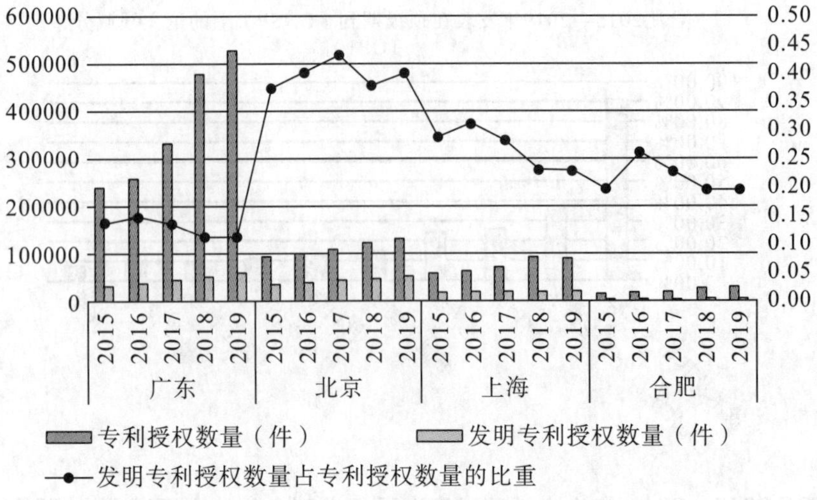

图 10　2015—2019 年 4 个地区专利授权情况对比

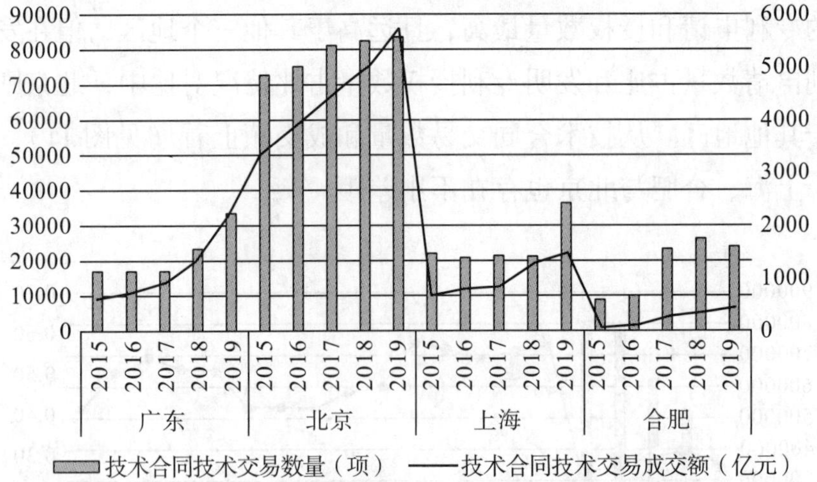

图 11　2015—2019 年 4 个地区技术交易情况对比

从 2015—2018 年 4 个地区高新技术企业工业总产值情况对比（见图 12）中可以看出，广东的高新技术企业工业总产值要远高于其他三个地区，且逐年上升趋势明显，每年的增幅在 20% ~30% 之间，广东的高新技术企业活跃度非常高。

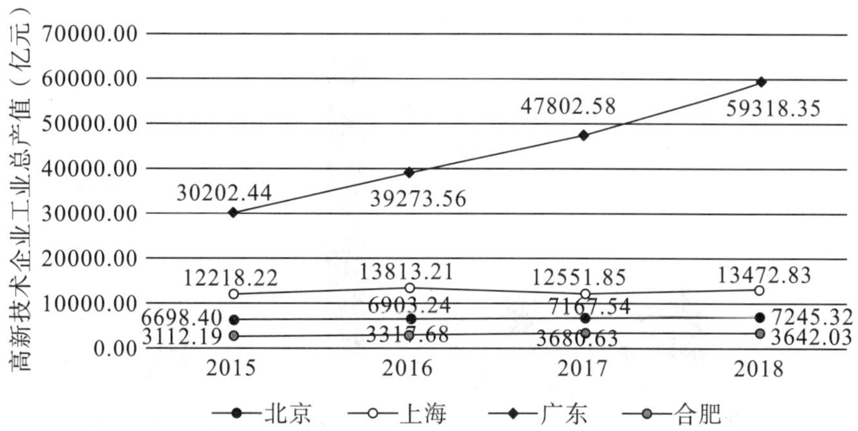

图 12　2015—2018 年四个地区高新技术企业工业总产值情况对比①

5. 创新政策与环境

科技创新政策与环境是保障和促进科技发展的看得见的手（制度），科技创新之争，从根本上说就是制度之争。2019 年上海的研发费用加计扣除金额为 303.75 亿元，高新技术企业贷款额为 237.59 亿元，高新技术企业成果转化项目 822 项。2019 年深圳的研发费用加计扣除金额达到 990.12 亿元，高新技术企业减免税额达 136 亿元。单从数量上看，深圳的创新政策就明显优于上海。

从创新环境优化成效上看，2018 年 4 个地区的众创空间数量情况对比（见图 13）中，广东位列第一，共有 716 家；而 2019 年 4 个地区的科创板企业数量情况对比（见图 13）中，北京则以 40 家拔得头筹。

（三）特点与启示

科技创新中心建设的核心要素主要包括四个方面，分别是创新资本、创新主体、创新人才和创新环境（见图 14）。创新资本是指科技创新中心的经费投入和风险资本投入，是科技创新中心建设的

① 注：合肥高新技术企业工业总产值用合肥国家高新技术产业开发区企业总产值。

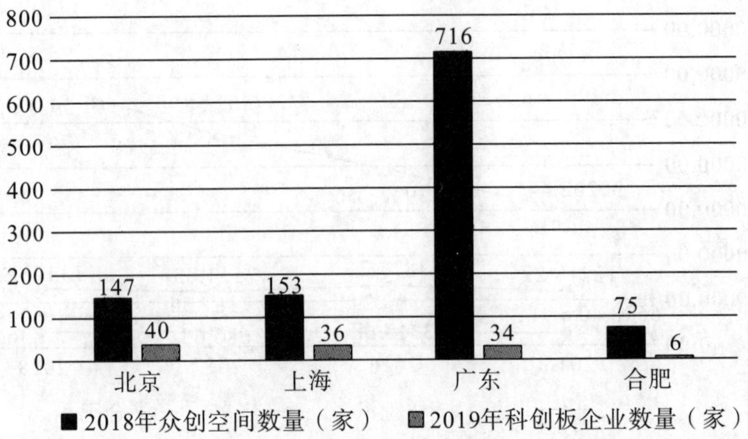

图 13　4 个地区创新环境优化成效情况对比①

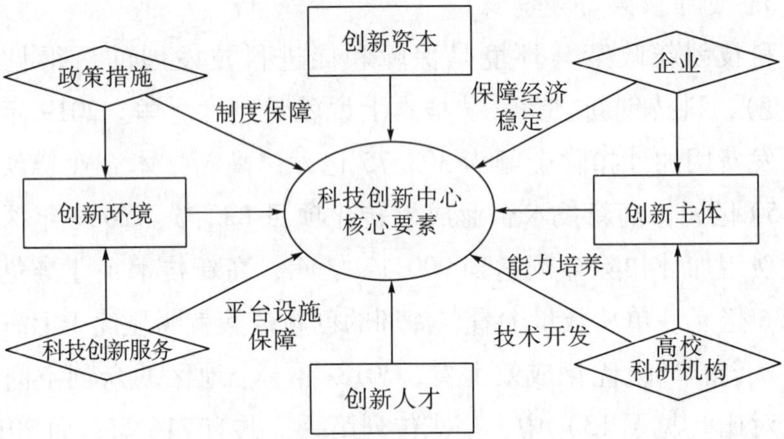

图 14　科技创新中心核心要素构成

前提保障和必要物质条件；创新主体是指科技创新中心的承担载体，包括高校、科研机构和企业，其中高校和科研机构保障了对科技建设人才的培养和科研技术的开发，企业是创新成果转化的承担者，同时保障了经济的平稳运行；创新人才是科技创新的关键要素，目前的 4 个地区无一不是聚集了大量的顶尖人才；创新环境是

① 注：合肥科创板企业数量用安徽数据代替。

指科技创新政策措施和科技平台与基础设施提供的科技创新服务，是科技创新中心建设的资源与环境保障。这四个方面的核心要素相互影响、相互促进或相互掣肘。

结合以上对 4 个地区的数据分析，可以得到以下经验与启示：

一是科技研发与投入是科技创新中心建设的必然要求。培育科技创新中心是一项巨大的系统性工程，由以上数据可以看出，北京、上海、广东、合肥的 R&D 经费投入强度均高于全国平均水平，尤其是北京近五年的 R&D 经费投入强度高出全国平均水平的 2 倍以上。科技创新资本的投入是科技创新成果产出的前提。此外，科技创新活动有其特殊性，它不但依赖于传统的资本投入，而且更依赖于智力投资。风险资本是知识资本和金融资本的结合，新思想、新创意的市场化和企业的成长需要风险资本的催化和引导。因此，健全的风险资本市场也是技创新中心形成的重要标志之一。

二是基础科学研究是科技创新中心发展潜力的核心基石。产出公认的原创与独创成果，取得具有里程碑意义的系列重大突破，将学术影响力提至国际前列，该功能实现与否是衡量科技创新中心建设成效的关键。以上 4 个地区无一不重视对基础科学的研究。2018 年国家科学技术奖共 278 项，北京、上海、合肥、广东共获得 170 项，占到全国的 61%。成渝建设国家重要科技创新中心，需要面向世界科学前沿，在重大科学问题领域取得更多原创理论，提出更多原创发现，获取原创性突破，在支撑国家掌握新一轮全球科技竞争的战略主动权和国际科技竞争话语权方面做出成渝的独特贡献。

三是重视科技成果转化是科技创新中心长远发展的坚实基础。国家科技创新中心的创新成果价值实现主要依赖于科技成果转化实力和产业化过程中的市场效果。科技创新中心的理想化建设发展，需要面向国民经济主战场、面向世界科技前沿，构建起创新链、资本链、产业链等有机耦合的区域创新体系。2018 年全国技术市场交易额为 17697.4 亿元，4 个地区技术市场交易额占全国的 45%。

科技创新中心的长远发展需要推动科技成果转移转化和产学研融合发展，以科学创新带动技术创新，以技术创新推动产业创新，协同推进前沿科学研究、先进技术研发与产业创新升级。通过发展科技成果转化功能型平台和科技成果产业化基地，建设创新链、转化链、产业链相互支撑的完整链条，把科技优势转化为促进产业和经济发展的优势。

四是发挥地域特色优势是科技创新中心建设的重要支撑。科技创新中心的建设要发挥地区区域特色，不能生搬照抄其他地区的发展模式。北京坐享国家最优惠的政策支持和经济支持，是以原始创新为主导的科技创新中心，其研发能力最强，北京依托为数众多的全国重点高校和国家级科研机构，实施以知识创新带动技术创新的模式，把区域创新的资源配置集中在创新源头上，成为辐射和带动全国的技术创新网络的一个中心节点。上海坐享我国沿海最发达城市之便，是全面综合协调的科技创新中心。上海是全国的经济、金融、贸易和航运中心，国际化程度高，综合实力强，重视产学研紧密联合，多种创新方式齐头并进。粤港澳大湾区拥有国家赋予的改革开放先行先试的巨大政策红利，是企业主导的科技创新中心，其市场化程度高，吸引了大批高新技术企业和前沿技术创新创业企业。合肥则承继了国家密集布局的大科学装置集群优势，以及围绕其开展科研活动的大量的科技研发机构，重点开展基础科学研究，建设综合性国家科学中心当之无愧。由此可见，各地在建设科技创新中心过程中都是紧紧依靠其自身的地域特色进行发展。

五是创新链条上人才的汇集是科技创新中心建设的关键要素。与其他地区相比，科技创新中心所在地集聚了更丰富的优秀人才资源，人才结构呈现高端化、国际化的特征。无论是两院院士还是高被引科学家，4 个地区都汇聚了大量的高素质人才。高素质顶尖人才是科技创新中心最具竞争力的核心创新要素。人是最具决定性的因素，作为科技创新活动的执行者，人才要素始终贯穿于科技创新活动的全过程，直接参与到新知识、新技术以及新产品创造过程中的每个环节。人才嵌入各创新主体要素中，在创新系统中扮演着不同的角色、发挥着不同的功能。科创中心作为全国科技创新成果的重要生产地，人才的集聚是最大的战略。

六是政府服务与引导是科技创新中心建设的有力保障。政府是建设科技创新中心的引导者和保障者，是创新环境的维护者和创新氛围的塑造者。在扶持创新产业发展、优化创新环境、完善创新基础设施和提供必要服务等方面，政府的作用至关重要。无论是北京、上海、粤港澳三个科技创新中心还是合肥综合性国家科学中心，政府在科技创新中心建设中都扮演了重要角色。例如，北京出台了《加快全国科技创新中心建设促进重大创新成果转化落地项目管理暂行办法》《关于深化科技奖励制度改革的实施方案》；上海出台了《上海市推进科技创新中心建设条例》《关于进一步深化科技体制机制改革增强科技创新中心策源能力的意见》《上海市人民政府关于进一步支持外资研发中心参与上海具有全球影响力的科技创新中心建设的若干意见》；广东出台了诸如港澳居民居住证等便利港澳同胞在内地学习、就业、创业、生活的政策措施，促进大湾区内人流、物流等高效便捷流通；安徽出台了《关于支持科技创新若干政策》。政策是政府最大的资源，政策是发展的导向，政策的出台为科技创新中心建设营造了良好环境。

二、成渝双城经济圈建设科技创新中心的基础与问题

（一）建设基础

科技创新资源集聚。成渝地区是全国第五大科教资源集聚区，拥有高等院校 191 个，占全国的 6.5%，其中“双一流”高校 10 所，占全国的 7.3%；拥有科研院所 200 家，排名全国前列；拥有国家实验室、国家重点实验室 21 个，占全国的 6.25%；国家工程技术研究中心和国家工程研究中心分别为 26 个和 115 个，不但位

居西部第一，在全国也排在前列；拥有国家级高新区12个，占全国的7.14%。表4是川渝地区科技创新资源对比。

表4 川渝地区科技创新资源对比

科技创新资源		重庆市	西部排名	全国排名	四川省	西部排名	全国排名	成都市	数据来源
科技资源与投入	高校（个）	65	6	21	126	1	6	56	2019年全国普通高等学校名单
	科研院所（个）	31	7	27	169	1	4	30	中国科技统计年鉴2018
	国家重点实验室（个）	7	4	15	14	2	8	11	政府公开数据整理；2019年
	国家工程技术研究中心（个）	10	2	12	16	1	7	10	科技部2018年发布的《国家工程技术研究中心2016年度报告》
	国家企业技术中心（包括分中心）（个）	34	3	17	81	1	9	—	国家发改委关于发布2019年（第26批）新认定及全部国家企业技术中心名单的通知
	两院院士（位）	16	3	—	59	2	—	35	政府公开数据整理；2019年
	R&D经费投入占比（%）	2.01	2	11	1.81	3	14	2.56	2018年全国科技经费投入公报
科技产出	发明专利授权量（件）	6570	3	16	11697	1	7	8304	各地国民经济与社会发展公报
	万人发明专利拥有量（件）	9.1	2	10	6.3	3	14	22	政府公开数据整理；截至2018年
	技术合同成交额（亿元）	266.2	3	16	1004.2	2	7	—	关于公布2018年度全国技术合同交易数据的通知
	高技术产业新产品销售收入（亿元）	1799.7	1	6	1422.7	2	10	—	中国科技统计年鉴2018
	高技术产品出口额（亿元）	2010.6	1	5	1783.3	2	6	—	中国科技统计年鉴2018
科技创新载体	国家备案众创空间（个）	43	3	16	64	2	11	—	火炬统计年鉴2019
	国家级科技企业孵化器（个）	17	3	17	29	2	11	16	火炬统计年鉴2019
	国家级高新区（个）	4	3	16	8	1	6	1	科技部火炬中心网站
	国家级自创区（个）	1	—	—	1	—	—	1	科技部火炬中心网站

（1）科技创新投入逐步增加。四川和重庆近五年（2014—2018 年）研发经费投入平均增速分别为 13. 19% 和 19. 46%，高于全国平均水平（10. 89%），增速分别排全国第 3 位和第 12 位；从近五年研发经费投入强度的平均增速来看，四川和重庆分别为 3. 64% 和 8. 32%，高于全国平均水平（1. 67%），增速分别排全国第 4 位和第 13 位。但研发经费投入强度仍低于全国平均水平。

（2）科技创新力量较为活跃。2015—2019 年间，川渝两地发明专利授权量逐年增长，年均增长率分别为 7. 25% 和 15. 63%；在技术合同成交额方面，四川逐年增长，从 265. 7 亿元增长到 1216. 2 亿元，年均增长率达 53. 20%，重庆尽管有所波动，但总体呈增长趋势。2015—2018 年间，两地高新技术企业工业总产值年均增长率分别为 8. 08% 和 11. 70%；到 2018 年，分别在 2015 年的基础上增长了 26. 00% 和 37. 01%。

（3）科技合作意愿不断增强。在 2020 年 1 月国家作出建设成渝地区双城经济圈的决策之前，重庆与四川在 2018 年签订了战略合作协议，从 7 个方面推进科技协同创新。近年来，双方积极推动区域协同创新，相互开放国家级和省级科技创新基地、科研仪器设备、科技文献。双方共建西部技术转移联盟、共建国家技术转移西南中心重庆分中心，推动科技成果交易。电子科技大学在重庆西永微电园设立微电子产业技术研究院，重庆大学在内江设立产学研协同发展创新中心。同时，双方引导产业协作共兴，支持汽车整车及零部件研发生产企业、科研机构创新合作模式，推进川渝城市轨道交通、生物医药等产业深入合作、协同发展。

（4）创新生态不断优化。根据德勤中国发布的《中国创新崛起——中国创新生态发展报告 2019》，在中国创新生态城市排名中，成都和重庆分别位列第 7 和第 11 位，属于第二梯队，呈现加速追赶第一梯队城市的趋势。成渝两地拥有的国家级科技企业孵化器共 46 个，国家备案众创空间 107 个，分别占全国总量的 4. 70%

和5.48%。从吸引人才的角度来看，德科集团与欧洲工商管理学院（INSEAD）及谷歌（Google）联合发布的2020年《全球人才竞争力指数报告》（GTCI）中，中国有16座城市上榜，成都和重庆双双上榜（分别排第109位和112位）。此外，政策红利（比如减税降费）将进一步推动成渝地区创新环境的优化，推动企业在设备升级、技术研发与创新上增加更多投入。

（二）短板与不足

（1）高端创新资源集聚不够。对比其他科创中心，成渝地区缺少世界顶尖的研究型大学和重大科技基础设施。旗舰高校四川大学在全球排名282名，与世界一流大学差距甚大（主要是没有原创的重大科学发现型成果）。川渝在建或已建的国家重大科技基础设施数量9个，低于北京（15个）和上海（13个）。另外，川渝两地的国家重点实验室数量（21个），远低于北京（116个）和上海（44个）。

（2）研发投入强度严重不足。2018年，四川和重庆的R&D经费投入强度分别为1.81%和2.01%，不但远低于北京（6.17%）、上海（3.98%）、广东（2.78%）和合肥（3.28%），甚至低于全国的平均水平（2.19%）。四川企业研发投入占比50%，与广东超过80%的比重相比还有差距。

（3）基础研究能力明显偏弱。从承担国家重大研究项目来看，2018年成渝地区承担国家重点研发计划项目和国家自然科学基金重点项目的数量（41项，26项）和经费总额（7.74亿元，0.75亿元）都不及北京（387项，203项；61.54亿元，5.99亿元）、上海（80项，106项；15.03亿元，3.08亿元）和广东（55项，49项；9.15亿元，1.41亿元）。从教育部批准建设的前沿科学中心数量来看，全国目前一共批准建设14个，其中北京4个、上海4个，成渝只有1个（四川大学疾病分子网络）。从获得国家科学技术奖励的情况来看，2018年成渝地区总计获奖38项，少于北京

(69项)、上海(47项)和广东(45项)。这些数据表明，与其他三个科创中心相比，在基础研究方面成渝地区还存在巨大差距，基础研究能力亟须提升。

（4）重大科技突破成果明显较少。改革开放40多年来，四川和重庆两地的创新能力的进步仍然不够突出，重大科技成果、领军型科技企业仍然不多。铁基超导、多光子纠缠、量子通信等原创性突破多数来自北京、上海和合肥。深圳、合肥在芯片研发、5G等关键技术研发方面取得突破性进展。四川和重庆两地在大飞机、高铁、北斗等研发上发挥了关键作用，下一步在于如何发挥主导和引领作用，多涌现诸如“华龙一号”“人脸识别”等原创成果。

（5）重要创新载体建设质量较弱。2019年全国169家国家高新区，川渝12家中只有5家排进前100名，成都高新区排第8位，重庆高新区排第35位，绵阳高新区排第54位，自贡高新区排第91位，璧山高新区排第99位。对比江苏省，其18家国家高新区中有16家进入全国百强。根据工信部赛迪研究院2019年2月发布的《中国国家级产业园区发展竞争力百强研究白皮书》，成渝地区只有3家国家级产业园区进入百强，而江苏有26家、浙江有15家、广东有9家。成渝地区科技创新、产业创新实力不均衡，整体实力弱的问题比较突出。

（6）高端创新人才数量不足。2019年，成渝两地两院院士人数合计为75人，远低于北京（830人）、上海（181人）、合肥(127人)。

（7）创新要素流动不畅，缺乏协同创新。尽管近两年来成渝两地在科技创新方面签署了一些合作框架协议，但由于缺乏顶层战略设计，还未建立有效的协同创新机制，双方缺乏实质性合作，科技互动不够深入，形式重于实质。可以说，近十年内国家发改委两次发布的《成渝经济区规划》和《成渝城市群规划》，其发挥的实质性推动作用不突出。比如，《成渝城市群发展规划》提出了西部创新驱动先导区这样的定位，但涉及融合与合作的可操作性举措并不多。两地高端创新发展平台的谋划和建设竞争大于合作，创新资源、创新要素还不能在两地自由流动。

三、成渝双城经济圈建设国家科技创新中心的总体战略

（一）准确把握在全球科技创新格局中的地位与作用

从全球科创中心发展的趋势来看，科技创新中心城市正在全球创新网络中发挥着不可或缺的枢纽作用。相对我国其他西部城市而言，成都和重庆具有地理区位优越、科技创新实力较强、产业基础较好、创新环境优良等优势，能够更多更广地积聚全国、全球创新要素，并且对外形成辐射带动作用，其影响不仅辐射中西部地区，还可以辐射“一带一路”沿线国家。但是，基于自身的实力、特色和优势，成渝显然不同于北京、上海和粤港澳在全球科技创新格局中的地位与作用——全球科技创新网络的关键节点、世界级的科技创新中心。在新一轮全球科技与产业变革加速推进的新形势下，创新驱动成为发展的最强大力量，成渝地区若没有创新驱动发展的大战略，就只能按部就班、亦步亦趋地常规化发展。有了国家赋予的双城经济圈建设的重大使命，成渝地区首先要全力推进建设成为具有全国影响力的科创中心，从长远来看，也要成为具有全球影响力的重要城市创新节点。

1. 成渝正快速发展融入全球科技创新网络

根据世界知识产权组织发布的《全球创新指数（GII）2019》报告，我国有19个区域进入世界区域创新集群百强。其中，成都排名第52位（全国第10），进步4位；重庆排名第88位（全国第16），进步15位。在澳大利亚著名咨询机构2thinknow公布的2019年全球“创新城市”指数报告中，中国有42个城市进入全球创新城市前500强，其中重庆排名第237位（全国第6），成都排名第307位（全国第13）。在上海市经济信息中心发布的《2020全球科

技创新中心评估报告》中，中国10个城市入围全球科技创新中心百强，其中成都排名第88位（全国第9），并且排名呈明显上升趋势。尽管这些排名不尽相同，但都表明成渝在全球科技创新网络中已经有一定的知名度和影响力。

2. 国家级国际科技创新平台支撑参与全球科技创新

为了全面提升科技创新开放合作的层次和水平，川渝两地构建了一批高水平国家级的国际科技创新平台，包括国际创新园1个、国际联合研究中心11个、国际技术转移中心2个、示范型国际科技合作基地28个。利用这些平台，成渝地区通过广泛开展国际科技创新开放合作，与欧洲、南亚、东南亚、非洲、澳洲诸多国家建立了长期稳定的合作关系，在集聚国际创新资源、开展联合研发转化合作成果、引进和培养人才、促进国际技术转移等方面取得了显著成效。

3. 成渝地区是“一带一路”科技创新的关键枢纽

成渝是“一带一路”上的关键枢纽。两地通过共建“一带一路”科技创新合作区和国际技术转移中心，共同举办“一带一路”科技交流大会，开展科技人文交流、共建联合实验室、科技园区合作、技术转移等，积极推进中国—欧盟、中国—东盟、中国—南亚等技术转移中心建设，打造“一带一路”西部科技创新关键节点和战略枢纽。

（二）战略定位与发展目标

紧紧抓住全球新一轮科技革命和产业变革带来的重大机遇，以实现创新驱动高质量发展、建设国家重要经济中心为目标，以推动科技创新突破和支撑经济跨越发展为战略核心，以破除体制机制障碍为主攻方向，推动科技创新与经济社会发展深度融合，建设成渝具有全国影响力的科技创新中心、综合性国家科学中心，具有全球影响力的区域创新中心。

到2035年初步建成我国具有重要影响力的科技创新中心，科技创新体系更加完善，科技创新能力显著提升，形成辐射和带动西南地区乃至整个中国西部发展的核心创新区。

到 2050 年初步建成世界有影响力的科技创新中心，跻身全球大城市区域创新中心前 20 位，成为全球创新网络重要节点，有效参与全球创新资源配置，成为我国建成科技强国的强劲动力和重要力量。

（三）重大与重点建设任务

通过构建“一中心 + 多科学城 + 数科创走廊 + 众产业创新基地”的主体架构，形成“成渝国家科技创新中心”的独特创新组织体系，成为“一体化经济圈”的新科技知识创新源，以及新技术、新产业、新业态等的策源地。“一中心”即“成渝国家综合性科学中心”，是科创中心的主要知识技术策源地；“多科学城”是“成渝国家综合性科学中心”建设的主要承载区域；“数科创走廊”和“众产业创新基地”是成渝国家科技创新中心的主要科技成果转移转化区域和新产业发展承载区域。

1. 建设成渝国家综合性科学中心

没有综合性科学中心就不可能成为国家科技创新中心，建设成渝国家综合性科学中心，是支撑成渝国家科技创新中心的知识策源地。成渝国家综合性科学中心建设主要依托双中心城市，建成后的科学中心具有科技创新功能卓越、创新极核优势互补、高端资源合理布局的特征。在区域上形成与华北（北京）、华东（上海）、华中（合肥）和华南（深圳）的合理布局，成为中国西部的国家科学中心。

（1）战略谋划、高端定位布局重要科技发展领域。成渝国家综合性科学中心在科技布局上，要发挥科教资源优势与已有国家综合科学中心形成差异，要发挥科教资源优势，加强与国家科技计划衔接，重点布局新一代信息技术、先进材料与制造技术、生命健康技术、现代高端装备技术、空天技术、核能技术以及与军民融合相关的国家尖端技术的研究，取得一批具有全球影响力的重大基础研究成果，引领国际产业发展方向。

（2）建设重要科技领域或方向的卓越科技创新研发机构。综合性国家科学中心作为知识创新的源头，需要依托具有国际影响力的大学和科研机构，顶尖的科研领军人物和一流水平的科研团队，因此要建设和引进一流研究机构、一流大学（校区）、一流学术团队，形成重要科技领域与方向的科学研究中心（创新研究院），超前引领和辐射带动周边区域乃至全国、全球科技创新活动和产业的发展。如争取建设一批国家学科研究中心，建设电子信息先进研究院、国家中医药创新研究院（发展试验区）、国家现代生物医药创新研究院、现代绿色农业技术创新研究院、先进新材料技术创新研究院、智能制造与高端装备技术创新中心（川、渝）、新一代通信技术创新研究院、新能源技术创新中心（川、渝）等。

（3）前瞻战略谋划、长远布局一批国家重大科技基础设施。在大科学时代，没有重大科技基础设施就难以成为重要科技创新中心。要围绕主要科技创新领域，规划布局一批交叉前沿创新平台，把交叉性科学研究作为重要发力点，着力实现多学科交叉前沿领域重大原创性突破。强调政策链、创新链、产业链、人才链等多链联动发展，力争通过突破关键共性技术，培育孵化重大产业化项目和科技创新型企业，通过创新扩散实现科技创新对产业创新和区域经济、社会发展的带动作用。支持一批集成创新平台建设，如人工智能（国家）实验室、生物高等级实验室（P3 + P4 实验室）、国家先进核能实验室、国家先进材料实验室等。

2. 建设四大科学城

科学城是成渝国家综合性科学中心的科技创新主体（大学、科研院所等）的主要空间承载区域，是科创中心、综合性科学中心的知识技术创新心脏。

成都（天府）科学城、绵阳科技城、重庆科学城、两江协同创新区（两江新区科学城）是科创中心建设的核心空间载体、空间集聚区域。通过聚焦先进核能、航空航天、轨道交通、网络安全、智能制造等重大领域，集聚高端创新要素资源，布局重大科技基础设施和科技创新平台，强化基础研究和关键核心技术攻关，抢占关键核心技术制高点，打造科技创新策源地。

以成都（天府）科学城为核心区域，牢牢把握天府新区建设历史机遇，高标准规划建设天府新区，把天府新区建设成为科技特色鲜明的国家级新区，规划建设国家重大科技基础设施和研发平台，布局一批前沿引领技术创新平台，努力拓展发展新空间，以科技创新资源推动创新赋能率先实现科技创新、制度创新、开放创新的有机统一和协调发展。

绵阳科技城要深入实施创新驱动发展和军民融合发展战略，以推动科技创新为核心，以体制机制改革和开放合作为动力，突破和做好军民融合的大文章，把绵阳科技城建设成为服务保障国防建设的样板区、军民融合创新的排头兵、创新驱动发展试验田、西部高质量发展先行区，打造成渝地区双城经济圈极具特色、不可或缺、无法替代的战略支点。

重庆科学城通过集聚一批大院所、大装置、大平台、大产业，优化高新技术产业园、创新创业园、成果转化园、创业孵化园等体系布局，提升科学城创新核心功能，优化创新环境，建设成为鼓励创新、开放包容、追逐梦想的梦想之城，科学家之家、创业者之城。

两江协同创新区（两江新区科学城）通过创新体制机制集聚创新资源要素，构建区域协同创新网络，孵化培育新兴产业集群，推动国家产业创新中心、国家制造业创新中心建设。

3. 建设成渝相向连接的高端产业创新大走廊

打造成渝毗邻区域相向连接的高端产业创新大走廊，强化成都、重庆中心城市的创新发展“双引擎”作用，加快城市群内部不同城市之间一体化发展，有利于提升区域竞争力，促进区域经济的转型升级和高质量发展。

围绕电子信息、生物医药、装备制造、新材料、能源化工、食品饮料等优势产业集群，依托中心城市的创新资源，规划建设“成—遂—南—广—渝”科创走廊、沿成渝高铁线的“成—内—渝”科创走廊、沿成安渝高速线的“成—渝”科创走廊、沿长江沿线的“宜—泸—渝”科创走廊等成渝高端产业创新走廊（轴带），分别形成适合文旅创意与大健康产业、先进制造业、绿色生态产业等发展的集聚载体，连点成线、以线带面，将成渝两大顶级“极核”城市、若干区域中心城市、一系列三级县级城市连接在这些产业轴带上，促进成渝地区的资源统筹整合，释放改革红利，激发创新活力，将高端产业创新走廊打造成为成渝科创中心建设的关键发展轴带，区域一体化发展的重要极核，全国乃至全球具有影响力的科技创新策源地、高端产业和智能制造的集聚区。

在科技创新走廊内，要布局建设跨区域的产业共性技术研发平台、产业技术公共服务平台、产业技术创新战略联盟、科技成果中试熟化与产业化基地，要加强创新网络内信任机制、利益分享机制、激励机制等机制建设，促进协同创新各利益主体实现跨领域、部门和地域的连接、交互与整合。

4. 建设产业创新基地（园区）

产业创新基地（园区）是科技创新中心的主要科技成果转移转化区域和新产业发展承载区域。成渝双城经济圈内现有国家高新技术产业开发区（12 个）、国家火炬特色产业基地（5 个），未来还将发展其他形式的产业创新基地或者园区，布局在科创走廊内。这些产业基地和创新园区是科创中心建设的重要平台和抓手，在集聚创新要素的同时，实现区域产业联动、高质量发展，建设高质量现代产业体系。产业创新基地（园区）的建设重点，包括但不限于以下方面：

一是依托国家数字经济创新发展试验区（2个），建设数字经济高地。依托国家新一代人工智能创新发展试验区（2个），推进人工智能发展及其在智能空管、普惠金融、智慧医疗、智能制造、智慧城市等场景的应用示范。推动重庆市区块链产业创新基地扩容提质增效，积极创建国家级区块链产业创新示范园区。

二是依托新一代移动通信技术研究院等，发展5G、6G等新一代移动通信技术产业，着力打造研发及产业平台。

三是依托成都软件名城、四川省信息技术应用创新产业园区等，不断提升软件产业发展水平和综合竞争实力，大力促进现代信息技术产业发展。

四是依托四川省文旅产业园区、重庆纪录片产业基地、中意文化创新产业园等，推进文旅和创意产业提质增效。

五是依托中国（成都）超高清视频产业创新应用等产业基地，推进未来芯片、显示面板、视频制作设备、存储设备、网络传输设备、终端整机等电子信息产业链各环节产品的升级换代，驱动以视频为核心的行业数字化转型。

六是依托国家生物产业基地（2个）、天府生命科技园等，推进生物医药和大健康产业发展。同时着力建设集研发、生产、储备、交易、检测五大功能为一体的国家级医用卫生应急物资生产能力及储备基地、国家级应急产业优势结合与创新转化示范基地。

（四）重大体制机制突破

川渝在以往签署的合作协议中，大多聚焦于交通基础设施、产业、区域发展、物流通道和公共服务等领域，却鲜有涉及跨区域科技创新的合作。成渝建设国家科技创新中心，创新协同合作机制建设是特点也是难点。

一是要建立成渝双城经济圈建设国家级领导组织工作机制。积极推动、争取中央批准成立国家级成渝地区双城经济圈一体化建设领导小组，由国家领导人牵头，并成立相应的专业领域协调小组，研究决策双城经济圈建设重大事项和政策、工作方案，出台重大推进措施，明确完成时限，加大督查考核。同时，成立双城经济圈建设专家委员会，重大决策事项优先安排专家委员会论证咨询。

二是要建立科技创新中心建设领导机制和工作推进机制。成渝国家科技创新中心建设涉及两个省市的协同组织，要打破各自为政、互相争夺资源的现状，就必需突破现有体制机制束缚，建立科技创新中心的领导机制和工作推进机制，相互协同，形成合力。建议成立由国家科技部领导人为组长，四川和重庆省级领导为副组长，两地科技厅（局）、发改委、经信委等各政府部门一把手组成的“成渝国家科技创新中心建设”领导小组，定期召开领导小组会议，研究工作进展、协调推动重大事项落地见效。

三是建立科技资源利益共享机制。建议组建成渝地区科技协作利益共享研究专家委员会，研究建立“科学合理”“权责相应”的区域利益分配体系。建议科技部在成渝地区先行先试国家科技体制改革有关举措和政策，建立和完善科技资源开放共享，科研投入风险共担、利益共享、资质互认以及人才评价考核和流动配置，激励保障和合作奖励等制度措施，建立区域创新统计调查制度和监测指标体系，探索形成统一的创新协同政策环境。设立“成渝经济圈投资银行”，由川渝政府出资建立政策性银行，引导其他力量参与出资，有力推动经济圈建设重大合作项目的发展并提供政策性资金支持。设立川渝战略投资基金，双方政府出资，引导其他资金参与，实行市场化企业化运行。

四是制定出台《成渝国家科技创新中心建设规划》和 5 年实施计划。由“成渝国家科技创新中心”建设领导小组牵头组织，尽快组织制定《成渝国家科技创新中心建设规划》，明确成渝国家科技创新中心建设战略目标、指导思想、基本原则、重大任务、体制机制、考核机制、重大政策保障等关键问题，为科技创新中心建设指明战略方向和路线图。同时，研究制定科技创新中心建设 5 年规划，明确近5年科创中心建设的规划内容和考核指标，为科技创新中心建设提供政策保障。

五是尽快启动科技创新中心建设的系列重大示范项目。在科技创新中心建设总体规划的指导下，建议尽快在国家层面确定科技创新中心建设的重大示范建设项目，形成成渝科创中心建设的龙头示范和带动效应。比如，围绕成渝综合性科学中心建设，重点推进成都（天府）科学城、重庆科学城建设，启动若干重大科学工程项目（国家实验室建设、重大科技基础设施建设等）。

四、成渝建设国家科技创新中心：四川省战略目标与重点任务

（一）战略定位与发展目标

以建设成渝具有全国影响力的科技创新中心为战略目标，充分发挥四川在整个成渝双城经济圈中的良好区位和经济优势，以成都为主阵地建设成渝国家综合性科学中心，强化成都的科技创新“极核”作用，将成都建设成为成渝双城经济圈科技创新的主要策源地、全国具有重要影响力的科技创新城市。

到2035年基础研究能力显著增强，形成一批具有自主知识产权和重要应用前景的重大原创科学成果，培育一批具有国际竞争力的本土领军型高新技术企业，形成若干世界级先进制造业集群，成为中西部科技创新的策源地、全球科技创新网络中的重要节点。

到2050年建成全国和“一带一路”地区科技创新的策源地，成都作为全国综合性科学中心的实力进一步增强，成为我国建成世界科技强国的重要支撑力量，成为全球创新网络中的主要创新节点城市。

（二）重大与重点建设任务

1. 加快科学城规划与建设

（1）重新规划高标准建设成都（天府）科学城。成都（天

府）科学城的定位是成渝科技创新中心核心承载区、原始创新承载区。成都（天府）科学城必须以增量形式高水平规划建设，不能搞科技小超市的低水平重复建设。争取到 2025 年，成都（天府）科学城能够规划建设一批重大创新平台并开始投入使用，引进一大批高水平创新主体；到 2035 年产出一批重大科技成果，显著提高成都在我国科学领域中的原始创新能力和科技综合实力。成都（天府）科学城建设要重点推进一批国家重大科技基础设施和研究平台建设；重点引进国内外顶尖科技创新团队和人才群体，集聚国家级及省市级领军人才、重点领域高级人才、科技创新创业人才；集聚一批高水平高等学校、研究机构和创新型企业。

（2）大力提升改造建设绵阳科技城。绵阳科技城定位是成渝科技创新中心国防科技承载区、科技成果转移转化承载区。绵阳科技城要着力在军民融合科技创新领域采取重大改革发展措施，促进“植入式”中央在绵研发机构发挥科技外溢效应，建设国家军民融合科技产业发展示范区。争取到 2035 年，在国防科技领域产出一批重大研究成果，军民融合局面良好并有一批军器民用产业兴起，建成科研要素集聚、创新创业活跃、生活服务完善、交通出行便捷、生态环境优美、文化氛围浓厚的科技城。绵阳科技城建设要重点围绕产业链布局创新链，加快科技成果转移转化；要优化创新生态系统，为企业和人才营造良好创新创业环境。

（3）长远谋划建设宜宾（泸州）科教城。宜宾（泸州）科教城的定位是成渝科技创新中心的新增长极、川渝产教融合的新示范区、“一带一路”南向开放的重要支点。成渝双城经济圈要发挥辐射带动作用，必须有一些关键区位的二级支点，宜宾—泸州的区位就显得非常重要，这里是成渝双城经济圈与长江经济带两大战略的交汇区域，是成渝双城经济圈南向开放辐射的主要支点。争取到 2035 年，形成一批科技创新承载平台、产业集聚承载平台和对外开放合作平台，产教研城深度融合发展，建成为成渝地区双城经济圈区域性科教中心，与成都、重庆形成科教“金三角”。宜宾（泸州）科教城建设应坚持“统筹产学研、联通企校社”，通过聚集高校科研院所，联合争取重大科技基础设施和重点实验室，发展长江上游绿色产业，形成产、教、城良性互动发展格局，着力建设国家产教融合建设示范区，建设长江上游绿色科创走廊核心枢纽。

2. 以成都为主阵地建设成渝国家综合性科学中心

（1）聚焦主要科技创新战略领域

四川省的电子信息与网络安全、生物医药、核科技以及航空、新制式轨道交通等装备研发制造基础和水平在全国具有相对优势。成都在依托成都（天府）科学城和绵阳科技城建设国家综合性科学中心时，要以现有优势科技领域发展为重点方向，重点聚焦于电子信息科技、生命健康科技、能源科技、先进材料与智能制造科技等战略性科技领域。

（2）引进和集聚世界一流创新研发主体

大学和科研机构是科技创新人才培养的摇篮和科学研究特别是基础研究、应用基础研究的主阵地，是重大科技基础设施的承载主体，也是国家实验室、国家重点实验室、国家工程实验室等建设与运营的主体单位，直接参与综合性国家科学中心创新发展。建设成渝综合性国家科学中心，四川应面向全国乃至世界吸引和集聚一流创新型大学建设校区（或创新研究院），引进和建设一流创新研究机构，形成广泛的创新主体。

积极推动全球一流高校在成都设立创新研究院或研究中心，如推动清华大学与北京大学在成都设立创新研究院，基于川内高校与国外高校联系基础，推动国外高校在成都设立创新研究院等。

积极推动各类创新研究机构设立，如成立人工智能创新研究院、信息技术创新研究院、现代生物医药创新研究院、中医药创新研究院、现代绿色农业创新研究中心、川藏铁路技术创新中心、高端装备技术创新中心、核动力与和核技术创新中心、5G 及 6G 技术创新研究院；没有大数据中心和超算中心，不可能成为科技创新中心，要积极争取建设国家超算成都中心，成为全国第 7 个超算中心；争取建设一批国家技术创新中心，如航空航天技术中心（成飞）、新材料技术中心（氟材料、碳材料等）、清洁能源技术中心、生物安全技术中心等。

（3）全力争取国家布局建设重大创新平台（重大基础设施）

综合性国家科学中心作为国家意志和战略目标导向的科学研究高地，也是国家创新资源高密度集聚区，既有必要，也有基础，更有责任创建天府国家实验室，围绕重大科学前沿承担重大科技任务，实现国家战略必争领域的重大科技突破。成都要争取建设一批重大创新平台，如天府国家实验室、先进核能国家实验室、生物高等级研究实验室（P3 + P4 实验室）、中医药国家创新研究院（国家创新示范城市）等。

3．成渝高端产业创新走廊：明确建设方向与路线图

根据前面提到的成渝地区间相向连接的高端产业创新走廊，结合四川构建的“5 + 1”现代产业体系，在科创大走廊内规划建设一批增量发展的高端产业创新园。这些产业创新基地（园区）包括：未来信息技术与人工智能产业园，生物医药产业园，轨道交通与航空航天产业园，大数据与信息安全产业园，新型显示数字经济产业园，新能源与智能汽车产业园，智能终端与智能装备产业园，先进材料产业园，优质白酒产业园等产业园（基地）。构建“一园多区，多点覆盖”的发展格局，这些产业创新基地（园区）“以点串线”“以线带面”，可以快速构建起科创大走廊的发展雏形。

（1）未来信息技术与人工智能产业园。以成都软件名城、人工智能试验区建设为契机，在成都打造未来信息技术与人工智能产业园，将其作为成都新一代信息技术、人工智能领域的重要载体，重点引进和培育人工智能企业、研发中心和新型创新组织，优化人工智能创新空间布局，在集成电路、软件开发领域加强核心技术攻

关，在智能空管、普惠金融、智慧医疗、智慧教育等场景加强应用示范，逐步打造全国乃至国际一流的人工智能产业示范园。

（2）生物医药产业园。依托成都天府生命科技园、成都国家生物产业基地、国家生物医学材料及医疗器械高新技术产业化基地，联合眉山、绵阳、德阳、资阳、泸州、巴中，在生物技术药、新型化学药、中药制造、医药制剂、医疗设备与器械等领域集聚创新要素，联合开展科研攻关和关键技术领域取得突破，打造西南乃至全国生物医药创新高地。

（3）轨道交通与航空航天产业园。以新都的成都轨道航空产业功能区为核心，以中车成都、成飞集团等龙头企业为抓手，使轨道交通业立志成为“西部轨道交通产业高地”，在成都、眉山、资阳、内江、宜宾、广安、攀枝花等地区发展轨道交通产业，在成都、绵阳、德阳、自贡、泸州等地发展航空与燃机、航空发动机、航空装备，并加强产学研合作，在产业发展的关键与核心技术领域取得话语权，打造西部乃至全国轨道交通产业、航天航空产业高地。

（4）大数据与信息安全产业园。依托国家级信息安全成果产业化基地、国家西部信息安全产业园，以成都为核心，联合德阳、绵阳、眉山、雅安、资阳、泸州、内江、宜宾等推进5G、大数据、云计算的应用与发展。成都在优化“芯片—软件—平台产品—整机—信息安全系统以及整体解决方案—信息安全服务”网络安全产业链的同时，不断促进网络安全产业与新经济融合发展，重点发展网络安全、云安全、大数据安全、工控安全、物联安全、量子通信等，将成都建设领跑西部、辐射全国的网络信息安全之城。

（5）新型显示数字经济产业园。依托京东方、惠科、中电熊猫等新型显示龙头企业，优化发展京东方AMOLED生产线、液晶显示面板生产线，培育以成都、绵阳和眉山为基地的新型显示产业创新集群，着力构建贯通原材料、零部件、面板制造、整机集成的新型显示产业生态圈，打造千亿级新型显示产业研发和制造基地。建设一个新型显示国际科技创新中心，吸引并集聚全球新型显示科技创新资源，形成可持续发展的科技产业创新创业新高地，提升区域科技创新水平，推动传统产业转型升级。

（6）新能源与智能汽车产业园。依托成都汽车产业功能区中新能源汽车产业、氢能产业、西部氢能产业园项目以及中德智能网联汽车四川试验基地项目，在成都、绵阳、宜宾、内江、雅安、南充等地着力发展新能源与智能汽车。加强科研合作，着力推动前沿技术突破，掌握和巩固核心科技，进一步做大做强新能源与智能汽车产业；以龙头骨干企业为抓手，顺应汽车产业智能化和绿色低碳升级方向，不断提升产品质量，做大做强产业链，推进企业转型升级，促进四川新能源与智能汽车产业高质量发展，打造具有全国影响力的新能源与智能汽车产业基地。

（7）智能终端与智能装备产业园。打造智能制造发展重点区域，以成都、遂宁、自贡、宜宾、泸州、德阳等智能制造产业发展为基础，围绕智能终端、智能穿戴、智能家居、智慧城市、智慧交通、物联网及供应链业务、手机终端等重点领域，培育和吸引相关龙头企业、科技人才，支持关键技术领域不断创新与突破，打造西部乃至全国具有重要竞争力的智能终端与智能装备产业园。

（8）新材料产业园。四川省依托硅材料、稀土材料、钒钛材料、金属及复合材料等产业基础，大力发展新型金属材料、无机非金属材料、先进高分子材料、高性能特种纤维及复合材料、化工材料、高性能功能材料、精细化工材料、玄武岩纤维、锂钒钛材料、新型绿色环保建筑材料、石墨烯材料、稀土材料等新型材料。以“研发—孵化—产业化—产业链—产业集群—产业生态圈”为实施路径，不断引导优质创新资源向园区流动聚集和优化配置，共同构建贯穿创新生态链、融入产业生态圈、融通人才智慧圈、对接创新资本链、提升创新价值链的产学研融合发展新模式，建成国内领先、国际一流的新材料产业园。

（9）优质白酒产业园。以宜宾、泸州为核心，推进四川省特色优势产业白酒产业的振兴壮大，打造全国一流优质白酒产业基地。创新驱动白酒产业高质量发展，创新主体联合开展白酒窖池特征风味传导物分析、白酒老熟、丢糟处理等关键技术攻关，提升白酒出酒率。推进白酒产业融合发展，积极开展工业遗产旅游和酒文化旅游活动，打造一批酒文化旅游精品线路，联合川菜联盟、四川美食家协会，实现川味特色融合发展。

五、重要政策体系保障

当前四川省创新体系还存在着创新政策含金量不高、发展规划不够科学、营商环境不够优化、产业政策支持力度不大等问题，针对这些问题，提出以下政策建议，保障成渝地区科技创新中心的建设与发展。

1. 创新主体集聚政策

（1）高端人才集聚政策。加强人才形势分析、政策研究、引育方式创新，对标世界一流科创中心，做好现有人才政策“废、改、立”工作，进一步提高政策精准性、竞争力和落地率。研究制定新时期顶尖人才作用发挥、产业领军人才引进、企业人才队伍壮大、创新创业人才扶持、优秀青年人才集聚等具体措施，推动产才深度融合。特别是，对具有重大创新成果的一流人才团队，要实行“一团一策”的政策支持。

（2）研发机构集聚政策。高校和科研机构在国际科技创新中心形成过程中发挥着不可或缺的积极作用。一方面，充分释放已有研究机构的创新活力，加强基础研究的同时，鼓励科技成果就地转化应用；另一方面，以成都科学城为载体，积极引进国内外知名大学与研究机构，统筹推进科研机构和研发平台建设，建立联合实验室，探索合作发展新型研究院，政府给予土地、资金、财税政策倾斜。对具有重大创新成果一流研发机构，要实行“一所一策”的政策支持。

（3）创新企业集聚政策。企业作为重要的创新主体，对于区域科技创新产业发展具有重要推动作用。参考苏州的“3+3”鼓励政策，即三年内滚动遴选1000家创新型企业，参照国家高新企业所得税政策给予三年奖励；区域内新设立的关键领域、核心环节生产研发企业，符合条件的享受同等奖励，发展态势良好的，奖励期再延长三年。特别需要强调的是，对具有重大成长潜力的科技创新型企业，要实行“一企一策”的政策支持。

2. 激励创新与营商环境政策

（1）创新促进激励政策。赋予科研事业单位更大的自主权，扩大科研事业单位在人、财、物等方面的管理自主权，支持编制统筹使用和横向项目经费自主使用。强化企业的自主创新能力，细化对各类企业的支持措施，推动科技型中小型企业发展，鼓励企业加大研发投入，对研发费用连续大幅增长的企业，政府应当切实执行研发费用加计扣除政策奖励。鼓励各类创新主体协同创新，形成优势互补、成果共享、风险共担的合作机制。真正建立政府优先采购政策，政府投资的重大工程项目优先采购本地企业产品以支持本地企业发展壮大。

（2）营商环境优化政策。坚持“竞争中性原则”，淡化所有制属性，强化政策普惠性、公平性，营造稳定、公平、透明、可预期、有活力的营商环境。充分发挥市场在资源配置中的决定性作用，构建覆盖企业全生命周期的服务体系，在企业开办或退出审批制度、融资信贷、数字政务服务、监管体系、法治保障体系、环境保护等方面出台相关举措，持续优化营商环境。全面完善落实国家降低制造业增值税税负、小微企业和高新技术企业所得税优惠、企业研发费用税前加计扣除、固定资产加速折旧、鼓励类外商投资项目进口设备税收减免等税收优惠政策。

政府应当认真研究解决营商环境建设中存在的悖论——政府在营商环境建设中做了很多工作，但企业的获得感很少，营商环境建设取得的成效不太明显。

3. 创新服务体系建设政策

（1）促进科技中介服务体系发展的政策。针对科技信息、科技金融、科技担保、科技法律、成果转化、风险投资等服务机构的引进、培育和发展，出台相应的扶持政策，积极搭建合作与服务平台。通过政府引导和市场化运作，充分调动各方的积极性，逐步完善形式多样的科技中介，以服务量累计形式，采用奖励性后补助方式，支持中介服务机构提升服务能力和加强服务体系建设。

（2）搭建载体平台“孵化创新”。积极推进创新园区建设，在优化产业布局、加强基础配套、重点项目引进等方面给予扶持，提升园区整体形象和市场竞争力。突出创新需要，强化创新基地建设，集聚众创空间、科技孵化器等创新服务平台，并以大数据驱动创新平台建设，服务创新要素的流动。加快新型海外引才联络站、离岸孵化器建设，促进引智节点前置，拓宽国际高端人才寻访渠道。

4. 科技成果转移转化激励政策

（1）促进科研选题与产业发展紧密衔接。围绕成渝地区重点产业发展的关键核心领域，政府设立重大战略专项计划，引导和集中其他优质创新资源，探索定向研发、定向转化、定向服务“三定向”的订单式研发和成果转化机制，在科研选题中明确成果转化的股权激励机制，精准引导符合成渝地区科技创新战略定位的成果加速转化，积极培育高质量发展新动能。

（2）探索科技成果转化激励和权益保障新机制。“先确权、后转化”，从“奖励权”转变为“所有权”，推动科研人员有能力、有动力、有权力转化职务科技成果，增强职务发明人的获得感。激励科技成果转化，开展无形资产入股和量化激励改革，实施技术股

+现金股的股权激励模式，激发个人、科研院所、成果转化公司等多方面的积极性。完善知识产权保护与维护制度，努力形成有利于创新驱动发展的知识产权体系，探索实施并推广专利快速审查、确权、维权一站式综合服务，以及专利、商标、版权三合一执法机制举措，促进知识产权与科技创新工作的融合。

（3）探索和完善科技成果转化促进机制。鼓励各科研单位建立强有力的转化机制，设立技术转化中心（国外的OTL机制），服务科研人员开展成果转移转化。政府大力发展风险投资、科技金融，形成科技成果转化资金支持机制，刺激和鼓励民间资本参与。

5. 创新生态与创新文化建设政策

在全社会营造尊重科学、尊重人才的良好氛围，为创新策源能力培育沃土。大力宣传弘扬优秀企业家精神和创新创业精神，加大创新生态、创新政策、创新文化、创新成果宣传力度。尊重科学技术创新必然包含着失败的风险与不可控的试验周期，建构“包容审慎”的科技政策与社会监督环境，给予科研工作者较为宽松的思考时间，以及一定的自主选题和调配经费的自由。积极营造鼓励创新、宽容失败的创新文化与社会氛围。

（课题组成员：张志强、熊永兰、王恺乐、韩文艳）

建设高品质生活宜居地内涵、路径与对策研究

中华优秀传统文化传承与文化产业事业发展研究智库

2020年1月中央财经委员会第六次会议明确提出，推动成渝地区双城经济圈建设，在西部形成高质量发展的重要增长极，使成渝地区成为具有全国影响力的重要经济中心、科技创新中心、改革开放新高地、高品质生活宜居地，助推高质量发展。这是习近平总书记对成渝地区发展的殷切期望，也是新时代重庆和成都两个国家中心城市发展的应有担当。什么是高品质生活宜居地？怎样建设高品质生活宜居地？我们提出如下思考和建议。

一、建设高品质生活宜居地的深远意义

推动成渝地区双城经济圈建设，“两中心两地”的发展目标定位，最终体现在建设高品质生活宜居地，突出对人的关注，对生态的重视，对人民生活质量的不断提高，以促进产业、人口及各类生产要素合理流动和高效聚集，强化重庆和成都的中心城市带动作用。

建设高品质生活宜居地是满足人民美好生活需要的时代使命。党的十九大作出重大判断，我国社会主要矛盾已经转化为人民日益增长的美好生活需要和不平衡不充分的发展之间的矛盾。解决这一矛盾，需要促进经济高质量发展和人民生活高品质提升。

建设高品质生活宜居地是促进经济高质量发展的重要途径。高质量发展是能够很好满足人民对美好生活日益增长的需要，能够体

现新发展理念的发展。高品质生活宜居地建设，是老百姓需要的供给，是有效供给，也是高质量的供给，因此构成了供给侧结构性改革的重要内容。

建设高品质生活宜居地是推进“五位一体”建设的重要抓手。环境保护已成为经济社会可持续发展的共识，“绿水青山就是金山银山”。在保护生态环境和生态文明建设的大背景下，建设高品质生活宜居地的相关朝阳产业、幸福产业、绿色产业具有巨大的发展潜力，在“五位一体”建设中，必将发挥重要作用。

建设高品质生活宜居地是城市高质量发展的必然要求。高品质生活宜居地，助推城市高质量发展；城市发展红利反哺民生，改革成果落实到人。成渝双城经济圈的崛起，必然带来民众福祉的同步提升；高品质生活来自高科技高质量绿色发展成果，并普惠成渝双城整个经济圈每一个人。宜商宜业宜居，民众生活品质提升，幸福感归属感爆棚，双城经济圈的美誉度和辐射力才能飙升。

二、建设高品质生活宜居地的内涵与评价标准

（一）高品质生活宜居地的内涵解读

内涵解读之一：建设高品质生活宜居地以高质量发展为中心，以高标准环境为依托，以高智能科技为手段，以高水平创新为动力，以高质量服务为宗旨，以高审美艺术为场域，不断丰富和提升市民生活方式和诗意栖居的获得感和幸福感。

内涵解读之二：高质量发展奠定雄厚物质基础，高标准环境涵养绿色生态家园，高科技融入推动智慧城市治理，高质量服务构建现代公共体系，高水平创新催生人人价值彰显，高范式引领濡化社区文化空间，高审美方式丰富高雅生活情趣，高素质市民体现优秀人文品格。

内涵解读之三：经济社会发展高质量，生态环境涵养高标准，城市再生动力高水平，创新创造空间高大上，栖居生活方式高质

量，市民人文品位高素质。

（二）高品质生活宜居地的评价标准

高品质生活宜居地评价指标，是一定经济社会发展阶段对民众生活环境构成正面和积极影响的各类因素的统称。结合国内外相关研究以及成渝地区实际，我们认为高品质生活宜居地评价指标体系可采取主、客观指标并行设置方式，形成两套指标系统（客观、主观），每套指标体系设置两级指标，一级指标为评价维度。评估方式可采用主观指标体系和客观指标体系分头开展独立评估。

1. 客观指标

生活质量：包括经济富裕度、环境优美度、资源承载度、生活便宜度、住房舒适度等二级指标。

发展质量：包括个人收入、文化休闲、教育投入、初次就业率、政府服务。

2. 主观指标

幸福指数：包括情绪状态、自我成就、社会情感和社会环境四个子指标体系。

安全指数：包括生存安全感（总体情况、交通安全、食品安全）、社会安全感（信息安全、关系安全、社会秩序和社会治安）和自我安全感（社会地位和自我发展）三个子指标体系。

三、加快建设高品质生活宜居地的对策建议

（一）建设原则

（1）人民中心原则。坚持“以人民为中心”的发展思想，“把增进人民福祉、促进人的全面发展、朝着共同富裕方向稳步前进作为经济发展的出发点和落脚点”。实现好、维护好、发展好最广大人民的根本利益是经济社会发展的出发点和落脚点，建设代表历史前进方向的、对社会发展起推动作用的、以劳动群众为主体的绝大多数普通人的美好生活。

（2）协同发展原则。高品质生活宜居地建设坚持协调平衡的新发展理念，做到经济、政治、文化、社会和生态协同发展；着力解决好发展不平衡、不充分问题，大力提升发展质量和效益，统筹推进“五位一体”总体布局，更好地满足人民在经济、政治、文化、社会、生态等方面日益增长的需要。

（3）共建共享原则。遵循“共生—共识—共建—共治—共享”的逻辑链条，通过产业创新、共同治理、保障民生、繁荣文化、保护生态实现“美好生活”，保证全体人民在共建共享发展中有更多获得感。一是全民共享。不是少数人共享、部分人共享。二是全面共享。全体人民共享国家经济、政治、文化、社会、生态各方面建设成果，全面保障人民在各方面的合法权益。三是共建共享。坚持劳动创造原则，共建才能共享。四是渐进共享。共享发展有一个从低级到高级、从不均衡到均衡的过程。这四个方面是相互贯通的，要整体理解和把握。

（二）建设目标

立足于建设更高水平小康社会、谱写好中国梦成渝篇章，力争把成渝建设成为超大城市中实现高品质生活的典范和标杆城市。在2025年形成公正包容、更富魅力人文之城基本框架的基础上，到2030年让城市更具人文关怀、更有温度和更加宜居宜业，让改革发展成果更多更公平惠及全体市民，让所有工作生活在成渝地区的人们都能享有共同富裕、更加幸福安康的生活，让促进社会公平与提高生活质量的百姓期盼得到更大程度的实现，进而为全面建成卓越的全球城市与现代化国际大都市夯实品质生活领域的发展基础。

（三）实施路径

（1）加快推进区域一体发展，加强顶层设计和政策保障。加大政策保障力度，合理配置公共资源，有效引导社会资源，形成双城整体推进与统筹各方资源的合力；从体制机制上打破各种壁垒与藩篱，疏阔“瓶颈”，求同存异，以“双城”统筹发展的最大公约数作为核心理念和基本原则；加强一体化发展顶层设计，促进成渝地区双城经济圈朝着更加开放、包容、普惠、平衡、共赢的方向演进。

（2）聚焦核心功能塑造，建设更高能级的全球宜居城市。成渝地区双城经济圈城市群的建设目标是“世界级城市群”。成渝作为极核城市，最重要的是塑造核心的功能，推动成渝地区向世界级跃升。要强化在地区内城市细分功能上的错位协同，做强资源要素配置、创新策源、国际消费中心等核心功能。要摒弃过去两城竞争的理念，相互协作，共同发展，打响成渝制造的品牌。

（3）发挥中心辐射作用，带动区域整体升级。成渝地区双城经济圈建设要以中心城市建设推动整个区域一体化建设，通过两座核心城市的带动，发展出更多的中等规模城市，将是成渝地区双城经济圈发展的重点。而在高铁时代，居住在成渝之间城市的居民，可以在成渝两地工作而在本地居住，从而扩大对两地的辐射带动半径。

（4）以系统工程思路抓生态文明建设，营造高品质生活的生态空间。良好的生态环境是最普惠的民生福祉。创造人民的幸福生活，必须实行最严格的生态环境保护制度，按照系统工程的思路加强生态文明建设，形成人与自然和谐共处、环境保护和经济发展并行不悖的现代化建设新格局。成都作为西南生活中心和西部消费中心，要加快推进“三城三都”和美丽宜居公园城市建设；重庆要走好生态优先、绿色发展的高质量发展新路子，加快把重庆建成山清水秀美丽之地。

（5）大力推动“文化 +”，满足人民对“美好生活”的向往。习近平总书记指出，满足人民过上美好生活的新期待，必须提供丰富的精神食粮。当前我们的城市文化建设还存在着“文化短腿”“精神滞后”等不利因素，以及中高端精神文化产品和服务有效供给不足等问题。对此，要大力推动“文化 +”，实行文化产业的供给侧结构性改革，创新文化技术，充分挖掘中华优秀传统文化和巴蜀文化的时代魅力，不断丰富和创新社会主义先进文化，满足人民丰富多样的文化需要。

(6) 政府市场社会市民多方合力，统筹谋划协调推进。切实履行政府职责，充分用好市场机制，有效动员社会力量，注重汇集民意民智，推动形成政府、市场、社会、市民之间的合力，实现对高品质生活的共创共建共享。政府层面强调履行职责，着眼于统筹考虑、工作推进、搭建平台、加强监管，全面落实推进实现高品质生活的各项工作。市场层面强调有效供给，着眼于更加高效地对接市民群众对高品质生活的需求，逐步形成层次多样、充足优质的市场供给。社会层面强调广泛参与，鼓励和引导更大范围的社会力量参与。市民层面强调汇集民智民意，引导强化市民的主体意识。

(四) 重点举措

(1) 打造巴蜀文化旅游走廊，共建世界级旅游目的地。重庆和四川文化旅游资源得天独厚、丰富多样。成渝双城经济圈将两地的文旅融合推到了全新的起点，两地可强强携手，推动文化旅游融合发展，共建巴蜀文化旅游走廊，合力推动巴蜀文化在全球的营销，打造世界级的旅游目的地。

(2) 加强川渝文化交流合作，共同弘扬巴蜀优秀文化。推动巴渝、巴蜀文化研究，建构文化理论创新体系，为成渝双城经济圈建设提供思想保证和智力支持；加强重庆和四川人文精神的提炼与传播，整合历史文化资源，建设共有精神家园；打造具有地域文化特色的文化艺术产品，以不断满足人民群众的精神文化需求；在图书信息、艺术教育、文化旅游等方面实现共建共享，推动川渝两地经济社会和文化的大发展大繁荣；加强地域文化资源与世界优秀文化资源的整合，推动成渝在城市文化品牌、文化创意产业、乡村文化产业以及非物质文化遗产保护与利用等方面合作，创新文化生产方式，联合打造成渝文化产业旗舰；加强川渝民间文化艺术团体的交流合作，开展互访、观摩、学术交流，搭建川渝文化和谐发展平台。

（3）共建学习型城市，提升市民的学习力和创造力。出台推进学习型城市建设的相关政策，构建处处可学的社会环境，不断提升市民的学习力和创造力，到2025年基本建成学习意识普遍化、学习行为终身化、学习组织系统化、学习体系社会化的学习型城市格局。成渝携手开展“书香双城·全民阅读”活动，探索各级各类图书馆、书城书店与社区联建分馆、书吧等新型阅读空间；推动党报党刊、主旋律电影、川剧和曲艺等进社区、进院落，开展基层优秀传统文化数字化行动。

（4）打造成渝双城生活圈，共建成渝宜居生活走廊。随着长三角一体化发展进程不断加速，上海、南京、杭州、苏州等大城市之间的交通便捷程度已经与城市轨交类似，“1~3小时生活圈”梦想变为现实。成渝地区发达的交通不仅助推区域经济合作步伐加快，也将给成渝地区的生活带来显著变化，越来越多人开始选择过一种“双城生活”，即家在一座城市、工作在另一座城市。以美丽宜居公园城市建设为引领，加快成都东部新区建设，着力打造“远者来、来者悦、悦者居、居者乐”的成都东部家园，构建成渝宜居生活走廊。

（5）打造成渝双城美食圈，共建国际美食之都。弘扬成渝具有本土特色的饮食文化，推动成渝美食文化的传承和创新；推动两地美食文化交流，筑牢同根同源的文化根基；继续擦亮成渝美食文化的金字招牌，推动“美食+文化+旅游”融合发展，携手共建“国际美食之都”；推动两地发展绿色餐饮、特色餐饮、定制餐饮，建立商协会和行业之间人才培育、人才交流、资质认定等机制，鼓励优秀人才将成渝餐饮文化传播到世界各地；大力提升餐饮业服务水平、经营特色和文化品位，大力实施文明餐桌行动，全面推进“分餐制”，推行节俭用餐、卫生用餐、健康用餐、文明用餐新风尚。

（6）打造双城文体旅融合发展走廊，共建运动健康之城。加速启动成渝城市群“运动健康之城”建设，颁布关于全民健身的地方性法规；加大财政投入力度，从政策层面对全民健身运动进行推广；打造双城品牌体育赛事，聚合式推动文体旅深度融合发展，共建双城文体旅产业融合发展走廊。

（7）对标国际消费大都市，共建国际购物之都。打响“成渝购物”品牌，加快成渝国际购物之都建设。实施新消费引领专项行动，推动传统商业转型升级，加快创新技术集成应用，支持新业态、新模式发展，打造零售创新“竞技场”和“试验田”；对标国际一流，积极营造最优最好的购物环境，提升软硬件水平，建设精品云集享誉世界、接轨国际的世界级商圈商街；突出开放创新，加快集聚最新最潮的消费品牌。强化资源共享，力争实现性价比最高最划算；实施商旅文体会联动专项行动，构建“项目共推、客流共享、标准共建、平台互联、主体互动、宣传互通”的联动机制，着力扩大外来消费比重，实现商业与商务、会展、旅游、文化、体育等产业融合发展。

（8）推动宜居社区、运动社区、文化社区建设。建设宜居城市首先要建设宜居小区。改造老旧小区，发展社区服务，不仅是民生工程，也可成为培育国内市场、拓展内需的重要抓手。探索容积率片区平衡模式，推进城镇棚户区和老旧小区改造，结合实际加装电梯、配置停车充电和体育健身等设施，推动拆墙并院、拆违增绿等公共空间微更新；加强亲民化、适老化改造和无障碍环境建设。实施背街小巷综合整治。推进历史名城、历史街区、历史建筑等历史文化遗存的修缮保护；推动城市社区有机更新和环境治理。加强社区规划、建设和管理，合理确定社区规模和管辖范围，建设尺度适宜、配套完善、文化浓郁、智能便捷、邻里和谐、运动健康的宜居社区。

（9）进一步优化营商环境，为高品质生活宜居地提供法治支撑。成渝地区双城经济圈建设是习近平总书记亲自谋划、亲自部署、亲自推动的重大国家战略。营商环境是成渝地区双城经济圈建设的重要保障。两地要对标国际标准优化营商环境，为市场主体提供公正高效便捷的司法服务，增强市场主体的法治获得感，助力市场化、法治化、国际化营商环境建设，为高品质生活宜居地建设提供法治保障。

(10) 加强高品质生活宜居地的评价研究，构建衡量指标体系。在认真听取各方意见尤其是市民群众对品质生活切身感受的基础上，创建成渝高品质生活宜居地的评价指标体系，做到既能准确评估实现高品质生活的需求和成效，又能真实反映实现高品质生活中的短板，还能直观揭示实现高品质生活中“民生三感”的提高情况，使实现高品质生活结果与居民实际感受更加接近。重视时间富裕的重要性，可考虑增加旨在关爱子女、照顾老人和增进家庭成员感情的“家庭共同时间”“优质时间”“黄金时光”之类的评价内容或相关指标，进而更好地体现创造品质生活进程中的人文关怀。

(11) 建立高品质生活宜居地建设的信息发布与统计调查机制。建立信息发布机制，既可以直观、通俗、易懂方式向社会公众定期发布高品质生活宜居地的最新进展情况，又可更好地回应市民群众对高品质生活的重大关切，还可让社会公众和舆论监督政府履行所做的承诺，以及强化政府的责任意识。同时，注重创新高品质生活调查手段，拓展监测领域，提高调查数据质量，完善评估方法以及开发在线分析互动平台、移动资讯客户端、掌上数据库、可视化在线图表、统计政务微博（微信）等新功能。

（执笔人：李明泉、刘文帅）

关于川渝毗邻地区协同发展研究

新时代省情与发展战略研究智库

推动成渝地区双城经济圈建设是习近平总书记亲自谋划、亲自部署、亲自推动的一项重大区域发展战略，为成渝地区提升战略位势、发展能级和群众福祉带来了重要机遇。从根本上讲，一体化发展是成渝地区双城经济圈建设必须坚持的基本理念、主攻方向与关键所在。川渝毗邻地区协同发展是成渝地区双城经济圈一体化发展最重要、最现实、最有需求性和最具共同动力的切入点，对成渝地区双城经济圈加快推动“中部崛起”，打造高品质生活宜居地和促进体制机制创新具有重要意义。本课题立足川渝毗邻地区发展现实，尝试回答什么是更具经济学意义的川渝毗邻地区、如何看待川渝毗邻地区协同发展的现状与制约以及怎样促进川渝毗邻地区协同发展三大问题，力争为成渝地区双城经济圈建设战略的落地落实提供决策参考。

一、川渝毗邻地区的内涵与外延界定

（一）地理意义上的行政区划毗邻地区

地理意义上的川渝毗邻地区是在行政区划上交界区域。按照2019年的行政区划，川渝毗邻的四川部分涉及泸州、遂宁、内江、资阳、广安、达州共6个地市，包括17个区县，分别为：泸县、合江县、蓬溪县、船山区、安居区、隆昌县、东兴区、武胜县、岳池县、华蓥市、邻水县、大竹县、达县、开江县、宣汉县、万源市、安岳县。川渝毗邻的重庆区县有 13 个：万州区、渝北区、长寿区、江津区、合川区、永川区、潼南区、大足区、荣昌区、梁平区、垫江县、开州区、城口县（见图 1）。

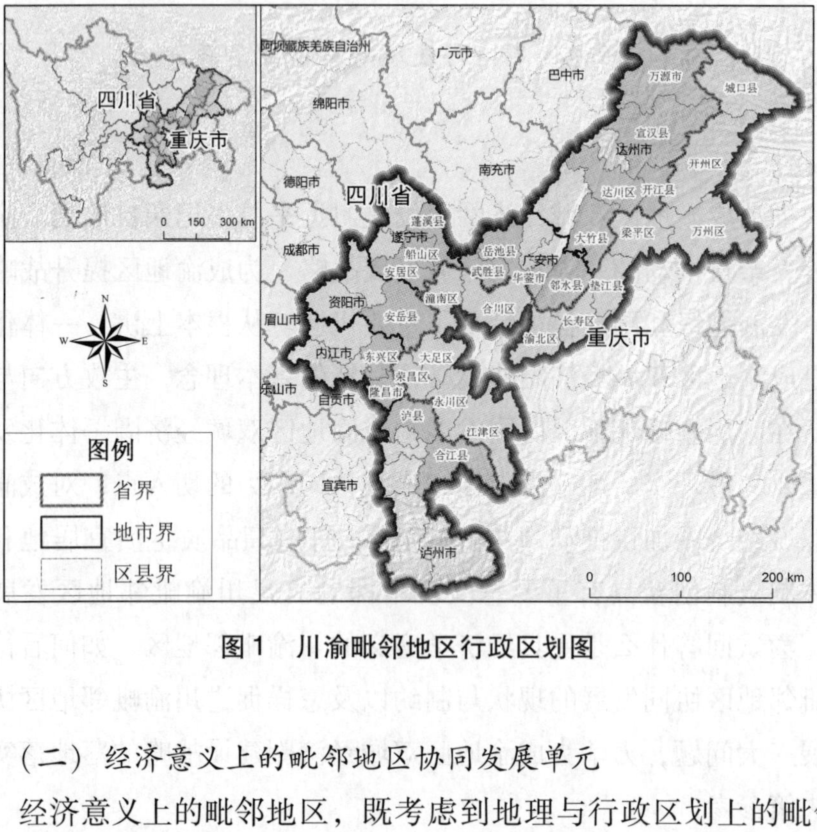

图 1　川渝毗邻地区行政区划图

（二）经济意义上的毗邻地区协同发展单元

经济意义上的毗邻地区，既考虑到地理与行政区划上的毗邻，也不局限于纯粹地理与行政区划上的毗邻，更多考虑毗邻地区的经济联系，可能部分覆盖毗邻地区，也可能覆盖到虽未毗邻但具有较强经济联系的地区。

1. 成渝城市群规划中的四大毗邻地区

《成渝城市群规划》用专节论述了川渝毗邻区域合作发展，提出推进“广安、合川、北碚”“江津、永川、泸州”“铜梁、潼南、资阳”“荣昌、内江、泸州”合作发展。这四类川渝毗邻区域不是完全意义上的行政交界地区，而是具备较强经济联系的经济区域。

在此基础上，部分区域扩展合作，如由“荣昌、内江、泸州”合作发展拓展而来的泸内荣永一体化等。

2. 川渝毗邻地区协同发展重点地区

2019 年 7 月，川渝两地签署 2019 年深化川渝合作“2 + 16”系列工作方案（协议），其中提出重点推进川渝毗邻地区“一片、两点、一轴、两区”协同发展。“一片”，即四川省与重庆市毗邻的 6 个地级市，包括泸州市、遂宁市、内江市、广安市、达州市、资阳市；“两点”，即川渝合作示范区的潼南片区和广安片区；“一轴”，即成渝轴线区（市）县，主要包括重庆市永川区、大足区、璧山区、铜梁区、潼南区、荣昌区和四川省成都市龙泉驿区、简阳市、遂宁市安居区、隆昌市、安岳县、乐至县等 12 个区市县；“两区”，即泸（州）内（江）荣（昌）永（川）和达（州）万（州）一体化发展（见图 2）。

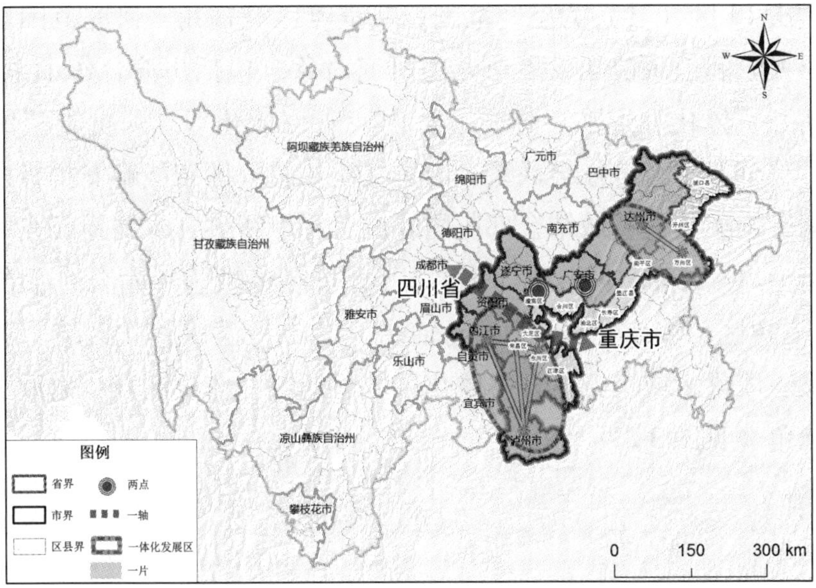

图 2　川渝合作“2 +16”系列工作方案提出的重点合作区域

3. 地处多维省际结合部的毗邻地区

川渝毗邻地区还有部分涉及其他省域结合部。如四川达州、巴中部分区域与重庆城口、巫溪、开州区以及陕西的安康部分地区形成川渝陕毗邻片经济区，建设川陕革命老区振兴发展示范区以及生态文化旅游区。同样，位于川渝滇黔四省市结合部的川南地区，也存在多重意义的川渝毗邻地区。如重庆巴南、黔江，四川泸县，贵州播州、绥阳、松桃、习水打造黔川渝毗邻文化旅游金三角。重庆江津区、四川泸州市、贵州遵义市也签订了《渝川黔毗邻地区经济社会发展协作会框架协议》。

（三）本课题重点考察的毗邻地区

本课题认为，川渝毗邻地区区域合作与协同发展的重要空间载体，以多种形式存在，形成多元毗邻地区协同发展单元体（或叫综合体）。从整体视角，研究范围应以行政区划毗邻区域为基础，考虑到行政级别的对等以及实践中全域一体化的趋势，以四川 6 市与重庆 13 区（县）为空间范围；从重点区域视角，研究范围以多种形式毗邻地区协同发展单元为研究对象，包括川渝合作示范区、万达开一体化、遂潼一体化、泸内荣永一体化等。从更宽泛的视角，综合考虑经济社会联系、历史文化传统、国家战略安排等多重因素，兼顾其他省域结合部协同发展。综上所述，本课题研究整体范围为川渝毗邻 19 个市（区、县），重点区域为川渝合作示范区（广安片区、潼南片区）、成渝轴线区（市）县一体化区域、泸内荣永一体化区域、万达开一体化区域、遂潼一体化区域，侧重于四川视角（见图 3）。

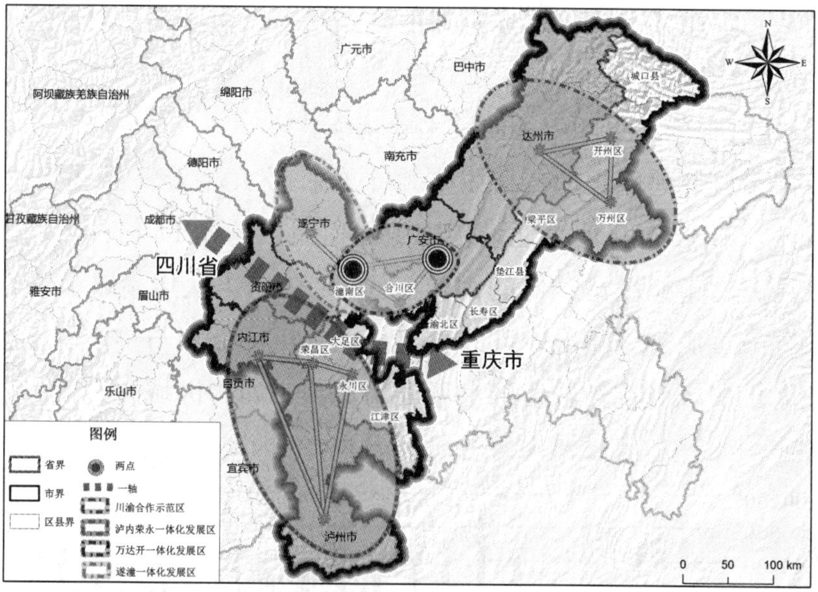

图3　川渝毗邻地区协同发展研究的空间范围

二、川渝毗邻地区协同发展现状判识

（一）川渝毗邻地区经济发展基本情况

1. 整体处于成渝地区“中部塌陷”区域

截至2018年年底，川渝毗邻地区人口占川渝总人口的32%，经济总量（GDP）占川渝的28%，财政收入占川渝的16%。相对于成都、重庆双核强劲的集聚能力，川渝毗邻地区则处于“中部塌陷”区域，发展水平相对滞后。

2. 毗邻地区与重庆经济联系更为紧密

四川毗邻重庆区域大多在行政与消费上与成都联系紧密，而在经济上与重庆联系更为紧密，民间常常把这种现象形象地概括为“小车跑成都，大车跑重庆”。四川毗邻重庆地区大多可融入重庆一小时经济圈，内江、广安部分区域已经融入重庆半小时经济圈，与重庆经济联系更为紧密，以承接重庆产业转移及产业配套协作为主。从一定意义上讲，川渝毗邻地区是一个以重庆一小时经济圈为重心的合作区域。

3. 内部经济发展水平存在较大差异

川渝毗邻地区之间经济发展水平存在较大差异（见图4）。例如，人均 GDP 最高的渝北区是最低的达州市的 3.17 倍；人均财政收入最高的渝北区是最低的内江市的 2.73 倍。从川渝毗邻地区四川部分与重庆部分相比较可以看出，除去重庆城口与垫江二县，毗邻地区重庆区域在经济发展水平上明显高于四川区域。

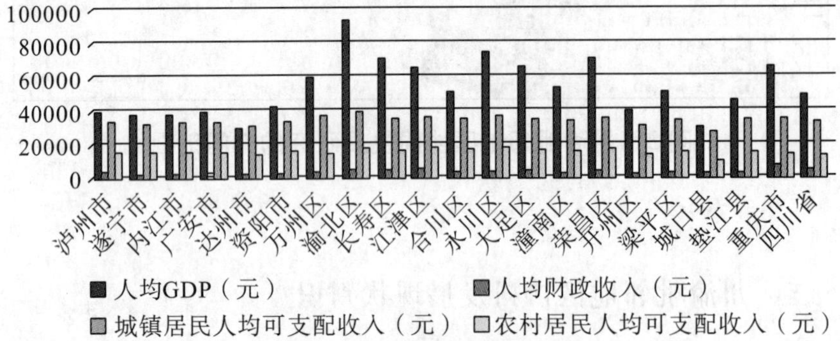

图4 川渝毗邻地区经济发展主要指标对比

数据来源：根据《四川统计年鉴 2019》《重庆统计年鉴 2019》数据绘制。

4. 按照经济发展水平呈现多种毗邻类型

相对而言，渝东北川东毗邻片区属于弱弱毗邻，整体发展较为滞后。渝西川南片区实力基本相当，属于沿江城市带。成渝轴线毗邻片区实力稍强，与成渝地区双城联系更为紧密。

（二）整体协同发展历程与特点

1. 协同发展历程

川渝毗邻地区山水相连、人文相亲，抱团发展由来已久，尤其是成渝地区发展上升为国家战略之后，一体化发展进入实质阶段。按照由成渝地区在国家战略布局中的重要事件为节点，可以大致将川渝毗邻地区一体化发展历程划分为三个阶段：

第一阶段：2007—2015 年成渝经济区毗邻区域一体化阶段。早在 2007 年 10 月，川渝毗邻地区 31 个县（区、市）签署《川渝毗邻地区合作互动框架协议》，明确提出在基础设施建设、市场建设合作、产业布局、城乡统筹、生态环境、应急联动六个方面开展合作互动。同年 12 月，渝西川东八区县经济协作组织（原大足县、荣昌县、原双桥区、潼南县，四川安岳县、东兴区、泸县、隆昌县）成立，2015 年增加毗邻泸县的富顺县、龙马潭区和永川区，形成了“8 + 3”区域合作新模式，2017 年扩展为 13 个市区县参加①，成为川渝合作重要的毗邻地区合作组织，对加快成渝城市群一体化协调发展将起到积极推动作用。

第二阶段：2016—2019 年成渝城市群毗邻地区一体化阶段。2016 年国家发改委批复的《成渝城市群发展规划》专门论述川渝毗邻地区一体化发展，提出设立川渝合作示范区，推进重点区域协同发展。2019 年 7 月，四川毗邻重庆的泸州、遂宁、内江、广安、达州、资阳 6 市政府与重庆市政府签署合作备忘录，成立成渝城市群一体化发展毗邻地区合作联盟。

第三阶段：2020 年至今成渝地区双城经济圈毗邻地区一体化阶段。2020 年 1 月 3 日，习近平总书记主持召开的中央财经委员会第六次会议，明确将成渝地区双城经济圈建设上升为国家战略，将川渝毗邻地区协同发展推向了新的高潮。2020 年 1 月 7 日，川渝两省市发展改革委联合举办的推进川渝合作毗邻地区一体化发展座谈会在重庆潼南召开，川渝两地共有 22 个区（县市）参加。

2. 协同发展呈现新特点

一是地级市政府主导，全域协同融合发展。虽然四川毗邻重庆

① 四川省泸州、内江、遂宁、资阳等 4 个地级市及所辖的安岳、东兴、隆昌、泸县，和重庆市的荣昌、大足、铜梁、潼南、永川等共 13 个市区县。

主要是六市的部分区域，但毗邻地区的协同发展基本上都是由市级单位协同推进的，更多是市级层面的合作，合作范围大多覆盖市级全域。二是积极推进示范区与园区建设。除了全力打造的高滩新区，遂潼新区、川渝合作荣昌隆昌合作示范区、万达开川渝统筹发展示范区等也在谋划推进之中。三是呈现出遂潼一体化、泸（州）内（江）荣（昌）永（川）和达（州）万（州）一体化等一体化示范轴带。四是涌现多种形式合作组织与平台，包括渝西川东八区县经济协作组织、成渝城市群一体化发展毗邻地区合作联盟、渝西旅游带区域协作区①等。

（三）重点区域协同发展

1. 川渝合作示范区（广安片区）

2011 年 3 月，《成渝经济区区域规划》提出“在川渝毗邻的潼南、广安建设川渝合作示范区”。2012 年 11 月，国家发改委正式批复《川渝合作示范区（广安片区）建设总体方案》，明确将广安建成成渝经济区乃至全国区域合作的典范。2013 年 6 月启动建设邻水县高滩川渝合作示范园，2018 年高滩园区升级为高滩新区（市级园区），2019 年率先开通一地双号（0826、023）以及至重庆举人坝轻轨站直通车。2020 年高滩新区升级为省级园区，并启动两江新区“配套园”承接重庆汽摩配套及电子产品，启动重庆保税港区“加工园”、空港园区“飞地园”、渝广科技“示范园”、川渝共建装备制造“园中园”等，聚力建设 1000 亿级川渝合作先行示范区。

① 渝西旅游经济带于 2013 年 11 月由重庆市政府提出打造，2015 年 4 月四川省资阳市、广安市加入渝西旅游经济带区域协作区，构成了渝西旅游经济带重庆潼南、合川、铜梁、璧山、大足、永川、荣昌、江津、綦江、万盛、南川和四川广安、资阳“11 + 2”的模式。打造以重庆主城—江津—铜梁—潼南—广安—南充—达州—开州为主的红色精品旅游带，在市场拓展、游客互送、品牌共建、信息共享方面深度合作。打造了渝西环城走廊遗产风光旅游带的“山水都市”“温泉之都”“环城走廊”“世界遗产”“巴渝古镇”“美丽乡村”等旅游名片，唱响了“渝西走廊、醉美天堂”的品牌。

2. 成渝轴线区（市）县一体化

2018年，由成渝北翼、南翼和中部三条发展走廊沿线12个区（市）组建成渝轴线区（市）县协同发展联盟，签署《成渝轴线区（市）县协同发展联盟战略合作协议》。成渝轴线区（市）县协同发展联盟2019年年会暨渝西川东经济协作会，参会的区（市）县扩展至14个（重庆市永川区、大足区、璧山区、铜梁区、潼南区、荣昌区以及四川省龙泉驿区、简阳市、安居区、隆昌市、安岳县、乐至县、东兴区、泸县），围绕交通规划、文化旅游、生态环保、警务联勤等16个领域展开专题讨论会，补充完善及新签署了双边、多边合作项目和协议30项。成渝中线高铁也将于2020年开工建设。

3. 泸内荣永一体化

2019年7月，四地政府签订《深化川渝合作推动泸内荣永协同发展战略合作协议》，着力打造内陆开放高地和国际物流枢纽，共筑成渝城市群发展重要支点。2020年2月29日，重庆市荣昌区和四川省泸州市通过视频会议商讨了基础设施、产业协同、公共服务等7个领域的具体合作事项。3月中旬，内江高新区与泸州市以及重庆荣昌区、永川区达成《“泸内荣永”国家高新区产业联盟合作协议》，联合争取科技部设立产业投资基金，形成“1+2+4+N”（科技部+四川省、重庆市+泸内荣永+其他）国家高新区协同发展战略，携手打造区域产业集群和创新创业生态，促进成渝地区双城经济圈中部崛起。3月30日，荣昌区人民法院与四川省内江市资中县人民法院共同签订《成渝地区双城经济圈荣资两地司法协作框架协议》，这是渝西川东首个基层法院司法协作框架协议，此举标志着川渝两地基层法院围绕成渝地区双城经济圈建设的司法合作共商共建正式开启。[①]

① http://mini.eastday.com/a/200401220058229.html。

4. 万达开一体化

2016 年 9 月，达州市与万州市签订《战略合作框架协议》，着重在交通设施、现代农业、科教文卫等七个领域开展深度合作。同年 11 月，达州市农科院与重庆市三峡农业科学院签订了《科研战略合作协议》，着力在新品种选育、育种材料交流等技术和项目上开展合作。2019 年以来，推动达竹煤电、达钢集团等与重庆三峡铁水物流公司共建达万货运班列平台运营公司，2019 年 9 月 29 日成功开通四川东出铁水联运班列，开辟了四川东出经达州至万州港长江货运出海新通道，引导四川铁投广润物流、达州市国资经营公司参与万州新田港建设，争取将万州港口功能延伸至达州，共建达州“无水港”。2020 年以来，四川与重庆发改委联合达州、万州、开州，协同创建万达开川渝统筹发展示范区，达州市组建“万达开统筹发展研究院”。围绕三地天然气、锂钾等优势资源和港口物流、农产品加工、装备制造、生态文化等优势产业，三方将共同建设好国家天然气综合开发利用示范区、锂钾综合开发产业园、特色进出口基地、国际产能合作园等产业合作平台；共同利用巴山大峡谷和八台山风景区、开州刘伯承故居、万州大瀑布等旅游资源，共建“大三峡”“大秦巴”旅游环线，促进毗邻地区文旅产业发展；规划建设大巴山国家公园，促进区域环境保护联防联治，共同筑牢长江上游生态屏障。

5. 遂潼一体化

2017 年 8 月，潼南区与遂宁市签订《推进区域协同发展战略合作协议》，明确了产业协作互补等 20 余个合作事项。2019 年 6 月，遂宁与潼南共同签约合作备忘录，携手推进涪江干流双江航电枢纽工程建设。同年 12 月召开的遂宁市委七届九次全会暨市委经济工作会议更是明确提出，加快推进与潼南区一体化发展，建立精简高效的推进机制，编制遂潼一体化发展规划，加强双方在基础设施、产业体系、协同创新、国土空间布局、生态环境保护、体制创新等方面的合作。2020 年 1 月 16 日，遂宁市成渝地区双城经济圈高质量发展研究院正式成立。3 月 10 日，遂潼一体化发展领导小组第一次会议，签署了“1 + N”即 1 个《推动遂宁潼南一体化发展合作协议》和 17 个专项合作协议，涉及人才、产业、交通等 17 个领域。两地将加快推动一体化发展，共同规划争取设立遂潼新区，共同规划文旅产业，推进建筑产业准入一体化，实现公共服务一卡通，探索公积金贷款同城化，建立共同招商机制、园区合作机制、联合宣传机制和联席会议制度等。3 月 24 日，签订《成渝地区双城经济圈轨道交通铜潼遂段建设合作框架协议》。3 月 30 日，遂宁市农业农村局与潼南区农业农村委员会签订《推动遂潼农业农村领域一体化发展协议》，两地将在现代高效特色农业产业带、川渝乡村振兴遂潼合作示范区、搭建农产品产销对接平台（推进“潼南绿”“遂宁鲜”整合营销）三个方面展开深入合作。

（四）重点领域协同发展

1. 交通基础设施一体化

川渝地区交通快速发展，目前基本形成了铁公水空综合立体交通网络，交通联系日益便捷。截至 2019 年 12 月 29 日，连接四川泸州和南充的潼南至荣昌高速公路正式通车，两地间高速公路通道达 12 个。2020 年，将建成成资渝高速公路，新开工南充至潼南、内江至大足、泸州至永川、开江至梁平 4 个高速公路项目。到 2025 年，川渝间将形成 17 条以上高速公路大通道，水运Ⅳ级及以上航道总里程达到 1700 公里，港口集装箱吞吐能力达到 300 万标箱。① 成渝之间已有成渝高铁、成遂渝铁路、成渝铁路 3 条铁路线，成渝中线高铁也将于今年开建，成南达万沿江高铁项目力争 5 月底前获得可研批复，渝西高铁前期工作加快推进。多式联运大力发展，已开辟达州至万州港的铁水联运通道，并积极争取国家批准

① 2020 年川渝两省市召开深化交通运输合作视频会。

在万州建立综合保税区和达州设立海关，合作开发建设万州保税物流园区和达州秦巴物流园区，合作建设达州“无水港”。

2. 产业发展协同合作

川渝两地共同推动毗邻地区共建合作示范园区，推进产业布局优化、产业转移与产业升级协同。川渝两省（市）国有企业①和广安市、邻水县四方共建川渝合作高滩新区，四川省隆昌市与重庆市荣昌区携手共建川渝合作高新技术产业园，万州与达州以万州新田港物流园区和达州秦巴物流园区建设为重点共建物流园区。另外川渝合作（达州·大竹）示范园区、万达开川渝统筹发展示范区等也在加快建设之中。

毗邻地区产业配套协作加快推进。以广安为例，邻水在高端装备制造、智能制造等产业上对接重庆，着力打造现代装备制造产业集群和西南地区重要的现代装备制造生产基地。截至 2019 年年底，高滩园区共签约项目 87 个，有 70 个来自重庆，整个园区已建成投产企业 42 家，其中有 39 家企业均是重庆企业的配套企业。

文旅融合是毗邻地区产业合作的重要内容。安岳、大足、潼南、荣昌等地共同推出“成渝轴线乡村文化生态之旅”精品旅游线路，建设石刻文化旅游圈、川渝现代柠檬产业园、川渝花卉药材园区等，形成了“大足—石羊—龙台—卧佛”川中石刻文化旅游、“大足—中敖—高屋—协和—兴隆—文化”三湖两山旅游等精品线路，互送客源 20 余万人次。

3. 生态环境联防联治

毗邻地区在水污染防治、流域生态环境保护、大气污染治理、危险废物监管、环境执法合作、环境应急联合处置机制等方面成效明显。如江津区、荣昌区、合川区、潼南区与泸州市、广安市、遂宁市环境执法部门开展水污染防治联合执法检查，荣昌区、泸州市

① 渝富集团、四川发展（控股）有限公司。

签订《濑溪河流域环境保护联动协议》，合川区、铜梁区、潼南区等与四川武胜县、内江市等开展联合巡河、污水“三排”专项整治联合行动。渝西川东 7 +2 区县签订《区域大气污染防治联防联控合作协议》，制定长寿区、江津区和四川省毗邻区域钢铁等大气重点行业、重点污染源整治清单。在环境应急联合处置方面，荣昌与内江共同推进大清流河、马鞍河、渔箭河、龙市河等跨界河流水环境综合治理，建立跨省河流水情、雨情信息共享和通报制度，建立跨区域环境保护联动协作机制、上下游河长联动机制和生态补偿机制。遂宁与潼南共同推进涪江、琼江沿岸生态环境治理，铜梁、荣昌、潼南、安居、乐至、安岳、隆昌 7 个区（市）县将建立涪江琼江水环境整治、建立跨区域护林联防合作机制，共同改善区域生态环境质量，实现联防联控。合川区生态环境局会同广安市生态环境局，联合举办跨省界突发环境事件应急演练。遂宁、潼南两地生态环境局签订合作协议，深化环境应急协商机制。梁平与毗邻达州市及所辖三区县（开江县、大竹县、达川区）共筑长江上游明月山生态屏障，同推乡村振兴示范带。

4. 公共服务一体化

公共服务一体化是毗邻地区融入成渝地区高品质生活圈的重要内容。推动院地、校地合作，如已挂牌西南医科大学附属中医医院潼南医院、荣昌分院、隆昌分院，西南医科大学附属口腔医院永川指导医院。四川警察学院与重庆警察学院、泸职院与重庆海康威视、四川三河职业学院与重庆宗申动力机械公司等合作不断深化。开展公共卫生协同合作，毗邻区县就儿童免疫规划、重大传染病防治等方面建立了合作共享机制，推进异地就医联网结算等。内江作为全省首批开展跨省异地就医工作的试点城市，已与重庆市实现两市参保人员均可持社会保障卡，在对方已开通跨省异地就医的医院进行跨省异地就医普通住院直接刷卡结算。公共就业服务合作方面，建立了劳务公共服务对接渠道，定期交换招聘岗位和求职人员信息。内江就业服务机构办理的《就业失业登记证》已与重庆实现互认，重庆、内江符合享受失业保险待遇的人员可自主选择失业保险金领取地。

三、川渝毗邻地区协同发展的问题与制约

经过多年的探索和实践，川渝毗邻地区合作不断深化，合作进程逐步加快，一体化发展的趋势日益明显。但大体上还是以政府行政为主导的点对点式的合作发展，市场主体参与不足、多元主体合作不多，协同发展的体制机制还不健全，要素资源自由流动还受到行政壁垒的制约，尚未形成全域全面协同发展的格局。

（一）产业发展联动性较差

在现有的川渝毗邻地区点对点合作中，产业合作还受到产业结构不配套、协同发展诉求不对等因素影响，部分产业还未形成合作契合点。主要表现在：川渝两地政策不协调，发展要素指标体系不能共享，比如土地结余指标、污染物排放指标等；部分行业执行标准不一致，在资源共享、要素流动和行业交流合作等方面存在不少障碍；地区之间还存在产业环节低层次同质化竞争、各自为政的局面，根植于深度合作的产业链、产业集群的形成还需进一步探索；产业合作推进缺乏重大项目支撑，引领产业发展动力不够，市场带动效应不明显，合作“潜能”、效应尚未充分发挥。

（二）基础设施互联互通亟须强化

目前，川渝毗邻区域除成渝主轴沿线区域的交通网络比较密集以外，其他区域的交通基础设施还比较薄弱，交通线路过于疏散，还未形成互联互通交通网络。城际快速交通尚未完全建成，部分地区还存在行政割裂或用地指标限制等引起的“断头路”，比如，广安市邻水县和重庆渝北区之间的交通通道至今尚未打通。即使在交通条件较好的地区，交通线路也比较单一，还存在未与西部省际大通道连通的问题，比如，兰渝高铁在四川境内的线路、川陕渝大通

道等交通线路尚未打通。交通枢纽、节点城市的基础设施建设依然薄弱，比如，遂宁、广安等地还未建成区域性的物流中心枢纽，泸州、永川等地的物流基础设施建设距离西部陆海新通道的差距较大，承载力明显不够。

（三）生态环境联防共治机制尚未完善

目前，虽然在合作紧密的毗邻区县之间大多签署了跨境生态环境联防共治协议，但在具体执行中，还面临诸多障碍。例如，毗邻区县之间对生态环境监测取样、监测布点及数据误差矫正等方面的标准不一，污染控制指标及其因子分析也有不同，使得联防共治在实际操作中难以实现。再则，尚未建立统一的生态补偿机制，上下游区县之间扯皮现象时有发生，生态修复和环境治理联防共治水平还有待提升。

（四）公共服务共建共享受行政区域限制

川渝毗邻地区尚未建立统一的公共服务平台，在某些点对点合作地区，开展了医疗保险跨境报销等试点，但范围较小，还需进一步推广。尽管目前重庆和四川签署了医疗保险合作机制，但实施尚需时日，还存在跨境报销比例不同、认定标准不同等现实障碍需要突破。川渝毗邻地区尚未建立覆盖全域的统一的就业通道，仅在部分地区之间实现信息共享、证书互认。公共交通还存在区域限制，亟须推动便民支付同城待遇，以促进人员在区域之间的流动。

四、国内外先进经验借鉴

（一）统一规划共谋毗邻区域双赢发展

毗邻区域共谋联动发展，融入城市群、都市群等优势区域合作已成为趋势。其中，京津冀毗邻区域合作走在了前列，规划协同是关键。《北京城市副中心控制性详细规划（街区层面）（2016 年—2035 年）》要求推动城市副中心与河北省廊坊北三县地区协同发展。通过政府引导、市场运作及合作共建等方式，推动交通基础设施、公共服务和产业向河北廊坊北三县地区延伸布局，共同建设潮白河流域大尺度生态绿洲。2020 年 3 月《北京市通州区与河北省三河、大厂、香河三县市协同发展规划》，明确“统一规划、统一政策、统一标准、统一管控”，共同打造“国际一流和谐宜居之都示范区、新型城镇化示范区、京津冀区域协同发展示范区”。同时，廊坊对标对表雄安新区和北京城市副中心规划理念，完成引领协同发展的“1 +5 +12”的规划体系。

（二）共建示范区或产业园区

《长江三角洲区域一体化发展规划纲要》提出推动省际毗邻区域协同发展，支持虹桥—昆山—相城、嘉定—昆山—太仓、金山—平湖、顶山—汊河、浦口—南谯、江宁—博望等省际毗邻区域开展深度合作。共建跨区域产业合作园区，包括苏宿合作高质量发展创新实验区建设、沪苏大丰产业联动集聚区、中新苏滁、中新嘉善等省际合作产业园，并支持徐州与宿州、淮北合作共建产业园区，支持江阴—靖江工业园区建设跨江融合发展试验区。《河北省科技创新“十三五”规划》提出河北以毗邻北京的 14 个县（市、区）为核心区，建设集现代生态农业、都市农业、智慧农业、高效农业为一体的环首都现代农业科技示范带，使之成为京冀农业协同创新的重要支点。①

（三）分类型开展跨界合作

毗邻地区涉及的协同发展单元较大，区分合作类型开展针对性的跨界合作非常必要。如江苏省对于虹桥—昆山—相城、嘉定—昆山—太仓等先发地区，跨界合作以科技创新、发展总部经济和枢纽经济为主；对于顶山—汊河、浦口—南谯以及苏浙皖交界等生态资源富集地区，则以公共服务共享和跨界生态资源共保为主。南京毗邻区域协同发展则细化到不同示范区，江宁—博望一体化示范区探

① http://m.haiwainet.cn/middle/456689/2015/1028/content_ 29297388_ 1.html。

索产城融合同城化发展和毗邻地区社会治理体制创新。顶山—汉河一体化示范区全面构建智能制造、轨道交通装备等先进制造业合作共赢的发展格局。浦口—南谯一体化示范区聚焦打造长三角省际毗邻地区绿色发展示范区和苏皖跨界城乡融合发展试验区。

（四）毗邻党建引领跨界治理创新

上海金山区与浙江嘉兴平湖市、嘉善县先后签署“毗邻党建”引领区域联动发展合作框架协议，建立起两地区（市、县）委、相关职能部门以及毗邻地区镇党委、村居党组织多层次的合作体系。成立联动发展工作领导小组，建立健全金山、嘉兴两地党政领导互访机制、职能部门交流机制、联席会议制度。健全两地基层党组织书记、党务干部培训交流制度，探索“双委员制”，两地村居党组织班子成员实行相互交叉任职。健全毗邻地区环境保护和治水护水多方联动机制，加强区域环境空气质量的联防联控，深化防汛防台、水利建设、水事安全、水务执法、水文监测以及应急处置等多领域合作。金山区与嘉兴市联合上海张江，共建张江长三角科技城和浙沪新材料产业园，同时联合推进农业、旅游开发一体化发展。首创“边界十联”平安建设机制，推进医保联网、公交连通、文化联姻。

五、川渝毗邻地区协同发展的战略思路

（一）指导思想

坚持以习近平新时代中国特色社会主义思想为指导，深入贯彻落实习近平总书记关于区域协调发展的重要论述，“一干多支、五区协同”“四向拓展、全域开放”战略部署，中央财经委员会第六次会议和推动成渝地区双城经济圈建设四川重庆党政联席会议第一次会议精神，紧紧围绕“两中心两地”目标定位和七大任务，以“巴蜀一家亲”“川渝一盘棋”为基本理念，以立足成都主动参与配套、全面融入重庆发展为主要策略，以新的合作空间开拓为有效

载体，以基础设施互联互通为先导条件，以体制机制和政策创新为内生动力，全面推进产业共兴、公共服务共享、开放共促、文旅共融、环境共治、要素共畅等，加强规划对接和项目建设，提升拓展区域合作平台，统一谋划、一体部署、相互协作、共同实施，把川渝毗邻地区建设成为成渝地区双城经济圈一体化发展的“突破口”“试验田”和“前沿阵地”，切实发挥川渝毗邻地区的引领示范作用。

（二）基本原则

1. 优化布局，多点支撑

打破地域限制和行政壁垒，逐步形成并优化沿江“万达开川渝统筹发展示范区”、中部成渝主轴带、北部“遂潼新区”为主体骨架，以其他川渝合作示范区、共建园区等为多点支撑的空间布局。推进成—资、内—自同城化发展，提升共建园区等合作平台的等级，支持百万人口大县发展等，加快培育川渝毗邻地区协同发展的新经济中心。

2. 全域合作，重点突破

以市为单位，四川区（县）全面融入重庆经济圈，积极主动接受重庆经济圈的辐射带动，突破目前仅限于地理意义上的毗邻合作，形成毗邻地区全面合作的局面。以川渝合作示范区、共建园区为重点，打造川渝毗邻地区合作发展的先行区，力争率先突破，引领示范。

3. 绿色发展，品质宜居

以筑牢长江上游生态屏障为根本出发点，强化川渝毗邻地区及周边生态环境联合保护，建立健全跨界河流联动治理机制，协同做好区域性环境安全工作，加快推进生态循环产业发展，提高区域整体环境质量和可持续发展能力。以良好的生态本底为基础，加快构建往来交通便捷、公共服务共享的优质生活圈，形成川渝毗邻地区协同发展新格局。

4. 创新改革，增强动力

继续深化“省直管县”改革，进一步激发县域经济活力。推进城乡融合发展改革试验，强化城乡土地、人才、资金等要素保障。积极探索经济区与行政区适度分离的制度体系和路径模式，持续增添川渝毗邻地区协同发展的新动能。

（三）战略定位

抢抓“推动成渝地区双城经济圈建设”这一国家战略实施的重要机遇，川渝毗邻地区要着力打造“两区两地”：

成渝地区双城经济圈现代产业承接与配套协作聚集区。全面总结推广川渝合作示范区经验，充分发挥川渝毗邻地区的资源优势和产业优势，以区域关联性优势产业和骨干企业为重点，共同规划建设一批现代产业聚集区，合力承接成都、重庆制造业转移，加强与成都、重庆在电子信息等新兴产业方面的协作，吸引成都、重庆农业龙头企业入驻共同打造现代农业产业示范园等，使川渝毗邻地区成为成渝地区双城经济圈便捷高效、功能完善的现代产业承接和配套协作聚集区。

成渝地区双城经济圈乡村振兴与城乡融合示范区。立足毗邻地区县域经济和城乡融合发展的良好基础，积极吸收成都、重庆统筹城乡综合配套改革试验的有益经验，深入实施乡村振兴战略，共建乡村振兴示范走廊、美丽乡村示范带、文旅融合发展带等，全面振兴毗邻地区县域经济，建设成渝地区双城经济圈乡村振兴与城乡融合示范区。

成渝地区双城经济圈川渝开放合作新高地。共同探索内陆自贸试验区深化改革、扩大开放的新模式、新途径，合力建设开放通道和开放平台，携手推进对外开放合作，打造成渝地区双城经济圈川渝开放合作新高地。

成渝地区双城经济圈高品质生活宜居引领地。以生态优势和环境质量整体提升为本底，深入开展特色文化优势项目交流，促进民心相通，坚持产城融合发展，提升休闲娱乐品质，促进公共文化服务均衡发展，把川渝毗邻地区建设成为成渝双城经济圈高品质生活宜居引领地。

（四）战略目标

到2022年，川渝毗邻地区基础设施一体化程度大幅提高，基本公共服务均等化总体实现，阻碍生产要素自由流动的行政壁垒和体制机制障碍基本消除，推进成渝地区双城经济圈建设取得初步成效。到2025年，川渝毗邻地区新经济中心能级提升，空间结构更加清晰，产业分工协调，城市功能互补，公共服务均衡，要素流动有序，高品质的宜居环境基本形成，推动成渝地区双城经济圈建设取得实质性进展。到2035年，川渝毗邻地区承接成渝地区双城经济圈产业转移、城市功能的能力大幅增强，同城化、一体化发展达到成熟发达阶段，在服务双城经济圈中发挥重要支撑作用，促进成渝地区双城经济圈建成具有全国影响力经济中心、科技创新中心、改革开放新高地、高品质生活宜居地。

六、促进川渝毗邻地区协同发展的对策建议

（一）建立川渝毗邻地区协同发展机制

从市（区）级层面成立川渝毗邻地区协同发展领导小组，统筹推进毗邻地区一体化发展。尽快编制和实施《川渝毗邻地区协同发展规划》，对经济、文化、产业、生态、公共服务、空间布局等方面统筹安排。着力解决跨区域土地开发机制不同、要素成本不同、财税分配比例不同等问题，探索建立毗邻地区的协同招商引资机制、科技创新协同机制、土地利用协同管理机制、跨区域成本共担财税利益分享激励机制、市场一体化建设机制等，推动毗邻地区协同发展。

（二）加快构建“三带四区”的协同发展平台

探索经济区与行政区适度分离模式，建立经济毗邻和全域合作

的思维，进一步拓宽毗邻区域的范围，将毗邻地区协同融入经济区的建设发展中。一是以资阳、遂宁、内江、永川、大足等为主轴打造成渝轴线经济带，以泸州、宜宾、江津、长寿等节点城市为主体打造沿江经济带，依托绵遂内城际铁路、渝遂城际铁路、绵遂高速、渝遂高速以及涪江航道，建设渝遂绵涪江经济带。二是打造万达开巴（万州、达州、开州、巴中）川渝统筹发展先行区，打破省际行政区划的藩篱，将巴中打造成为联结成渝地区双城经济圈与关天经济区的重要节点城市，探索包括产业承接转移、产业发展、基础设施建设、资源开发利用和公共服务等内容的统筹发展模式；打造遂潼（遂宁、潼南）新区，将其建成成渝发展主轴上的轴心，填补成渝中部塌陷；打造泸内荣永（泸州、内江、荣昌、永川）川渝协同重大改革试验区，探索共建综合保税区、自贸区等对外开放平台，融入重庆中心腹地，推动同城化一体化发展；将广安、达州建成跨省融合发展的“经济特区”，推广复制川渝合作示范区（广安片区、潼南片区）的成功经验，在其他有条件的毗邻地区建设 *N* 个川渝合作示范区，将达州、遂宁、泸州打造为区域中心城市，共同推动川渝毗邻地区一体化发展。

（三）加快实现毗邻地区基础设施网联畅通

打破行政壁垒，创新体制机制，打通“断头路”，构建跨界快速交通通道，共建共享共同推动一体化建设运营，推动区域交通由“互联互通”向“直连直通”转变。谋划推进一批铁路干线、高速公路、快速通道、联网道路等基础设施项目，打造“银川—吴忠—平凉—宝鸡—汉中—巴中—广安—重庆—贵阳—南宁”的西部出海通道，串联起毗邻区域重要节点城市；加快推进“通勤圈交通系统”建设，推进区域内各市区（县）城际铁路网建设，立足南向、西向开放大通道建设，加快推进省际高速公路建设；打通跨区域高速公路主通道、普通国省干线通道上的“瓶颈路”；支持毗邻区域组团路网建设，打通现存交界地区的“断头路”，形成便捷通达的公路网络。推动泸州、宜宾与重庆共建组合港，共同打造西部陆海大通道；达州、万州共建“无水港”，遂宁、潼南、南充共建成渝北线交通枢纽和物流中心。

（四）推动毗邻地区形成统一开放的市场

建立统一的跨区域产权交易市场。构建统一的产权交易网络，推动公共资源交易平台互联共享，实现交易凭证互认，建立统一信息发布和披露制度，在合作条件较为成熟的川渝合作示范区试点建设毗邻区域产权交易共同市场。探索建立水权、排污权、知识产权、用能权、碳排放权等初始分配与跨省（市）交易制度，逐步拓展权属交易领域与区域范围。建立统一的技术市场，实行高技术企业与成果资质互认制度。按照建设统一大市场要求探索建立区域一体化标准体系。统一规范各市场主体登记注册及跨地域设分公司、跨地域迁移的程序及条件。推动建立统一的抵押质押制度，推进区域异地存储、信用担保等业务同城化，联合共建金融风险监测防控体系。深入推进旅游市场一体化建设。建立统一的旅游信息网站，每年开展大型联合促销活动。建设统一的旅游政务信息平台，负责各地旅游应急指挥、调度以及投诉处理。积极探索旅游“一卡通”“一票通”，增强各地景点的联动效应。共建统一开放的人力资源市场。制定相对统一的人才流动、吸引、创业等政策，促进人力资源在区域间有效流动和优化配置。

（五）引导川渝毗邻地区产业协同分工协作

坚持市场机制主导和产业政策引导相结合，优化毗邻地区产业结构，统筹布局产业协作带（产业配套区、承接产业转移带等）、产业新区，推动区域之间形成产业联动、产业集群发展态势。积极推动广安—合川、遂宁—潼南、内江—荣昌、安岳—大足等跨区域组团梯次承接成渝两地的一般制造业转移，建立与两中心城市之间的利益分享机制。协同共建现代农业示范区，打造毗邻区域农产品公用品牌，增强区域农产品产销市场的互融互通建设。加快文旅融合发展。整合川渝两地旅游资源，推动旅游景点景区联票运营，共同打造长江黄金旅游带、红色文化旅游带、巴蜀民俗文化等旅游环线，建立文化旅游宣传营销合作机制。

（六）推进川渝毗邻地区公共服务共建共享

加快推进医疗、教育、社保等公共服务对接，建设涵盖毗邻地区全域的基本公共服务平台，政务服务事项全部纳入平台办理，全面实现川渝毗邻地区同城化“一网通办”。共同制定“一网通办”事项目录清单，探索异地审批标准化、电子证照共享互认等模式，实现企业营业执照、食品生产许可证、居民身份证、驾驶证、结婚证、居住证、行驶证、社会保障卡等电子证照共享互认。在万达开、泸内荣永、遂潼等重点毗邻区域探索试行医保社保卡一卡结算，交通出行一卡通达等模式。建立毗邻地区重大传染病联防联控应急联动机制。推动工伤认定政策统一、结果互认。推动公共租赁住房保障范围常住人口全覆盖，提高住房公积金统筹层次，建立住房公积金异地信息交换和核查机制，推行住房公积金转移接续和异地贷款。

（七）强化川渝毗邻地区生态环境共保共治

探索建立跨区域生态环境基础设施建设和运营管理的协调机制，对标现行国际标准及行业准则，制定一套通用的本土化规范，确保跨区域及上下游治理过程中采用一套标准、一套规划、一套方法、一套体系。共建共享环保基础设施，统筹优化交界区域垃圾焚烧发电、污水污泥处理、危废废物处置等环保设施布局和建设。积极开展联动执法，创新跨区域联合监管模式。建立毗邻区域内突发环境事件应急联动机制。签订环境污染纠纷处置和应急联动工作协约，通过建立定期联席会议协商、执行联合执法检查、建立环境信息共享平台等措施，提高处置跨界环境污染纠纷和应对跨界突发环境事件能力。协同推进大气污染联防联控，共建环境质量预测预警体系，将大气环境质量预警预测体系和排污权交易相结合，为排污权交易管理提供依据，存在跨区域污染时，可根据预警预测体系提供的数据，由污染源区域向被污染区域购买排污权，保证大气质量持续改善。探索建立跨区域固废危废处置补偿机制。全面运行危险废物转移电子联单，建立健全固体废物信息化监管体系。

（课题组成员：李后强、盛毅、彭伟、廖祖君、王倩、王芳、王娟）

创建万达开川渝统筹发展示范区战略思考

西南财经大学西财智库

2020年1月3日，中央财经委员会召开第六次会议，习近平总书记强调指出，要推动成渝地区双城经济圈建设，在西部形成高质量发展的重要增长极，要创建万达开川渝统筹发展示范区，推动渝东北和川东北地区一体化发展。万达开川渝统筹发展示范区建设，有利于探索省际交界处统筹发展经验，促进区域协调发展；有利于延伸成渝地区双城经济圈双核中心城市辐射半径，支撑“边缘崛起”；有利于保护长江上游、三峡库区和秦巴山区生态环境，巩固长江上游生态屏障；有利于推动川渝东北地区一体化发展，提升秦巴山区精准脱贫成效，推动革命老区可持续发展。

万州、达州、开州位于川渝陕鄂四省（市）交界处，地缘相连、山水相依、人文相亲，总面积2.4万平方公里，户籍总人口约1000万人，2019年三地GDP约3400亿元，规上工业产值约2000亿元，城区面积约260平方公里，城区人口约300万人。三地资源禀赋突出、地理位置突出，具备经济社会协同发展基础，且前期区域协作已取得一定成绩。同时，三地也存在基础设施互联互通水平不高、经济规模较小、发展能级不足、生态环境刚性约束突出等问题亟待解决。

一、定位与目标

抢抓建设成渝地区双城经济圈、创建万达开川渝统筹发展示范区等战略机遇，依托万州、达州和开州突出的资源禀赋和地缘优势，以加大基础设施建设力度、推动产业协同发展、提升要素配置效率、激活内生增长动力为主要任务，持续提升三地市场化、产业化、现代化水平，将万达开川渝统筹示范区建设成为经济区与行政区适度分离国家示范区、川渝现代产业协同发展示范区、长江上游和三峡库区生态保护示范区、中西部立体交通枢纽体系示范区，形成川渝东北地区核心增长极、成渝地区双城经济圈建设新支撑，带动区域高质量一体化发展。到2025年，区域经济总量在2020年基础上实现翻番，人均国内生产总值达到全国平均水平，三地人均GDP差距缩小到1.5∶1；城镇化水平显著提升，常住人口城镇化率达60%以上；基本实现数字化转型，5G网络覆盖率达50%；全域水质总体保持Ⅱ类，森林覆盖率达55%，蓝绿空间占比、空气质量优良天数等在成渝地区领先。到2035年，区域经济总量在2020年基础上实现翻两番，三地人均GDP差距缩小到1.2∶1，常住人口城镇化率达到70%以上。

二、四大着力方向

（一）建设经济区与行政区适度分离国家示范区

以经济区与行政区适度分离为主线，探索建立统一规划、统一管理、合作共建、利益共享的统筹发展新机制，形成一系列可复制推广的制度创新成果，为全国经济区与行政区适度分离提供改革创新经验。

一是统筹建设现代产业园区。以“一区多园”模式高水平建设万达开统筹发展示范区，推动三地产业资源集约利用。参照开发区建设管理模式，设立万达开统筹发展示范集中区，打造万达开科技成果转化基地、川渝东北部高新技术企业集聚基地、东部沿海地区和成渝中心城市产业转移基地。以产业生态圈理念在万达开全域划设新型产业功能区，以集中发展区为龙头，建立“$1+N+X$”产业园区体系，在万州、达州、开州高品质建设万州现代物流园、开州物流园、达州玄武岩纤维产业园等一批优势产业园，联动周边巴中、梁平、云阳等地优势产业园协同发展，推动川渝东北产业一体化发展。围绕天然气、锂钾等资源招大引强，拉长做粗新型化工、新能源、新材料等产业链，全面激活川渝东北部资源潜力。

二是统筹推动基础设施建设。加快三地资源综合开发利用规划编制。抓住国家“新基建”布局的重大机遇，协同推进三地“老基建”与“新基建”同步建设。紧抓重庆、四川被确定为国家数字经济创新发展试验区政策机遇，围绕数字经济建设主轴打造数字协同示范区，加快建设新一代信息基础设施。加快推进5G网络建设，支持具备一定条件的企业开展技术、设备、产品研发、服务创新及综合应用示范。深入推进IPv6规模部署，加快网络和应用升级改造，打造下一代互联网产业生态。

三是统筹推动公共服务一体化。促进区域公共服务连接连通，做好基本养老保险、医疗保险、失业保险关系的跨区域转移接续，推进城乡公共服务制度无缝对接。推动教育、医疗、文化等公共服务优质资源共享。推进安全生产、灾害预防、公共安全和综合应急等快速响应联动。探索成立区域就业创业服务联盟，建设就业服务信息平台，合力营造良好就业创业营商环境。完善突发公共卫生事件联防联控机制，大力发展医养健康产业，协同建设区域医疗康养中心。

四是统筹推动对外开放合作。坚定不移融入“一带一路”倡议、长江经济带建设、南向开放等对外开放合作战略，打造川渝北向东向开放合作示范区，共同推动设立万达开自贸区。以万州港、达州无水港、万州机场、达州机场为依托，统筹三地铁、公、水、空四式联运资源，增强对川渝两地加工贸易、服务贸易、转口贸易、总部贸易等产业的服务能力，全面提升对内对外开放合作水平。打造万达开对外经贸合作平台，提升区域整体的招商引资实效。

五是统筹优化区域营商环境。深入推进“放管服”改革，深入推进简政放权、放管结合、优化服务改革，加快政府职能转变，努力将万达开打造为成渝地区的营商环境优质高地。深化行政审批制度改革。着力提升数字治理能力，推行审批服务集中办理。优化平安法治环境。参与推动川渝东北地区法治协同，加强警务、执法、司法等一体化合作。建立区域性重大灾害事故联防联控机制。参与成渝双城经济圈社会信用体系建设。

（二）建设川渝现代产业协同发展示范区

立足达州、万州、开州资源禀赋和生产要素，围绕川东北经济区、渝东北城镇群的产业链、供应链、价值链现状，面向东部地区加大产业承接力度，面向西部地区积极扩大市场半径；对内打造“4+4+2”产业协同格局，对外形成特色鲜明的产业品牌，打造“东西互济，内外联动，贯通成渝、融入全国”的万达开现代产业体系。

一是推动农业协同发展，打造千亿级现代山地数字型农业。依托达州、万州、开州优良生态本底，开发有机、生态、绿色、保健农产品，围绕硒元素提升农产品价值，推进富硒农产品标准化、专业化、规模化、科技化发展。整合优势资源，打造“茶、药、橘、牛”四大特色农业产业和“富硒茶叶、玫瑰香橙、旧院黑鸡、宕渠黄花、大竹苎麻、东柳醪糟、灯影牛肉、宣汉黄连、万源荸贝、燕山杨梅”十大特色农产品品牌。成立万达开现代农业发展联盟，以“企业+合作社+农户”的模式，提高农业生产效率，带动农民增收致富。支持租赁模式，加快引进植保无人机、土壤检测、智能灌溉、智慧大棚等现代农业技术，搭建农产品直播平台，在生产、仓储、管理、揽收、物流、销售农产品全生命周期融入数字技术，打造川渝数字农业创新发展示范区。

二是推动工业协同发展，打造万亿级能源化工和先进制造产业。推动三地工业协同发展，以重大项目推动能源化工、先进制造产业提质增效。深挖天然气产业链，提升属地勘探开发利用价值，大力发展天然气化工产业。拓展纤维产业链，加快发展玄武岩纤维、玻璃纤维、苎麻纤维等新材料产业。推进船舶及零部件、机械装备制造、汽车整车及零部件制造智能化、数字化改造，打造智能装备制造产业。强化中医药材和农副食品深度开发，提升食品医药产业价值。大力推动成渝两地、东部地区能源化工、新材料、装备制造、食品医药产业相关科技成果到万达开转移转化，推动主导产业做优做精，打造成渝双城经济圈主导产业配套发展基地。

三是推动服务业协同发展，打造千亿级智慧物流与特色文旅产业。依托达万班列、万州港，加快通川、宣汉、大竹、渠县、开江等区县的物流园区标准化建设，打造万达开“全域物流体系”。应用物流机器人及智慧管理系统，全力打造秦巴智慧物流产业园、万州现代综合物流中心、万州保税物流中心等重要载体，加快发展智慧物流业。以扩大物流产业服务半径为主要任务，加快构建以达州为中心的陆上交通物流枢纽和万州为中心的通江达海立体交通物流枢纽。立足秦巴文化、红色文化、三峡文化、巴山大峡谷、万州大瀑布、汉丰湖等人文自然旅游资源，重点瞄准成渝地区旅游市场，促进文化旅游业态融合、产品融合、线路融合，推动区域文化旅游市场一体化和供给一体化，加快发展特色文旅产业。

四是加快转移转化川渝科技成果，创新驱动“4 +4 +2”产业协同。发挥达州、万州分别作为川东北经济区和渝东北城市群中科技成果转化首位地位，大力推动本土成果应用转化，积极对接引入成渝及域外科技成果资源，打造川渝科技成果转化基地和示范区。加快本地企业科技成果转化应用。推动中石化中原油田普光分公司、瓮福达州化工、金穗种业等本土企业的科技成果加快应用于生产，提高天然气开采、化工、特色农业等主导产业全要素生产率。加快引入成渝科技成果本土转化。针对万达开主导产业，对接四川大学、重庆大学、西南石油大学、西南科技大学相关专业，通过合建教授工作室，建立人才实习基地、成果转化基地等方式，帮助本土企业弹性引入科研团队，共同推动科技成果本土转化。积极对接东部地区科技成果转移。积极对接东部沿海地区对标城市和园区的科技成果资源，借助科技中介机构的专业能力，引进苏州、无锡、珠海、福州等地面临空间束缚但具有发展潜力的公司，并实现其科技成果本土转化应用。

（三）建设长江上游和三峡库区生态保护示范区

万达开地区位于长江上游和三峡库区腹心地带，是长江上游的重要生态屏障。保护好长江母亲河与三峡库区，筑牢长江上游重要生态屏障，维护长江生态环境安全，是习近平总书记从全局和战略高度提出的重大政治任务。

一是统筹空间规划。三地要协同开展资源环境承载能力和国土空间开发适宜性评价，科学划定生态保护红线、永久基本农田和城镇开发边界三条控制线，并严格管控红线区域内的开发建设活动，坚决查处各类保护区内违法行为，推进环境监管执法机制、污染防治机制以及评估考核制度一体化。

二是协同推进重点生态功能区保护。着力推进秦巴山区生态修复、三峡水库库区生态修复等重大工程建设，扎实开展国家山水林田湖草生态保护修复工程试点。

三是强化生态环境联建联防联治。以提升全域水质为核心，加强跨区域跨流域生态屏障共建和环境污染联防联治，协同推进消落带治理、国土绿化等建设保护任务。推动建立统一的生态环境标准、环境要素功能目标、环境监测监控体系，实现信息互通、结果互认、平台共用。

四是构建生态补偿长效机制。努力推动从国家层面建立东部发达地区对万达开生态重点区域的补偿机制，建立类似于“碳排放交易”的补偿指标体系，主要根据生态环境综合整治成本等给予补助，同时考虑生态护林员补助、湿地生态效益等给予补偿性补助，充分调动一体化区域内生态环境建设和保护的积极性，真正体现“绿水青山就是金山银山”的理念。

五是持续提高城市应急防灾能力。针对万州开州面临的内涝、地质灾害等威胁，要抓住万州作为全国海绵城市建设试点的契机，协同出台海绵城市建设相关专项规划，从实际情况出发，充分考虑各自的水资源条件和防洪排涝、环境保护等方面的要求，采用先进的理念、技术方法和手段，在公共建筑、城市道路、立交桥、公园绿地、水系湖泊以及居住小区、商业综合体等开发项目中融入海绵城市理念，进而提高当地水生态系统的自然修复能力，维护城市良好的生态功能，达到增加城市绿地，减少城市热岛效应，调节城市小气候，改善城市人居环境的目的。应协作制定分灾种、跨区域地质灾害应急预案，联合开展跨区域地质灾害影响评估，每年至少组织开展一次区域专项应急演练，专项应急演练由各地职能部门轮流牵头，并建立定期和不定期预报会商机制。积极对接中科院和成渝地区相关专业机构，协同建立“万达开区域地质灾害监测预警系统”，实时预警并掌握地质灾害发生、发展和变化过程，提高对突发性地质灾害事件的快速反应能力，以达到有效防灾、减灾的目的。

（四）建设中西部立体交通枢纽示范区

在提升整体内联外通水平上下足功夫，把交通基础设施建设作为重要突破口，主动对接西部陆海新通道建设，构建承东启西、连通南北的铁公水空立体交通网络，深度推进区域交通物流合作，着力扩大交通物流服务半径，建成成渝地区双城经济圈东部交通枢纽。

一是加快推进重大项目建设。加快推进成达万、渝西、渝万高铁和万达直线高速公路项目落地建设，共同推进达万铁路扩能等一批互联互通重点项目，实现区域交通基础设施一体化进程率先突破。加快推进毗邻区域国省县道干线公路升级改造和农村公路建设。加快达万直达、通宣开、城宣大邻等高速公路建设，全面融入全国和成渝地区双城经济圈公路网体系，建设区域性高速公路枢纽。以多式联运为重点，推动物流港口互联互用，实现川渝两地江、铁、海无缝衔接。以万州机场、达州机场为依托，提速航空货运枢纽建设，加强对接重庆江北国际机场、成都天府国际机场，融入川渝航线网络。

二是持续提升内联外通水平。推动万州、达州、开州交通建设发展由互联互通向直连直通网络化转变，由独立发展向构建高效便捷交通圈转变，不断调整运输结构，构建高效快捷的运输经济体系。主动对接西部陆海新通道建设，不断提升铁公水空多式联运能力，持续提升整体内联外通水平。

三、支撑与保障

（一）强化政策赋能，提升统筹发展能级

一是推动万达开川渝统筹发展示范区上升为国家战略。争取从国家层面编制示范区发展规划，明确示范区建设重点、路径，提出示范区建设重大政策、重大项目和重大改革举措清单。

二是推动区域性重大交通项目，争取国家加大区域重大交通项目建设的支持投资力度。重点包括争取加快推进成南达万、西渝高铁建设和达万铁路扩能改造，规划建设兰广达高速铁路、绵阳—达州—襄阳铁路等；争取国家支持万达开城际铁路建设等。

三是推动独特资源优势转化为经济优势，争取加大重大政策支持力度。重点包括争取国家支持地方政府和属地企业统筹参与增量天然气综合开发利用；争取国家建立长江流域生态保护补偿、环境保护补偿、移民搬迁补偿、经济社会发展补偿等机制，探索开展综合性生态保护补偿试点等。

四是推动区域跨越式发展，争取支持重大功能平台建设。重点包括争取支持设立省级新区、争创国家级新区；争取国家支持区域

内国家开放口岸、综合保税区、国家高新技术产业开发区等重大功能平台建设。

（二）强化组织领导，提升统筹协调能级

一是争取建立川渝两省（市）协调推进机构。组建万达开川渝统筹发展示范区建设领导小组，由四川省、重庆市的省（市）领导牵头协调推进“示范区”建设，在重大规划、重大改革、重大政策等方面加强对统筹示范区建设的宏观指导和统筹协调。

二是万达开“一市两区”在示范区建设中承担主体作用，在改革集成、资金投入、项目安排、资源配置等方面加快形成政策合力。

三是设立“一市两区”示范区理事会的决策平台，研究确定示范区发展规划、改革事项、支持政策，协调推进重大项目；设立示范区执行委员会的开发建设管理机构，负责一体化示范区发展规划、制度创新、改革事项、重大项目、支持政策的具体实施，干部队伍由“一市两区”共同选派或聘任；支持“一市两区”共同出资发起成立示范区发展公司，受示范区执行委员会委托，作为先行启动区的建设主体，负责基础性开发、重大设施建设和功能塑造等。

（三）强化机制保障，推进一体化部署

一是建立“三地四级”示范区统筹发展机制。建立万达开党政联席会议机制，着力破除行政、地域、政策、要素壁垒。从决策、协调、执行等层面建立完善体制机制，建立“两省市共治+三地常设机构+市场运作”治理格局。

二是建立“三地统筹”政策制定机制。强化政策制定统一性、规则一致性和执行协同性。

三是建立“三地一体”标准执行机制。建立万达开地区标准化联合组织，负责区域统一标准的立项、发布、实施、评价和监督。

四是建立“三地联动”行政执法机制。联动开展环保、市场监管、超载超限等执法领域，定期或不定期统一人员调配、统一执法时间、统一执法重点开展联动执法。

五是建立“差异优化”考核评价机制。在三地统一的指标体系框架内，区分不同功能区域，实施差异化的经济社会发展绩效评价制度。

（四）强化政策支撑，促进生产要素流通

一是统筹发展规划。建立多层次、跨区域的规划编制沟通协调机制，统筹编制三地经济社会发展规划及国土空间、产业发展、基础设施、公共服务等专项规划。

二是统筹政策措施。加快统一示范区内投资管理、土地管理、要素流动、公共信用、户籍管理、人才引进、公共交通、招生入学、医疗养老等政策，形成人流、物流、资金流、信息流畅通无阻一体化的政策体系。加强示范区内的地方立法研究。

三是统筹要素配置。推动示范区内土地、劳动力、原材料、资金技术等要素合理配置，推进水、电、气、煤、运等要素供给与示范区发展需求相匹配，畅通要素供给渠道，降低区域要素成本。

四是统筹创新驱动。统筹引进和培育科技创新人才，共建共育科技创新团队，共建共享区域性科技创新中心和信息大数据中心。

五是用活财政金融，融入资本市场。“一市两区”加大对示范区重大生态类项目、产业结构调整项目、存量低效用地盘活项目、重大功能性项目等财政支持力度。积极寻求政策性金融支撑，向政策性金融机构总部争取扩大示范区的信贷投放规模。构建多元化融资渠道，积极引进天使投资、创投基金。构建万达开统筹发展基金体系，对接多层次资本市场。

（课题组成员：汤继强、吴军、罗晶、易鑫、石莉芳、王十二、唐榕彬）

加快宜泸攀沿江城市带一体化发展 整体推进成渝地区双城经济圈南向开放

四川省产业经济发展研究院

围绕省委十一届三次全会作出的“一干多支、五区协同”“四向拓展、全域开放”战略部署，宜宾、泸州、攀枝花三市均提出“加快建设四川南向开放枢纽门户城市”，着力推进南向大通道建设、外向型特色产业发展、大城市建设、开放平台构建，发展成为川渝滇黔结合部区域发展水平最高、活力最强的城市带。同时，站在全国发展大局的高度，也要清醒地看到宜泸攀三市还存在着单兵实力不强，大城市功能和综合承载力亟待提升，产业同质竞争、集群效应较弱，对外通道不畅、开放程度不高，区域协作不紧、沿江分割发展等诸多问题，三市都难以独立承担起成渝地区南向开放枢纽门户的重任和有效发挥区域中心城市的辐射带动作用。四川省产业经济发展研究院成立课题组，深入川南地区开展调研，坚持以问题为导向，结合实施成渝地区双城经济圈建设国家战略，研究提出六条建议，以宜泸攀沿江城市带一体化发展为重大抓手，整体推进成渝地区双城经济圈南向开放。

一、从战略高度审视成渝地区双城经济圈南向开放新格局

全面贯彻落实“一带一路”、长江经济带、成渝地区双城经济圈、西部陆海新通道建设等国家战略和省委十一届三次、四次全会精神，坚持以中心城市引领城市群发展、城市群带动区域发展，推

动区域板块之间融合互动发展，按照“一体两翼四区协同”总体布局，加快金沙江—长江沿江城市带一体化发展，将宜宾建设成为四川和成渝地区南向开放枢纽门户，以泸州、攀枝花为两翼，枢纽引领、两翼联动，构建成都平原经济区、重庆都市经济区、川南经济区、攀西经济区四区协同开放大格局。

（一）枢纽引领

过去相当长的一个时期，宜宾、泸州、自贡、内江四个城市都致力于建设川南中心城市，但“多中心”就意味着没有中心。川南任何一个城市目前都不具备作为区域中心的能力，四个城市过去低水平重复建设、同质化竞争导致的结果是成渝城市群“中部塌陷”。因此，必须转变观念，改变以往区域多中心城市同质化竞争、分割式发展现状，实施重点发展战略，加快培育四川经济第二增长极。同时，宜宾地处西南地理几何中心，距离成都、重庆均在250公里左右，距离贵阳、昆明500公里左右，在川渝滇黔结合部区域13市（州、区）中（见表1），既具有独特的区位优势，又具有人口、综合经济实力、创新资源集聚等方面的综合发展优势，具备辐射带动川渝滇黔结合部区域的巨大潜力。为此，建议依托宜宾的区位优势，发挥头雁引领作用，加快将宜宾建设成为成渝地区南向开放的门户枢纽及全省经济副中心，率先做大做强，形成成渝地区双城经济圈南向开放和沿江城市带一体化发展的主要增长极。

表1　川渝滇黔结合部沿江区域13市（州、区）人口经济总量（2019年）

市（州、区）	区域面积（平方公里）	常住人口（万人）	经济总量（亿元）
宜宾市	13283	457.3	2601.89
自贡市	4381	292.2	1428.49
内江市	5385	370	1433.30
泸州市	12232	432.9	2081.26

续表1

市（州、区）	区域面积（平方公里）	常住人口（万人）	经济总量（亿元）
凉山州	60423	492.8	1676.30
攀枝花市	7440	121.4	1010.13
楚雄州	28438	274.80	1251.9
丽江市	21219	129.6	472.47
昭通市	23021	559.1	1194.2
遵义市	30762	627.07	3483.32
毕节市	26853	668.61	1901.36
永川区	1576	114.31	952.69
江津区	3200	138.70	1036.74
总计	238213	4678.79	20524.05

（二）两翼联动

沿江流域特别是长江经济带上游地区是四川未来发展条件最好、潜力最大的区域。推动长江经济带战略向上游延伸实施，支持泸州、攀枝花协同开放发展，与宜宾形成“一体两翼”的“点—轴”式空间结构，构筑四川沿江城市带一体化、长江—金沙江—滇中—孟中印缅和中国—中南半岛开放型经济的发展主轴，辐射带动川渝滇黔结合部四省市13市（州、区）区域协调发展，从而重塑成渝地区双城经济圈南向开放格局。

（三）四区协同

攀西经济区能源、矿产资源富集而人口和城镇数量少，产业发展滞后。川南经济区城镇、人口密集，产业发展基础较好而能源、矿产资源相对不足。成都经济区总体发展水平高，但资源、土地、环保等要素制约明显。长期以来，由于行政区划等原因，重庆都市经济区与攀西、川南、成都三大经济区联系发展并不紧密，呈相对独立发展态势。因此，在国家推动成渝地区双城经济圈建设的重大战略引领下，必须强化四区协同，以渝（重庆）—宜（宜宾）—西（西昌）—攀（攀枝花）高铁、渝（重庆）—泸（泸州）—宜（宜宾）—攀（攀枝花）沿江高速公路等重大基础设施建设为载体，大力发展特色优势产业，深化成都平原经济区（成都经济圈）、重庆都市经济区（重庆经济圈）、川南经济区、攀西经济区区域合作，形成“成都—川南—攀西—重庆”大三角区域优势互补、良性互动、协同开放的区域发展新格局。

二、加快南向开放大通道建设，构建金沙江—长江沿江城市带一体化综合交通体系

（一）铁路方面

在加快推进蓉（渝）昆高铁、隆黄铁路建设的同时，推动泸遵高铁、成渝沿江货运铁路（重庆—泸州—宜宾—乐山—雅安—成都）、宜遵高铁（宜宾—珙县—叙永—遵义）纳入国家中长期铁路网修编规划，争取在“十四五”期间开工建设。特别是要联合云南省，积极向中央争取，将四川经云南到缅甸、印度、孟加拉国的交通走廊列入国家“一带一路”倡议的行动计划，将宜宾—西昌—攀枝花—大理高铁建设纳入“十四五”规划并实现开工建设，同时升级改造内昆货运铁路并新建丽江—攀枝花—昭通铁路，形成重庆—宜宾—攀枝花—大理货运铁路，从而打通“成都（重庆）—宜宾—攀枝花—大理—瑞丽—缅甸皎漂港”高铁和货运铁路两大国际通道。

（二）高速公路方面

力促宜宾—攀枝花沿江高速公路的实质性开工，确保“十四五”期间建成。推动江津—泸州—宜宾长江北岸高速的建设，加快形成重庆—泸州—宜宾—攀枝花的沿江公路高速大通道。

（三）水运方面

加快长江、金沙江航道整治，整合泸州港—宜宾港，打造现代化综合性内外贸港口和长江上游（四川）航运中心。

（四）航空方面

加快攀枝花机场迁建，加快宜宾、泸州新机场的口岸建设，争取开通宜宾、泸州、攀枝花通往东南亚、南亚的国际航线。

（五）枢纽体系方面

加快建设宜宾港进港铁路、一步滩公铁联运中心、临港铁水联运中心，将宜宾建设成为集航空港、铁路港、公路港、水运港“四港合一”的货运枢纽和高铁物流枢纽。加快建设攀枝花铁路货运枢纽，升级改造泸州港货运枢纽。

三、培育壮大外向型特色产业，增强沿江城市带协同开放与一体发展支撑

围绕全省“5＋1”现代产业体系建设，加强川南片区与重庆都市区、云南昭通市的产业协同，大力实施传统优势产业与战略性新兴产业发展“双轮驱动”战略，加快构建长江—金沙江特色优势产业带。

一是提升发展川酒川茶川竹特色优势产业。加快白酒产业集群化发展，巩固提升“五粮液”“泸州老窖”“郎酒”品牌影响力和产业链核心企业作用，形成以白酒为主要支撑的万亿级食品饮料产业。加快川茶行业整合，打造大集团、大品牌，提高四川茶叶产业在全国的地位和影响力。大力培育竹产业龙头企业，加快科技研发，推动竹产业由单一纸浆造纸向高端竹纤维、纺织服装、家具产业延伸，打造“优势资源＋科技”型特色优势产业。

二是协同发展清洁能源和先进制造业。依托宜宾、凉山州、攀枝花金沙江流域丰富电力资源和宜宾、泸州港口优势，将沿江城市带整体纳入水电消纳示范区建设，布局先进制造和绿色化工产业园

区，助推万亿级的能源化工与装备制造产业发展。支持攀枝花钒钛稀土产业高质量发展，打造世界级钒钛产业基地。加快研究水电制氢、储氢技术，大力发展氢能源产业。

三是大力发展战略性新兴产业。大力推进智能终端、轨道交通、新能源汽车、新材料、通用航空、节能环保产业发展，着力打造四川重庆沿江城市带战略性新兴产业基地。大力引进研发设计机构和单个投入达百亿级以上的国内、国际知名的 ICT（电子通讯）企业，推动宜宾泸州智能终端产业协同高质量发展。联动成都龙泉驿区汽车产业、重庆汽车产业基地，大力支持宜宾建设建设新能源汽车产业基地。引导四川城市积极推广运用智能轨道交通。支持宜宾、泸州发展航空制造、生物医药等新兴产业发展。

四是加快发展先导型服务业。推动宜泸攀三市和重庆江津区加快发展现代物流、现代金融、现代旅游、电子商务和养老健康五大新兴先导型服务业，形成沿江城市带现代服务业集群。积极打造渝西—川南—滇北—攀西—丽江黄金旅游带，特别要依托金沙江四大巨型电站形成的库区景观，建设金沙世界水电公园。

四、优化沿江城市带一体化发展的空间布局，努力建设高品质宜居城市

一是支持宜宾率先建成区域中心大城市。按照四川省委对宜宾建设“长江上游区域中心城市和全国性综合交通枢纽”以及打造南向开放核心城市的定位，在城市规划修编、建设用地指标、投融资上给予宜宾更大支持，推动宜宾建设柏溪—南溪沿江城市发展主轴，力争到 2025 年宜宾中心城区建成面积突破 200 平方公里、常住人口达到 200 万人，到 2035 年建设成为 300 平方公里、300 万人口的大城市。支持宜宾加快建设大学城、科创城，使之成为四川南向开放科技创新中心。推动宜宾加快建设辐射带动川渝滇黔 4 省市结合部区域性商贸物流中心、金融中心、国际休闲度假中心、医疗

康养中心、信息服务中心，构建强大的城市服务功能。

二是支持泸州加快建设两江新城（沱江新城、长江生态湿地新城）。按照四川省委对泸州“建设川渝滇黔结合部区域中心城市和成渝经济区南部中心城市”的定位，支持泸州建设江阳—合江沿江城市发展主轴，加大基础设施和功能性项目建设力度，实现两江新城整体推进、成片突破，打造城市新区示范区。推动合江、泸县融入主城区一体化发展。

三是支持攀枝花加快建设钒钛新城和攀西科技城。按照四川省委对攀枝花建设“川西南、滇西北区域中心城市和南向开放门户”的定位，推动攀枝花机场迁建，加快58平方公里的钒钛新城和27平方公里的攀西科技城建设，做大城市规模，完善城市功能，促进城市转型与产业升级发展。

四是协同打造金沙江—长江沿江城市带。在加快宜宾、泸州、攀枝花、江津中心城区建设及构建大城市发展格局的同时，加快宜宾市的江安县、长宁县，泸州市的合江县、泸县以及云南昭通市的绥江县、水富市、永善县、巧家县，凉山州的宁南县、会理县、金阳县、雷波县等县城和中心城镇建设，优化和完善沿江城市带的城镇体系与功能梯次，推动宜泸攀一体化发展和宜宾泸州沿长江同城化发展。

五、打造南向开放大平台，促进沿江城市带高水平开放和贸易便利化

一是大力支持宜宾三江新区建设。充分发挥宜宾独特的区位优势、经济发展的比较优势和后发优势，充分借鉴上海浦东新区、天津滨海新区等国家级新区，杭州钱塘新区、湖州南太湖新区等省级新区的先进经验，大力支持四川首个省级新区——宜宾三江新区的建设发展。创新宜宾三江新区建设模式，赋予新区更多的改革探索任务，如规划建设川滇黔临港产业合作园、四川东盟产业合作园，

将新区建设成为西部内陆跨省区域合作发展的先行示范区、四川营商环境创新改革试验区。在宜宾三江新区建设条件较为成熟后，支持其申报国家级新区。

二是创建四川自由贸易港、川南综合保税区。推动四川自贸区川南临港片区发展升级和扩容，积极创建四川自由贸易港。加快川南（宜宾）综合保税区建设工作，在南向开放的长江—金沙江流域布局层级更高、功能更为完善的开放口岸与开放平台。

三是建设攀枝花铁路开放口岸。依托成昆铁路改造升级后的攀枝花站，建设面向东南亚、南亚的铁路开放口岸，推动攀西经济区对外开放上台阶。

四是推动沿江南向开放平台共建共享。推动四川、重庆、云南沿江城市协同开放，加强宜宾港、泸州港与重庆寸滩港区、果园港区、永川港区、江津港区和昭通市水富港等沿江港口群的联动与合作。

六、建立多层次长效合作机制，推动沿江城市带一体化可持续发展

一是建立完善四川南向开放决策与工作推进机制。由省领导牵头，每年组织召开一次沿江城市带城市党政主要领导参加的高层决策会议。完善工作推进和议事协调机制，不定期召开相关城市的常务副市（州）长、分管副秘书长、发改委等各相关职能部门参加的协调联席会议。按照高层决策会议确定的一体化发展重点合作领域与主攻方向，组建包括产业、交通、城市建设、对外开放等若干个工作推进小组，具体落实各项工作任务。

二是制定四川沿江南向开放城市带一体化发展规划。结合国家和省级层面“十四五”规划的编制，特别是成渝地区双城经济圈发展规划，在通道建设、产业发展、大城市建设、开放平台建设、开放合作机制搭建等方面，统一编制高水平的四川南向开放沿江城

市带一体化发展总体规划与专项规划，以规划为引领推动四川南向开放枢纽门户建设与一体化发展落地见效。

三是深化沿江城市带与周边省市合作。在省级层面，加强沿江城市带与重庆、云南、贵州的合作，围绕孟中印缅交通走廊、西部陆海新通道建设的国家战略和省际产业协同发展、资源合作开发等方面，共同向中央争取政策、项目和资金。推动宜宾、泸州、攀枝花等相关市（州）重点建立与云南昭通市、保山市、大理州，贵州毕节、遵义市，广西钦州市、防城港市等南向通道沿线城市更加紧密的战略伙伴关系，探索区域经济合作新模式，放大沿海沿边沿江协同开放整体效应。

四是“有形之手”与“无形之手”协同发力，推动重大项目尽早启动实施。对涉及成渝地区南向开放枢纽门户建设和沿江城市带一体化发展的项目进行打捆，尽可能整合为跨行政区域的国家级重大项目，由川渝滇黔四省（市）共同积极向中央争取更多政策、资金支持，增大中央投资所占比例。积极推广 PPP 模式，吸引各类社会资本参与成渝地区南向开放和金沙江—长江沿江城市带一体化发展的重大基础设施和公共服务设施项目的投资、建设及运营，推动渝泸宜攀沿江高速、宜攀高铁等重点项目尽早全面实质性开工。

五是共同举办国际性论坛、展会及文化体育赛事活动。组织开展金沙江—长江沿江城市一体化发展国际论坛。针对过去川滇黔 13 市（区）重复举办各类会展及水平低、影响力弱等问题，推动金沙江—长江沿江城市合作办展，轮流举办各种国际性、区域性展会和各种文化节庆与体育赛事活动，提升沿江城市南向开放整体形象。探索整合宜宾、泸州、遵义三市力量，轮流举办国际名酒节（博览会），共同打造世界知名的中国白酒金三角品牌。支持宜宾积极申办四川—东盟国际贸易博览会等国际性会议和商贸活动。

（执笔人：骆玲）

提升双城经济圈东北区块能级
推动川东北渝东北一体化发展

区域协调发展研究智库

在习近平总书记的亲自谋划、亲自部署、亲自推动下，川渝两地共同按下了成渝地区双城经济圈建设“启动键”。创建万达开川渝统筹发展示范区，促进川东北渝东北一体化发展的宏伟画卷即将开启新的篇章。

一、双城经济圈东北区块能级不强必然导致“经济圈”结构不优

成渝地区双城经济圈的东北区块，涵盖了川东北渝东北的绝大部分地区。川东北地区即“川东北经济区”（川东北城镇区），包括广元、巴中、达州、广安和南充。其中，2016 年没有进入成渝城市群规划的地区为广元和巴中。渝东北地区，就是“渝东北生态涵养发展区”。2020 年 1 月，重庆“两会”将“渝东北生态涵养发展区”11 个区县正式更名为“渝东北三峡库区城镇群”，包括万州、梁平、开州、城口、丰都、垫江、忠县、云阳、奉节、巫山、巫溪。其中，2016 年没有进入成渝城市群规划的地区为城口、奉节、巫山、巫溪，以及开州和云阳的部分地区。

统计数据表明，川东北和渝东北以大约 26% 的人口、17% 的面积，只贡献了 16% 的 GDP。特别是从人均 GDP 看，2019 年整个川渝地区为 61367. 52 元，而川东北渝东北仅为 38502. 99 元，差距

为 2 万多元。可以断言，川东北渝东北是成渝地区双城经济圈的欠发达地区。

众所周知，推动成渝地区双城经济圈建设，必须唱好“双城记”。但是，“双城记”不仅仅是成都都市圈与重庆主城都市区的“二重唱”，更是川渝有关地区的“大合唱”和“协奏曲”，必须做强“圈东北”，避免“中部塌陷”和“城外衰弱”。换言之，只有“中部隆起”和“城外崛起”，方可与“双城极核”相得益彰，遥相呼应，才能真正建优“经济圈”。

二、推动川东北渝东北一体化发展的有利条件

根据新经济地理学的核心—边缘理论，处于双核边缘的“两东北”可以摆脱极核虹吸效应，依赖本地资源和拓展新市场集聚发展。特别是伴随着新经济的强势崛起，互联网、数字化、高铁、5G 等催生了新陆权的回归，川东北渝东北的地缘和经济地理空间格局由此得以根本性改变。铁（河）海联运的比较优势，使得川东北渝东北由一度的开放边缘，凤凰涅槃为“东出北上、连西接南”的陆海新通道和内陆开放高地的重要支撑点；人口、资源、生态大区的特色，使得川东北渝东北由成渝地区纵深腹地正蜕变为成渝地区新兴增长极。

我们认为，川东北渝东北一体化发展所形成“双圈”东北区块新兴增长极，并不一定是“以 GDP 论英雄”。更重要的是，要在“两东北”形成绿色发展和承接东部及“双城”产业转移的新兴经济中心，经略好中国战略大后方，促进新一轮西部大开发；依托川东北渝东北资源禀赋，通过“内培外引”，激活人才要素的强劲动能，积极培育和形成“双圈”东北区块的绿色发展科技创新和推广中心；坚持全域开放、四向拓展，构建“经济圈”东出北上、联西接南大通道和内陆开放高地的重要支撑点；践行绿水青山就是金山银山理念，维护国家生态安全，筑牢长江上游和“双圈”

东北区块生态屏障。此外，经过改革开放四十多年来的发展积淀，有必要集成政策、项目和资金，发挥整体效应，这是巩固秦巴山区和三峡库区脱贫攻坚成果、深化革命老区发展振兴成果的内在要求，也是强力推进“双圈”东北区块乡村振兴战略、建设“双圈”东北区块高品质美丽休闲宜居地的现实选择。由此可见，推动川东北渝东北一体化发展，是我国欠发达地区实施新型城镇化和新型工业化融合发展的宝贵探索，更是试行行政区与经济区适度分离路径的创新实践，具有十分重要的战略引领和示范价值。

概括地讲，推动川东北渝东北一体化发展有以下六个有利条件：

第一，长期以来，“两东北”非常重视多方合作发展，各领域交流与合作十分活跃，形成了携手并进、共生共建共营共荣共享的竞合关系。

第二，渝东北作为长江黄金水道的重要港口区，川东北作为东出北上、连西接南的战略通道支点，同属丝绸之路经济带和长江经济带的重要通道和战略支点。

第三，川东北渝东北是巩固脱贫攻坚成果协同推进的示范区，也是清洁能源、特色农产品生产加工基地和军民融合产业示范基地，二者经济体量、发展水平等大体相当，有不少地区属于欠发达地区、革命老区和边远山区，具有一体化合作的共同诉求。

第四，川东北渝东北共同承担着保护好“两东北”和三峡库区的青山绿水，发展绿色经济，筑牢长江上游生态屏障和维护国家生态安全的重要使命。

第五，川东北渝东北不少地区同属革命老区和红色文化区，巴蜀文化和生态旅游资源丰富，共建“经济圈”红色文化和巴蜀文化走廊的基础扎实。

第六，川东北渝东北地缘相近，文缘相承，商缘相连，血浓于水的情谊让“两东北”有着千丝万缕的联系，巴渝文化割不断，

“两东北”亲情割不断。川东北渝东北巴渝文化交集，具有川渝一家亲和“两东北”一体化发展的文化基因。

三、川东北渝东北一体化发展面临的系列挑战

目前，川东北渝东北地区距离“双城”时空距离在2小时以上，根据区域经济发展规律，“双城”对川东北渝东北地区的辐射带动作用不足。这是川东北渝东北欠发达的重要原因之一，更是“两东北”一体化发展面临的巨大挑战。同时，川东北渝东北一体化发展作为省际间协调发展进程中的新事物，是“经济圈”欠发达区域的一体化发展，势必存在一系列的新问题和新困惑。

（一）川东北渝东北一体化发展的认识还有待深化

不少干部认为，川东北渝东北一体化发展是为了跻身“经济圈”，还没有把川东北渝东北一体化发展真正作为顺应区域经济规律和国家战略空间重构的一项重大实践，真正作为疏阔“两东北”城镇群发展瓶颈、激发内生动力和充分整合“两东北”资源的必由之路；对川东北渝东北一体化发展是一个较长历史过程的认识不足；对川东北渝东北一体化发展的竞合关系认识不深刻，换位思考不够，一体化发展成本共担和利益共享机制尚未破题；基本依赖行政推进，“等、靠、要”现象比较明显。

（二）川东北渝东北一体化发展的顶层设计不够

在成渝地区双城经济圈建设上升为国家重大战略之前，川东北渝东北缺乏一体化发展总体规划和配套专项规划，各地协同发展的一些规划也缺乏权威性，站位不高，视野不宽。在此之前，川东北渝东北各地规划都立足于自身发展需求，在功能定位、发展方向、空间布局等方面都有很强的自主性和内驱力，但对跨区域合作缺乏统筹考虑。

（三）川东北渝东北一体化发展的产业集群量级小且协同性差

川东北渝东北的产业集群量级较小，无论是南充、万州、达州

还是开州，现有的产业集群都难以带动川东北渝东北一体化发展。在重点产业错位、产业链匹配、重大项目引进等方面，“两东北”各地还存在着较为明显的“独善其身”“各自为政”和“孤岛”现象，招商引资中还存在较为激烈的同质化竞争倾向，“两东北”各地在产业功能上的优势互补、同城协调发展格局尚未完全形成。

（四）川东北渝东北一体化发展及文化融合度欠佳

“两东北”各机构、部门和行业对革命老区文化、红色文化、巴蜀文化与经济社会发展的关联互动还未完全到位，融合层次和程度不深不宽，办法思路和点子还不多。因文化融合发展领域跨度大，涉及范围广，“两东北”各地各有关部门尚未形成一体化发展的沟通协调、齐抓共促、步调一致的合力机制，缺乏推动协同发展、深度融合的广度和力度。

（五）川东北渝东北一体化发展的公交化和便捷化通勤机制尚待完善

基础设施的建设完善是川东北渝东北一体化发展的“催化剂”，随着川东北渝东北多条铁路和高速公路的开通，“两东北”外部交通已经大为改善，对区域经济的发展发挥了很大的促进作用。但川东北渝东北之间高速铁路公路网格局还未形成，交通不能满足通勤需要，快速通道密度不够，毗邻地区断头公路多，交通服务及管理制度还未完全衔接。

（六）行政壁垒与隔膜制约着川东北渝东北一体化发展的进程

在现有的经济体制下，川东北渝东北一体化发展势必存在行政区划单边利益与一体化双边利益与多边利益的“两难”；存在川东北渝东北各自的极化效应与一体化辐射效应“两难”；存在川东北渝东北一体化发展当期利益与中长期利益取舍的“两难”。

四、创建万达开川渝统筹发展示范区是“两东北”一体化发展的“芯片”

基于“两东北”一体化发展面临的挑战，做强“双圈”东北区块，必须寻求在川东北渝东北川渝毗邻地区实现先行融合和统筹发展的突破；必须创建高效传导“双城”辐射能量的示范区，构建“双圈”东北区块的“两中心两地”极核，形成“双城”辐射能量的“放大器”，以此带动和引领川东北渝东北的一体化发展。这一川东北渝东北新极核就是要创建的万达开川渝统筹发展示范区。

从经济体量和城市能级来看，万州、达州和开州在川东北渝东北各地中名列前茅。此其一。其二，万州、达州和开州在“经济圈”东北区块中，处于“东出北上、联西接南”的枢纽方位。其三，万州、达州和开州行政区划毗邻，是探索行政区和经济区适度分离的最佳示范区。因此，创建万达开川渝统筹发展示范区将充分发挥承东启北、沟西通南的地理优势，形成以万州、达州、开州三个支点向外辐射的多通道对外综合交通运输格局，形成联通西三角、京津冀、长三角、粤港澳等核心城市群及东西南北向出境国际综合运输大通道，形成“双圈”东北区块的发展新极核、科技创新地、改革开放新高地和大美生活宜居地。

我们认为，川东北渝东北一体化发展，其大格局是：“一区带动多轴带、多走廊和两翼以及两翼多廊区的一体化发展”。即以万达开川渝统筹发展示范区为极核区，以流域经济和高速铁路、高速公路沿线为主轴带，以多产业走廊和园区，带动川东北渝东北两翼一体化发展。而两翼中又存在多廊区交织性一体化发展的混生格局。比如，“双圈”东北区块的渝东北翼，可能会形成即将规划建设的“三峡新区”的主要增长极。

五、川东北多廊区交织性的一体化发展空间格局

川东北城市群作为“双圈”东北区块的一翼，是多核型城市群。除了达州着力通过万达开川渝统筹发展示范区激发内生性动力，做强自身和带动川东北发展之外，其他的几个区域中心也在发挥着对川东北乃至渝东北发展的促进作用。

南充、广元和巴中，地缘和经济地理格局具有若干共性。这三个市可以在毗邻地区合作创建“川东北绿色发展新区”，或者“川东北革命老区振兴发展新区”。“川东北绿色发展新区”可以作为省级新区，也是川东北渝东北一体化在省内跨行政区的探索性实践。我们认为，成都都市圈有“成都东部新区”，川南经济区有“宜宾三江新区”，川东北经济区也应该有一个“绿色发展新区”。

广安是四川距重庆最近的市，到重庆市区仅100余公里，渝广两地主城区仅50多分钟车程。因此，广安在推动“经济圈”建设过程中，四川省和广安市要进一步解放思想，川渝合作的高滩园区应该扩围，按照国家级经开区和“重庆飞地卫星城市”的功能定位来规划建设，支持广安跨省域融入重庆主城都市区，主动承接重庆主城辐射，创造行政区域经济区适度分离的四川典范，形成推动川东北高质量发展的新兴增长极。

“经济圈”的川东北翼还有推进北向开放合作，大力推进与陕西西安、汉中和甘肃陇南的战略合作，助推战略大后方的南北经济之间的统筹联动、产业协同和区域协调的重要使命。“经济圈”的川东北翼，要着眼川陕甘鄂结合部区域城市群和四川北上东出大通道的发展定位，协同推进广（元）巴（中）达（州）生态经济带、成都—德阳—绵阳—广元统筹发展走廊的高质量发展。

六、深入推进川东北渝东北一体化发展的对策建议

要着力构建川东北渝东北一体化发展的利益共同体，以制度同商、空间同规、设施同网、产业同构、民生同心、交通同联、功能同建、服务同享和生态同保为抓手，坚持目标导向和问题导向，分阶段分步骤地把川东北渝东北一体化发展建设成为具有竞争力且高质量发展的“双圈”东北区域增长极。

（一）以高质效的多规合一规划重塑“圈东北”地缘和经济地理新格局

要依据“经济圈”的指导思想、发展目标和定位，就空间格局与产业布局、基础设施一体化发展、建立共同市场、公共服务的共商共建共管共营共享等方面做出多规合一的规划和顶层设计，构建“两东北”有错位、有差异、有协同的一体化发展的大格局形成“两中心两地”的“双圈”东北区块新表达。

（二）把互联互通和出川出渝通道建设作为川东北渝东北一体化发展的重中之重

川东北渝东北一体化发展要深入对接国家综合交通规划、西部陆海新通道项目、交通强国试点项目、重点项目建设，加大互联互通和出川出渝通道建设。

（三）构建川东北渝东北一体化发展的产业廊带和产业园区

一是建议将《川陕革命老区振兴发展规划》延展至2025年，并契合“经济圈”总体规划，注入进一步深化发展的产业项目。

二是建议在川东北渝东北建设承接产业转移示范廊带。根据产业链协同机制，构建汽车、摩托车、智能制造、电子信息等产业转移廊带，加大对成渝地区承接东部产业转移和统筹协调力度，协同打造军民融合产业体系，鼓励更多东部城市、“双城”与“两东北”建立合作结对关系，并在产业布局、项目引进、资金政策等方面给予倾斜支持。特别是，要探索GDP及税收分享制度改革，

构建多元化产业园区机制，鼓励川东北渝东北在“双城”设立飞地园区，鼓励川东北渝东北其他地区在万达开川渝统筹发展示范区设立飞地园区。

三是积极争取国家在“两东北”建设农业高新技术产业示范区。参照陕西杨凌模式，建设成渝现代高效特色农业带，实现“两东北”农业全面升级、农村全面进步、农民全面发展。

四是着力擦亮“山水林画廊、公园新城市、秀美‘圈东北’”的休闲旅游品牌，着力补齐旅游短板，按照“精筑城、广聚人、强功能、兴产业、塑文化、优生态”的开发思路，推动重构“人城境业文”发展逻辑，建设好“双圈”东北区块的“高品质生活宜居地”。

五是要着力打造全国知名、“经济圈”一流的红军文化教育培训基地，以巴文化与蜀文化的结合，争取跻身国家规划建设的“巴蜀文化旅游走廊”，以现代形式和精美景区呈现国际范、中国味、巴蜀韵的“两东北”表达，重塑“两东北”的“网红地”和“打卡地”。

（四）构建川东北渝东北公共资源和生态环境的一体化发展机制

在川东北渝东北一体化发展进程中，政府的作用在于统筹协调和规划引领，以“最大公约数”促进教育、科技、公共卫生、文化资源、社会保障等公共资源的配置，构建一体化投入的成本共担和利益共享机制，逼近“最小公约数”，最终实现共商共建共管共营共享。

在川东北渝东北一体化发展进程中，要统筹区域生态资源保护，实现流域范围内一体化治理，同享一体化发展进程中的“天蓝、地绿、水净、空清”，筑牢长江上游和“圈东北”生态屏障。要进一步完善长江流域横向生态补偿机制，争取国家绿色发展基金向“两东北”倾斜。

（五）着力消除川东北渝东北一体化发展的市场隔膜

“两东北”应该推动市场相互开放，共同推进“放管服”改革，发挥市场在资源配置中的决定性作用，进一步打破行政性垄断和地域封锁，逐步实现市场体系的协调统一和完善优化。

川东北渝东北要抢抓疫情后世界产业链、供应链、消费链、价值链重组机遇，以改革创新思路，优化营商环境，利用城乡建设用地增减挂钩机制，以及国土管理放管服改革新政，争取更多的土地资源；创造条件争取专项债，打造好园区基础设施，主动承接发达地区的产业转移和争取创新项目，争取梯度推移发展和弯道超车发展。

（六）完善川东北渝东北一体化发展的开放体系

协同推进开放口岸建设，拓宽贸易合作渠道，促进两地产业“走出去”；推动区域开放合作，加强与周边省市交流合作，提升同城化影响范围。川东北渝东北要加强与陕南、湖北等地区域关联与协作。

依托合作与发展峰会等合作平台，发挥其地域联动作用，实现与周边省市的产业协同发展。深度融入长江经济带发展，积极对接京津冀、长三角、粤港澳大湾区、北部湾经济区建设。

（七）创设川东北渝东北一体化发展投资基金

争取在国家支持下，川渝两地共同设立川东北渝东北一体化发展投资基金。参照京津冀产业协同发展投资基金，由国家有关部委牵头发起，联合成渝地区，引导其他投资主体共同出资设立成渝地区协同发展专项投资基金。该专项投资基金，要在支持川东北渝东北重大产业项目的投资建设和招商引资中发挥重要的杠杆作用。

（八）创新川东北渝东北一体化发展的组织领导机制

建议成立以川渝两省市党委或政府的领导为组长，川东北渝东北主要领导和省市级主要部门负责人为成员的领导小组，负责川东北渝东北一体化发展的统筹。办公室可设在四川省和重庆市发改委，实行定期例会制度；建立一体化专项工作推进小组，完善常态化工作机制。

将一体化项目推动情况纳入川东北渝东北各级党委政府干部目标考核；探索和试点川东北渝东北的党政领导、部门领导、国企高管和专业人才相互交流任职，以增进川东北渝东北干部的换位思考和一体化思维。

（课题组成员：杨继瑞、杜思远、徐海鑫、付莎）

关于遂宁与潼南共建“成渝地区双城经济圈主轴中部崛起示范区”的建议

区域协调发展研究智库

建设成渝地区双城经济圈，是习近平总书记亲自谋划、亲自部署、亲自推动的一项重大区域发展战略。遂宁和潼南位于成渝地区双城经济圈主轴的中心地带，是川渝毗邻区最重要的组成部分，是双城轴带的重要支点。近年来，遂宁与潼南持续加力推动遂潼一体化进程，遂潼区域合作发展成效明显、基础扎实。成渝地区双城经济圈上升成为国家重大战略之后，遂宁与潼南一体化的重要使命和区域价值进一步凸显。

中共四川省委书记彭清华在推动成渝地区双城经济圈建设四川重庆党政联席会议第一次会议上指出，唱好“双城记”，建设“经济圈”，要“以重大战略协同为统揽，以成渝相向共兴为引领，以毗邻地区合作为突破，与重庆市齐心协力、相向而行，举全省之力务实推进、有效实施”。为了贯彻落实中央和省委的决策部署，我们建议，川渝应联手加速和强力推进遂潼一体化发展，培育成渝地区双城经济圈主轴中部最活跃的增长极和动力源，共建“成渝地区双城经济圈主轴中部崛起示范区”。建设“成渝地区双城经济圈主轴中部崛起示范区”，有助于提升成渝地区双城经济圈主轴中部城市群的综合承载力，变“中部塌陷”为“中部崛起”，可以更好地传导“双城”的新极化和强辐射，唱好“双城记”，建优“经济圈”。

建设“成渝地区双城经济圈主轴中部崛起示范区”是遂宁站在国家战略高度，立足于遂潼独特区位条件和资源禀赋，遵循区域经济空间演进规律，推进成渝地区双城经济圈建设的重要探索和战略抉择。建议中央有关部委、川渝决策层站在战略的高度考量，在国家和省级规划中明确其战略定位，并在重大合作项目布局和政策上给予大力支持。

战略价值一：有利于破解成渝地区双城经济圈主轴中部塌陷问题，是唱好“双城记”、建优“经济圈”的战略抉择

成渝地区双城经济圈是典型的“双核”辐射带动型城市群。受行政区划等因素影响，双城加速集中态势强劲，优势要素向双城集聚趋势显著，区域经济发展形成“拔河效应”，以致出现“中部塌陷”的空间态势。2019 年，遂宁、内江、资阳地区生产总值均不足成都的 1/10，约为重庆的 1/16，人均地区生产总值仅为成都的 2/5、重庆市 3/5 左右。成渝地区双城经济圈双城虹吸效应和中部地区亟待辐射之间的矛盾日益凸显。顺应经济圈建设客观规律，系统推进成渝地区双城经济圈建设，要牢固树立一体化发展理念，形成中心城市引领、副中心和节点城市梯度发展新格局。成渝地区双城经济圈建设，一方面要“强核”以提升中心城市带动能力，另一方面更要强化中心城市的“外溢”效应和辐射带动作用，培育区域性中心城市，优化区域城镇发展格局。遂宁和潼南地处成渝地区双城经济圈的主轴上，处在重庆“一小时”辐射圈和成都“一小时”辐射圈的交汇点上，具有建成成渝主轴区域中心城市群不可比拟的优势和不可替代的条件，在推动成渝地区双城经济圈跨省域行政区一体化发展中可以发挥先行示范作用。

为进一步优化成渝地区双城经济圈的空间结构，建议在成渝地区双城经济圈规划中明确提出，在其发展主轴上培育遂潼城市群，形成成渝地区双城经济圈主轴中部地区的新发展极，促进成渝地区双城经济圈主轴中部地带逐步“隆起”，支撑“经济圈”主轴强势崛起，打造成渝地区双城经济圈高质量发展主轴的“脊梁”。

战略价值二：有利于打造新的经济增长点，是助力双城“经济圈”高质量发展能量集聚的重要载体和抓手

成渝地区双城经济圈是西部经济基础最好、经济实力最强的区域，集聚了全国6.9%的常住人口，创造了全国6.3%的经济总量。但是，其常住人口城镇化率比全国平均水平低近6个百分点，经济总量与长三角城市群、粤港澳大湾区、京津冀城市群相比，存在不小差距，人均地区生产总值仅为长三角、粤港澳的1/2和2/5左右。

成渝地区双城经济圈的发展差距在双城之外的中部区域表现更为明显。这也预示着，成渝地区双城经济圈主轴地区未来发展的空间巨大，是“经济圈”发展韧性和战略纵深所在。推动成渝地区双城经济圈建设形成高质量发展的重要增长极，迫切需要双城协同，共同谋划推动中部区域崛起，强化跨省域行政区的产业协作、创新协同、服务共享，推进“经济圈”发展方式加快转变、经济结构持续优化、发展动力加速转换。

区域经济发展的理论与实践均充分证明，城市群的一体化发展是协同推进工业化和城市化、建设现代化城市、进行改革试点的重要举措，是促进产业、人口及各类生产要素合理流动和高效集聚，促进经济高质量发展的重要路径。按照区域经济演进规律，在成渝地区双城经济圈主轴中部地带建设跨川渝行政区划的城市群，高起点谋划、高水平建设“成渝地区双城经济圈主轴中部崛起示范区”，可以形成成渝地区双城经济圈主轴中部地区的“聚焦点”和“引爆点”。

川渝要根据涪江流域经济空间规律，规划遂潼一体化发展先行融合示范区，在成渝地区双城经济圈主轴中部搭建起各类生产要素合理流动和高效集聚的人、城、境、业、文“五位一体”发展新区域，协同周边城镇，形成主轴中部城市群效应，有助于培育成渝地区双城经济圈发展新动能，将成渝地区双城经济圈的中部腹地激发为新增长点，隆起“双城记”主轴，促进“经济圈”全域高质量发展。

战略价值三：有利于推进“经济圈”打破省域行政区划“隔膜”，是创新跨省域行政区划一体化发展体制机制的积极探索

纵观国内外成功案例，体制机制改革无疑是城市群从协同化迈向一体化乃至同城化的关键保障。推动遂潼一体化发展要从体制机制创新上着力，坚持以内外开放求发展，深化交流合作，坚持“拉手”而不是“松手”，坚持“拆墙”而不是“筑墙”，坚决反对以邻为壑、过度竞争，推动遂潼毗邻区域价值链、供应链更加完善，共同聚集战略性新兴产业，就一定能在产业共兴中促进成渝地区双城经济圈主轴中部的隆起。

由于行政区划与经济区的不完全重合，区域一体化发展需求与行政条块分割现实的矛盾日益凸显，交通互联、产业协作、创新协同、市场共兴、服务共享等面临种种制约与障碍。有效清除行政壁垒和体制机制障碍，是系统推进成渝地区双城经济圈建设的关键。中央财经委员会第六次会议指出，推进体制创新是成渝地区双城经济圈建设的重要任务。因此，推进成渝地区双城经济圈建设，川渝要加强顶层设计和统筹协调，按照探索经济区而非行政区的思路进行整体谋划，以经济区确定“发展任务”，以行政区确定“实施主体”，各方自觉拆除“墙壁”、疏阔“瓶颈”，加强合作、相互协作、共同实施，整体推进“经济圈”建设。

遂潼两地尽管行政分治，但是经济合作、交通互联、生态共治，具有探索经济区与行政区适度分离、改革和创新一体化发展体制机制的良好基础。遂潼作为有合作基础的川渝毗邻区，共建“成渝地区双城经济圈主轴中部崛起示范区”，推进体制机制的改革创新，探索建设跨省域行政区一体化发展的“试验田”，有利于稳妥灵活地推进体制机制改革与创新；有助于形成可复制可推广的新经验和新模式，以点带面、快速推进成渝地区双城经济圈跨省域行政区划一体化发展体制机制的改革与创新。

为进一步破解成渝地区双城经济圈协同发展和一体化发展的体制机制问题，在“成渝地区双城经济圈主轴中部崛起示范区”这一创新“试验田”中，川渝决策层、协调层、执行层可以进一步提升强化规划衔接、高层互访、联席会议、部门协同等机制的运行效能，不断深化探索包括GDP和税收在内的利益分享、风险共担、项目共建等执行操作层面的运行机制改革，让“行政区”站位谋划跨省域“经济区”发展，使“经济圈”主轴中部区域发展任务落实落地到遂潼两地。

战略价值四:有利于生态优先绿色发展,是打造成渝绿色高品质生活宜居地的重要实践

成渝地区双城经济圈地处长江上游，对保护国家生态安全和构建长江上游绿色生态屏障至关重要。推动成渝地区双城经济圈建设，有利于吸收生态功能区人口向城市群集中，形成优势区域重点发展、生态功能区重点保护的新格局，进一步保护和优化长江上游生态环境。中央财经委员会第六次会议指出，成渝地区要加强生态环境保护，建立高品质生活宜居地。为进一步贯彻落实中央决策部署，统筹协调“金山银山”与“绿水青山”，在成渝地区双城经济圈建设过程中，要把生态优先、绿色发展作为基本遵循、根本方式，提升绿色品牌效应，让绿色成为成渝地区双城经济圈的生态本底和高质量发展的重要支撑。

遂宁以绿色发展而著称，是享誉海内外的国际花园城市、全球绿色城市、绿色经济示范城市、全国绿化模范城市、国家园林城市。同时，凭借川中浅丘地区跌宕起伏、山水优美的地形地貌和稳

定的地质特征，遂潼地区拥有相对宜人的地域性生态圈，具有大都市区和偏远地区不可比拟的人居环境。随着人民对美好生活需求的日益增长，遂潼地区将受到各界人士青睐，成为安居常驻、休闲度假、社交活动的重要目的地。

依托遂潼优越的生态条件和区位条件，“成渝地区双城经济圈主轴中部崛起示范区”可以成为高品质生活宜居地的遂潼表达。“成渝地区双城经济圈主轴中部崛起示范区”将全面体现新发展理念，加强涪江、琼江流域岸线资源保护，加快涪江生态廊道建设，切实筑牢长江上游生态屏障，加快推进产业城市融合、空间格局调整、功能布局优化、创新智慧发展、绿色低碳转型、幸福人文彰显，以城市现代化、产业高端化、文创特色化、生态优美化、社会法治化和文明化，形成成渝地区双城经济圈主轴中部区域生产、生活、生态空间的新格局。

战略价值五：有利于凝聚经济强势能，是重塑遂宁地缘和经济地理新格局的实现路径

遂宁素有“东川巨邑”“川中重镇”美誉，是“四川盆地之心”，与成都、重庆呈等距三角。随着成遂渝高速、成遂渝高铁的开通，遂宁与成渝两地经济联系更加紧密，经济持续稳定发展，2019 年实现地区生产总值 1345.73 亿元。但与成渝地区重点培育的区域中心城市相比，遂宁经济体量偏小，缺乏有影响力的城市 IP，产业支撑发展能力较弱，进而制约集聚生产要素和实现“量变到质变”飞跃，难以建成承接成渝辐射、引领腹地发展的成渝地区双城经济圈主轴中部的强支点。

遂潼两地作为川渝重要的毗邻地区，具备同根同源、相连相依、互亲互助的良好基础，在成渝地区双城经济圈建设重大战略机遇引领下，发挥独特比较优势，川渝共建“成渝地区双城经济圈主轴中部崛起示范区”，引领遂潼共谋共建，促进遂宁突破经济规模偏小、集聚能力偏弱等制约，提升遂宁经济势能和聚集能力，共享成渝地区双城经济圈建设的红利，培育“经济圈”新增长极，推动遂潼从成渝地区双城经济圈的“地理中心”凤凰涅槃为“发展轴心”。

川渝共建“成渝地区双城经济圈主轴中部崛起示范区”，可以形成成渝现代产业承接和配套聚集区，立足资源、产业和空间优势，协同推进新兴产业发展与传统产业升级，瞄准高端产业和产业高端，发挥西部地区锂电产业链最完善，集中发展的优势，持续加快锂电产业发展，大手笔、高起点、高标准规划和建设功能清晰、定位精准的锂电产业工业园区，培育一批具有行业影响力的领军企业，构筑西部地区重要的新材料产业基地。立足电子信息产业发展基础，加快推进产业转型升级，提升配套成都千亿级电子信息产业的服务能力。依托中国西部现代物流港，提升西部地区现代物流服务与辐射能力。

川渝共建“成渝地区双城经济圈主轴中部崛起示范区”，要充分依托资源环境承载能力，深挖空间开发潜力，高起点谋划、高标准定位、高品质建设、高水平管理、高效率运营。因此，建议川渝两地要着力研究解决遂潼一体化发展建设中规划编制、政策实施、体制机制创新、平台建设等重大问题，并将“成渝地区双城经济圈主轴中部崛起示范区”纳入国家和川渝相关建设发展规划，把川渝一些合作项目布局在遂潼区域。根据“推动成渝地区双城经济圈建设四川重庆党政联席会议第一次会议”精神，把推动遂潼建设“成渝地区双城经济圈主轴中部崛起示范区”的战略要求转化为战略行动，协同完善推进机制，构建决策层、协调层、执行层上下贯通的三级运作机制，明确日常办事机构职能职责，把“成渝地区双城经济圈主轴中部崛起示范区”建设抓实抓细、抓出成效。

（课题组成员：杨继瑞、徐海鑫、杜思远）

关于雅安建设“成渝地区双城经济圈西部门户枢纽型绿色发展先行示范区”的建议

区域协调发展研究智库

成渝地区双城经济圈成为国家重大战略之后，根据成渝地区双城经济圈的“双城记”新格局，重庆抢抓机遇，在2020年1月14日的政府工作报告中提出重庆“一区两群”的“新版图”，重庆主城都市区迅速扩围，约占2/3的市域人口纳入了主城都市区。四川以“成德眉资同城化”作为推动成渝地双城经济圈建设的“先手棋”，形成了与重庆主城都市区面积、人口及GDP总量等相当的成都都市圈，这是四川和成都积极回应和主动衔接国家重大战略的正确抉择。

考虑到成渝地区双城经济圈承担着引领带动西部地区高质量发展的使命，以及成都都市圈未来发展的潜力，立足雅安独特的资源禀赋，遵循区域经济空间演进规律，我们建议，四川应大力推进成雅同城化，将雅安建设成为“成渝地区双城经济圈西部门户枢纽型绿色发展先行示范区”，作为成渝地区双城经济圈纵深推进的腹地和成都都市圈下一步扩围的“后手棋”。

将雅安建设成为“成渝地区双城经济圈西部门户枢纽型绿色发展先行示范区”，既与国家和四川对雅安的定位相呼应，同时又体现了与时俱进的时代谋划。有如下四方面的理由：

其一，2016年国家发改委印发《成渝城市群发展规划》，将雅安定位为“进藏物资集散地、川西特色产业基地、交通枢纽、国际生态旅游城市”，其中就包括了“西部门户枢纽”和“绿色发展先行示范”的内在特质。

其二，“西部门户枢纽”是积极回应省委主要领导赴雅调研重要指示精神，发挥雅安为成渝地区双城经济圈协同藏区发展地缘优势的战略性抉择。

其三，“绿色发展先行示范”是将雅安绿色发展示范市的四川定位，延伸为成渝地区双城经济圈定位的“升级版”。

其四，“一带一路”建设、长江经济带战略、川藏铁路的全面开工建设、新一轮西部大开发、成渝地区双城经济圈等国家重大战略的实施，以及互联网、大数据、高铁等基础设施的建设，极大地改变了雅安的地缘格局，重塑了雅安在成渝地区双城经济圈西部门户枢纽地位。同时，雅安的绿水青山成为绿美的金山银山、永续的金山银山，彰显了成渝地区双城经济圈生态文明建设的厚重底蕴。

雅安建设“成渝地区双城经济圈西部门户枢纽型绿色发展先行示范区”，从区域经济版图和产业发展格局看，应从五个方面明确其战略定位。

定位之一：雅安是成渝地区双城经济圈和“一带一路”南向开放的四大门户枢纽之一

目前，成渝地区南向开放的四大门户通道是成都（重庆）出发的经广西北部湾的西部陆海新通道、成都（重庆）出发的到粤港澳大湾区的陆海通道、成都（重庆）—雅安—云南—缅甸的陆海通道、成都（重庆）—雅安—西藏—印度的陆海通道。上述作为四川“四向拓展全域开放”的四大南向出海大通道，成都（重庆）—雅安—云南—缅甸的南向陆海通道、成都（重庆）—雅安—西藏—印度的南向陆海通道，均通过雅安。从人类命运共同体的发展大势和国家安全考量，通过雅安至西藏的中巴经济走廊及南向陆海通道的未来潜力看好。雅安素有“川西咽喉”“稳藏安康”

之称，是名副其实的成渝地区双城经济圈西部门户枢纽。因此，我们建议将雅安纳入成渝地区双城经济圈的规划范围，以成雅经济走廊引领成雅同城化，为“一带一路”建设构建南向开放的国家战略通道。

定位之二：雅安是成渝地区双城经济圈藏彝走廊的重要门户枢纽

雅安区位特征独特，其北为阿坝藏族羌族自治州，西与南为甘孜藏族自治州和凉山彝族自治州，东面与成都、眉山、乐山3市相连，是全省唯一与甘孜、阿坝、凉山三州接壤的地级市，是通向藏、羌、彝民族地区以及川藏、川滇的咽喉要道。雅安“承东启西连南北”的独特区位优势，使其素有“西藏门户”“民族走廊”之称，是成渝地区双城经济圈链接我国最大彝区和西藏的重要门户枢纽。历史上，雅安是汉藏茶马贸易市场和土特产品的集散地。古代南丝绸之路是由北向南，而茶马古道由东向西，它们纵横交错，在雅安形成了一个交汇点。由此可见，自古以来雅安就是重要的门户枢纽。新中国成立后，国道318线、108线相继建成通车，并在雅安分道西藏和云南，川西咽喉的门户枢纽地位得以凸显。改革开放以来，雅安交通建设得到迅猛发展，被省政府确定为川西综合交通枢纽。进入21世纪新时代，国家超级工程川藏铁路启动建设，雅安即将成为成渝地区双城经济圈与藏区经济文化交流的重要门户枢纽，成为经西藏至南亚次大陆国家南向国际贸易大通道的重要节点。

因此，将雅安建设成为“成渝地区双城经济圈西部门户枢纽型绿色发展先行示范区”，有助于成渝地区双城经济圈更好地承担引领带动西部地区、民族地区高质量发展的国家使命。也就是说，在成渝地区双城经济圈建设上升为国家战略后，雅安不仅要承接“双城”产业转移与产业辐射，而且要传导“双城”辐射能量，协同阿坝藏族羌族自治州、甘孜藏族自治州和凉山彝族自治州的高质量发展，助力西藏自治区的高质量发展，形成成渝地区双城经济圈建设对西藏高质量发展的引领效应和增强四川民族地区高质量发展、巩固民族地区脱贫攻坚成果的扩散效应。

定位之三：雅安是成渝地区双城经济圈国家熊猫公园主要承载地

大熊猫国家公园试点区规划范围跨四川、陕西和甘肃三省。总面积为27134 平方公里，其中四川 20177 平方公里，占总面积的74. 36%，雅安市（雅安市面积约6140 平方公里、成都市 1459 平方公里、德阳市 595 平方公里、眉山市 516 平方公里）是大熊猫国家公园面积最大、涉及最多县（市、区）的市（州），更是连接邛崃山—大相岭山系大熊猫栖息地的重要廊道，也是连接小相岭—凉山山系的关键区域。此外，雅安市还是世界上第一只大熊猫的科学发现地、命名地和模式标本产地，是世界自然遗产——四川大熊猫栖息地核心区（占 52%）。目前，雅安拥有中国最大的保护大熊猫研究中心——碧峰峡基地，被称为“熊猫家源”。

众所周知，熊猫是成都名片、四川名片和中国名片，也是成渝地区双城经济圈建设的独特名片。因此，将雅安建设成为“成渝地区双城经济圈西部门户枢纽型绿色发展先行示范区”，争取国家自然资源部的支持，在雅安建设国家熊猫公园的“四川门户”，可以擦亮“熊猫家源”的“金字招牌”，着力将雅安建设成为成渝地区双城经济圈中的大熊猫文化国际旅游目的地。

定位之四：雅安是成渝地区双城经济圈的绿色生态屏障和红色文化聚集区

雅安是长江上游重要生态屏障和重要水源涵养地的组成部分，是国家退耕还林和天然林保护示范区，先后纳入国家生态文明示范工程试点市、国家首批生态文明先行示范区，在全国、全省生态安全格局中具有重要地位。雅安气候温和，植被类型复杂多样、野生动植物种类繁多，被习近平总书记誉为“天府之肺”“动植物基因库”。长期以来，雅安认真践行“绿水青山就是金山银山”理念，自觉扛起维护生态环境安全重大责任，坚定走生态优先、绿色发展道路，积极为筑牢长江上游生态屏障做贡献。2019 年，全市森林覆盖率达到67%，持续位居全省第一，地表水考核断面水环境质量位列全国第八、全省第一，空气质量位列全国第十一、全省第一。可以说，雅安的生态屏障功能直接关系到成渝地区双城经济圈乃至长江流域中上游的生态安全，地位十分重要。

雅安的绿美生态资源，是成渝地区双城经济圈不可多得的“生态加分”，将成渝地区双城经济圈与京津冀、长三角和粤港澳相比，其生态优势更加凸显。成渝地区双城经济圈地处长江上游，绿美生态是其重要本底。同时，成渝地区双城经济圈的“两中心两地”必须以绿美生态为基底。雅安的绿美生态优势是其推动成渝地区双城经济圈建设的“金山银山”，是成渝地区双城经济圈生态环境最好的市，也是雅安跻身成渝地区双城经济圈最硬核的竞争力所在。以成雅经济走廊推进成雅同城化，将雅安建设成为成都的姊妹公园城市（雅安所具有的森林覆盖率、茶公园和天府绿肺功能），承担成都都市圈发展所需要的旅游、休闲、康养等功能，让“成都工作、雅安生活”成为新时尚。

成渝地区双城经济圈同时是中国内陆地区的“鱼米之乡”，也是中国城乡统筹改革的先行示范地区。良好的生态环境将有助于使雅安成为成渝地区双城经济圈的优质农产品供给区。中国绿色食品发展中心授予雅安市“全国绿色（有机）农业示范区”称号，为全国首个也是唯一的“金字招牌”。雅安在推动成渝地区双城经济圈建设中，供给优质农产品大有可为。目前，雅安建成绿色食品原料标准化生产基地 60. 25 万亩，全国有机农业示范基地 27. 35 万亩，绿色食品认证数 173 个，有机食品认证数 90 个，认证面积和数量位居全省前列。蒙顶山茶荣获“中国十大茶叶区域公用品牌”称号，名列四强，是四川唯一入围品牌，品牌价值达 33.65 亿元，持续名列四川茶叶第一品牌，被评为全国“最具经营力品牌”；雅安藏茶荣获“四川省十佳农产品区域公用品牌”，并被评为全国“最具发展力品牌”；“汉源花椒”被认定为中国驰名商标。“雅鱼”成为全省首个通过农业农村部农产品地理标志登记专家评审的水产类产品。

雅安红色文化资源富集，是成渝地区双城经济圈唯一全域留下红军长征足迹的地方，共和国十大元帅有 8 位都在雅安指挥过战斗。其红色文化可以与重庆的红色文化媲美。省委书记彭清华同志赴雅调研时指出，“立足特、优、亮，把夹金山干部学院办成管理规范、效果明显的一流学院”。在推进成渝地区双城经济圈建设中，要做好弘扬“红色文化”的大文章，规划建设“长征国家文化公园”，加强与国家级党政干部培训机构的合作，面向成渝地区双城经济圈和全国的培训市场，将雅安打造成为全国知名、成渝地区双城经济圈一流的红军长征文化教育培训基地，这是成渝地区双城经济圈可以高调推送的又一张靓丽名片。

定位之五：雅安是成渝地区双城经济圈大数据中心的成雅聚集区

随着信息技术和人类生产生活交汇融合，大数据的作用日益凸显。成渝地区双城经济圈要成为“两中心两地”，发挥大数据产业的引领性作用不可或缺。发展大数据产业，电力供给稳定、电价低、气温适宜和生态环境优越是其重要条件，而这些正是雅安的比较优势所在。

雅安市是全国十大水电基地之一，水电总装机容量 1272 万千瓦，加之雅安市地处成都平原都市区、攀西经济区和川西北生态区的交汇之处，战略地位优势明显，布局以大数据为基础的智慧化“川西门户”的建设意义重大。由于雅安在“区位重要、气候适宜、空气洁净、水量充沛、地质结构稳定、水电资源丰富、绿色电量充足、价格低廉、供电网稳定”等九大方面在成渝地区双城经济圈中具有比较优势，发展大数据的产业生态圈得天独厚。目前，雅安已建成两个具有一定规模的大数据中心：“西部云谷”大数据中心和智慧公共安全视联网大数据中心。

新冠肺炎疫情防控结束后，加快发展大数据产业必将成为广泛共识。建议在雅安落地成渝地区双城经济圈的超算中心，与电子科技大学、四川大学、重庆大学、西南大学、中国科学院成都分院等高校和科研院所紧密合作，成立成渝地区双城经济圈大数据研究院。积极培育一批上规模的大数据龙头企业，将雅安建设成为成渝地区双城经济圈的“大数据 +”特色产业园或应用示范基地。围绕政务服务、智慧农业、地理信息、交通物流、医疗、智慧健康养老、金融、文创、智能驾驶、旅游、教育等领域，从人才、企业、集聚区三个层次，促进双城大数据产业的高质量发展。

将雅安建设成为“成渝地区双城经济圈西部门户枢纽型绿色发展先行示范区”，其中的重要抓手，就是将川藏铁路成都物流基地延伸至雅安境内，规划建设川藏铁路成雅大港区及陆港新城，形成成雅经济走廊的产业新区和成雅同城化先行融合区，凸显成渝地区双城经济圈的西部门户枢纽地位。建设川藏铁路成雅大港区及陆港新城，要着力夯实成雅经济走廊产业功能，助推成雅同城化，面向成渝、链接攀西、辐射康藏，以铁路货运为核心、以公路货运为主体、以公铁联运为优势，积极发展以物流运输、交通集散、战略储备、应急仓储、川藏铁路配套产业与服务等，重点建设绿色智慧物流产业园、临港产业基地、西藏产业“飞地”和绿美宜居新城。

（课题组成员：杨继瑞、杜思远、徐华林）

后　记

为服务成渝城市群建设上升为国家重大战略，2019 年 10 月至 12 月，由中共四川省委政研室牵头，会同部分新型智库组成联合课题组，协同开展系列课题预研究。其间，各研究团队既开展了大量文献研究，组织了多次专题研讨，又联合赴重庆与有关部门同志及专家进行了深入的讨论交流，在集思广益的基础上形成了 12 个系列研究报告。2020 年 1 月初，四川省委政研室以调研专送件的形式陆续上报各课题的研究成果摘要，供省领导及有关方面参阅。这些研究报告得到了省领导的肯定性批示。

2020 年 1 月 3 日，习近平总书记主持召开中央财经委员会第六次会议，明确强调要大力推动成渝地区双城经济圈建设，在西部形成高质量发展的重要增长极，这是立足新西部、擘画新成渝、开启新征程的重大战略之举。为了全面贯彻落实习近平总书记在中央财经委员会第六次会议上的重要讲话精神，中共四川省委决定召开全会专题研究和部署推动成渝地区双城经济圈建设重点工作。

筹备召开省委全会，必须提高战略站位，坚持问题导向，深入开展调查研究，汇聚各方之智形成更多创新政策措施，高位谋划和推动成渝地区双城经济圈建设落地见效。2020 年 3 月，中共四川省委政研室制定了《关于推动成渝地区双城经济圈建设部门及智库课题研究工作方案》，围绕成渝地区双城经济圈建设战略内涵、“两中心两地”战略目标、七项重点任务、发挥中心城市带动作用、创建万达开川渝统筹发展示范区、川渝毗邻地区协同发展、推动渝东北和川东北地区一体化发展等重点专题，向省直有关部门、智库和相关市委政研室，下达了一批专项课题。4 月底，各课题组完成并报送了研究报告。四川省委政研室对研究成果及时进行汇总并梳理主要观点，提供省委十一届七次全会文件起草组参阅，一些研究成果被吸纳并体现在省委全会的《决定》之中。

今年是“十三五”规划的收官之年，也是编制“十四五”规划的启动之年。各市（州）要把推动成渝地区双城经济圈建设作为“十四五”规划制定的一项重要内容，加强与各专项规划的衔接，实现规划同图、计划同步。

认真学习和贯彻中共四川省委十一届七次全会精神，推动成渝地区双城经济圈建设，是全省当前和今后一个时期的一项重大政治任务，各地各部门要抓好宣传舆论工作，把全省上上下下、方方面面的积极性主动性调动起来，营造全社会共同参与成渝地区双城经济圈建设的浓厚氛围。为了加强各级干部学习领会省委十一届七次全会精神，我们摘选了部分智库关于成渝地区双城经济圈建设的研究报告汇编成集，期望在大家学习省委全会《决定》中发挥辅导和参考作用。

编者

2020 年 7 月